사회복지사의 희망이야기

노혜련 · 임종호 · 최경일 공저

학지사

서문

이 책은 1998년에 발간된 책 『희망을 일구는 사회복지사들의 이야기』(노혜련, 학문사)의 후속편이라고 볼 수 있다. 그 책은 당시 숭실대학교 대학원 사회사업 실습수업의 과제로서 다양한 사회복지 현장에서 존경받으며 활동하는 사회복지사를 면담한 내용을 엮은 것이었다. 전국 80여 개 대학에서 연 수천 명의 사회복지학도를 배출하던 그 당시만 해도 사회복지사가 어떠한 현장에서 무슨 활동을 하는지에 관해서 모르는 사람이 많았다. 하지만 11년이 지난 오늘날에는 4년제 대학교가 174개교, 전문대가 147개교, 그 외에도 특수대학원, 사이버 대학교, 사회교육원, 평생교육원, 학점은행제 등에서 일 년에 수만 명의 사회복지사를 양산해 내고 있고, 오늘날에는 사회복지사에 대해 들어보지 못한 사람이 거의 없다고 해도 과언이 아닐 것이다. 오히려 지나치게 많은 사람들이 무척이나 다양한 곳에서 사회복지에 대한 공부를 하기 때문에 사회복지라는 것이 누구를 위해 무엇을, 어떠한 윤리와 철학을 기반으로 하여 어떠한 자세로 실천해야 하는 것인지에 대한 명확한 비전이 공유되지 못하고, 때로는 직장을 갖기 위한 자격증 취득만이 목표가 되고 있는 것 같아 염려가 되기도 한다. 그럼에도 다양해진 사회복지 현장 속에서 흔들림 없이 곧고 겸허한 자세로 클라이언트가 원하는 삶을 만들어 가는 데 창의적으로, 그리고 열정적으로 참여하는 사회복지사들이 많기에 희망을 갖게 된다. 언제나 자신을 되돌아보면서 클라이언트의 욕구에 귀 기울이는 사회복지사들이 있기에 클라이언트는 스스로 살아갈 수 있는 힘을 얻게 되고, 우리 사회는 좀 더 살기 좋은 곳이 된다고 믿는다.

이 책은 바로 이러한 사회복지사들의 이야기를 담고 있다. 오늘날의 사회복지 현장은 11년 전의 그것에 비해 참 많이 변화하였다. 일례로 1998년 당시에는 전국에 학교사회복지사가 단 3명밖에 없었는데, 현재는 500명 이상의 학교사회복지사 또는 그와 유사한 일을 하는 지역사회교육전문가가 학교에서 활동하고 있다. 또한 최근 들어서는 기업 사회공헌과 모금 분야에서 활동하는 사회복지사가 크게 증가하고 있다. 이와 같은 변화 속에서 몇 년 전부터 『희망을 일구는 사회복지사들의 이야기』의 후속편이 나와야 한다는 제안을 듣기 시작하였는데, 이제서야 본격적인 작업을 할 수 있게 되었다. 이 책에 담을 이야기를 구성하기 위해 먼저 『희망을 일구는 사회복지사들의 이야기』를 엮을 때 자신들의 소중한 체험을 아낌없이 나누어 주신 사회복지사 여러분들의 근황을 알아보았다. 그중 이미 고인이 되신 분도 계셨고, 현장을 떠나 교수가 되신 분들이 많았다. 나머지 분들의 경우 또 한 번의 면담요청을 했을 때 여러 가지 이유로 거절하신 분들도 계셨는데, 현장에 남아 여전히 열정적으로 활동하고 있는 김미영, 김유심, 류은숙 그리고 이영민 네 분이 면담에 응해 주셔서 10여 년간의 변화에 대해서도 생각해 볼 수 있는 기회를 가질 수 있었다. 그 외의 분들은 다양한 사회복지 현장에서 존경받으며 활동 중인 사회복지사들을 사회복지계의 여러 분들로부터 추천받았고, 특히 새로운 분야에서 활동하고 있는 사회복지사들을 포함시키려고 노력하였다. 질문 내용은 『희망을 일구는 사회복지사들의 이야기』의 것과 유사한데, 구체적으로 사회복지사로서의 가치관, 직업 정체감, 자기개발과 발전을 위한 노력, 사회복지사가 되기 위해 필요한 준비, 사회복지 현장의 과제, 사회복지의 미래와 전망 등으로 구성하였다.

면담 결과 이 책을 위해 자신의 경험을 나누어 주신 사회복지사들은 공통적으로 사회복지사로서 지켜야 할 가치, 그중에서도 인간에 대한 존중을 그 무엇과도 바꿀 수 없는 기본 정신이자 사회복지사의 정체성으로 강조하였다. 그리고 사회복지사 자신이 클라이언트를 돕는 도구인 만큼 자신에 대한 성찰이 그 무엇보다 중요하고, 인품과 기술을 함께 갖추기 위해 끊임없이 공부하고 신중히 실천해야 한다고 하였다. 그리고 정부나 모금기관으로부터 돈을 받아 서비스를 제공하는 공급자 중심의 '주는' 복지보다는 사회적 관계와 지역 공동체를 '살리는' 사회복지를, 클라이언트를 대상화시키고 일반화시켜 '백화점식 서비스를 제공' 하기보다는 개별 클라이언트와 이웃 공동체가 주체가 되어 '각자가 원하는 삶을 만들어 가면서 함께 나누며 살아갈 수 있도록 하는' 복지를, 그리고 병리적 관점에 기초한 '치료' 보다는 클라이언트가 이미 갖고 있는 힘과 능력을 발휘할 수 있도록 하는 '강점관점 실천'을 해야 한다고 주장하였다. 이들은 또한 사회복지사가 지나치게 많이 배출되며 현장실습이 형식적으로 이루어지고 있는 현실에 대한 우려와 사회복지가 안전한 돈벌이 수단으로 전락할 수 있는 위험에 대해 경계해야 함을 이야기하였고, 사회복지사의 전문성 제고를 위해 좀 더 노력해야 한다고 하였다. 사회복지사에게는 사물을 넓고 깊게 볼 수 있는 시각, 그리고 전체성과 개별성을 동시에 고려할 수 있고, 미시실천과 거시실천을 동시에 관망할 수 있는 능력이 필요하다고 하였다. 사회적 억압에 대해 좀 더 능동적으로 저항하고 문제를 제기하면서 세상을 변화시키는 데 일조하는 사회복지사가 되어야 하며, 또한 제도와 환경의 변화를 만들어 내기 위해 정치적으로 참여하고 연대하는 사회복지사가 될 필요가 있음을 주장하였다. 클라이언트와 함께, 지역사회와 함께, 그리고 인접 분야와 함께 궁극적으로는 사회복지사가 필요 없는 사회를 지향하며 실천해야 함을 강조하였다. 그리고 사회복지사로 일하면 사람과의 관계에서 보람, 기쁨, 희망을 느낄 수 있고, 한 사람의 관심과 믿음이 한 개인의 인생을 바꿀 수 있다는 것을 경험하는 특권을 누릴 수 있기 때문에 이 일은 그 무엇보다 즐겁고 의미 있다고 하였다.

이 책은 많은 사람들의 노고 없이는 세상에 나올 수 없었을 것이다. 무엇보다도 면담에 응해 주셔서 질문에 성심성의껏 응답해 주시고, 귀한 생각과 체험담을 나누어 주셔서 이 책을 읽는 많은 사람들에게 참된 사회복지가 무엇인지를 일깨워 주신 사회복지사들에게 진심으로 감사의 말씀을 드린다. 이 분들처럼 사회복지 현장의 수많은 어려움 속에서도 꿋꿋이 현장을 지키며 사회복지사의 길을 올곧게 걷고 있는 분들이 있기에 사회복지의 미래에 대해 희망을 가질 수 있다고 생각한다. 이번에도 시간과 정보가 부족해 미처 알지 못하는 곳에서 묵묵히 현장을 지키는 많은 훌륭한 사회복지사들을 접촉하지 못한 것에 대해 안타깝게 생각하고, 이 점을 널리 양해해 주시길 바란다.

이번에 면담과 초안 작성을 위해 애써 준 숭실대학교 대학원의 곽지은, 김은선, 김은지, 박종국, 이서우, 송송이 학생과 졸업생들의 헌신적인 수고에 깊이 감사한다. 그리고 학부에서 문예창작과를 전공했다는 이유 하나 때문에 수시로 부탁을 받아도 싫은 기색 하나 없이 많은 시간을 내어 원고를 꼼꼼히 교정해 준 황선희 선생에게 특별히 고마움을 표하고 싶다.

나에게 이 책의 발간이 더더욱 뜻 깊은 이유는, 『희망을 일구는 사회복지사들의 이야기』를 엮을 당시에는 학생으로서 가장 중요한 역할을 했던 임종호 교수와 최경일 교수가 이번에는 둘 다 한라대학교의 교수로서 나와 함께 공동 저자가 되었기 때문이다. 이제는 훌륭한 동료가 된 두 교수와 함께 또다시 작업할 수 있어서 개인적으로 무척 뿌듯하고 감동적이다. 이 책의 발간을 위해 이번에도 특별히 더 많은 수고를 해 준 두 교수에게 진심으로 존경과 감사의 마음을 전하고 싶다.

마지막으로 이 책의 출판을 맡아 주신 학지사의 김진환 사장님을 비롯한 편집부 여러분에게 감사를 드린다.

2010년 2월

저자 대표 노혜련

차 례

PART * 4 상담 · 노인 · 여성

PART * 5 지 역

PART * 6 인 권

PART＊7 행 정

PART＊8 언론 · 정치

PART＊9 기업사회공헌

사 · 회 · 복 · 지 · 사 · 들 · 의 · 희 · 망 · 이 · 야 · 기

PART.1 아동 · 청소년

관점이 달라지면, 강점이 보여요
강미경, 우리아이 희망네트워크

교육과 복지의 매개자
라미영, 한국학교사회복지사협회

몸을 던져라, 그리고 푹 빠져라
박경현, 한국교육복지연구소

눈물과 웃음 속에서 피워 낸 들꽃 이야기
조순실, 들꽃청소년세상

관점이 달라지면, 강점이 보여요

강미경 | 우리아이 희망네트워크 사업지원단장

우리아이 희망네트워크 사업지원단이 있는 충무로를 찾아가던 그 날은, 비가 조금씩 흩뿌리는 중에 많은 이들의 존경과 사랑 속에 숨을 거둔 김수환 추기경을 추모하는 행렬로 명동 일대가 가득 메워져 있었다. 그 많은 조문객들의 질서 정연하고 조용한 행렬을 지나, 현재 사업지원단이 속해 있는 사단법인 함께만드는세상이 있는 건물을 찾아 들어가서, 사무실 한 켠에서 반겨 맞아 주시는 강미경 선생님을 만났다.

선생님을 찾아간 2월은 3년간의 '우리아이 희망네트워크 1차 지원사업'을 마무리 짓고, 3월부터 새로 시작되는 2단계 사업을 준비하기 위해 바쁜 시기였다. 이런 시기에 인터뷰를 위해 귀한 시간을 내주시고, 기꺼이 지난 날의 경험을 나누어 주시려는 마음에 감사했다. 조용하게 이야기를 나눌 만한 곳을 찾다가, 회의실이 가장 조용하겠다는 말씀에 한쪽에 자리를 잡고 인터뷰를 시작했다.

선생님은 삶에서 어떠한 상황에 직면하더라도 자신의 있는 모습 그대로를 드러내고, 그 모습을 유지하려고 노력하는 것이 개인적으로 지키려는 중요한 가치라고 말했다. "내가 가진 모습을 포장하거나, 다르게 보이려고 하는 것은 진실함과는 거리가 멀다고 생각해요. 있는 그대로를 보여 주는 것은 성실함과 정직 그리고 양심을 지키는 것으로 귀결이 되는 것 같아요." 상황에 따라 달라지지 않는 자세로 성실하게 노력하는 것은 비단 사회복지사로서 살아가는 순간뿐만 아니라 삶의 모든 순간에서 '누군가'를 위해서가 아닌, 삶에 대한 스스로의 책임감으로 '주도적'인 인생을 운영해 나가는 귀한 지침이 될 수 있겠다는 생각이 화살처럼 스쳐 지나갔다.

사회복지사로서 중요하게 생각하는 가치관에 대해서 묻자, 선생님은 '사람을 얼마만큼 중요하게 생각하는가?'가 사회복지 실천에서 가장 중요하게 염두에 두어야 하는 것이라고 했다. "사람에 대한 존중, 그 가치는 반드시 지켜져야 한다고 생각해요. 이것은 사회복지를 할 때 가장 처음에 배우는 것이라서 당연히 사람을 존중하면서 사회복지 실천을 하고 있을 것이라고 생각하지만, 사실은 그렇지 못하는 경우가 많아요. '사회복지 서비스'가 이용자에 대한 사회복지사의 권력이 되는 순간, 서비스를 이용하는 사람들과 도와야 하는 사람들의 인격이 약해질 수밖에 없어요. 사람을 믿는 것, 존중해 주는 것이 무엇보다도 가장 중요하다고 생각해요."

사실 사회복지를 통해 다양한 어려움을 가진 사람을 만나면서 한결같이 사람을 믿는다는 것이 쉽지는 않은 것이다. 그렇다면 사회복지를 처음 배울 때부터 강조되는 '인간 존중'의 자세를 취하며, 사람을 신뢰할 수 있는 관계를 어떤 상황에서도 똑같이 갖기 위해서는 어떻게 해야 할지 궁금해졌다. 나의 호기심에 선생님은 '내가 그 사람이라면 어떻게 했을까?' 하고 역지사지의 방법을 사용한다고 했다. "나와 관계없는 사람이면 믿을 수 있겠지요. 그런데 나와 조금이라도 관계가 생기게 되면 참 힘들어요. 그럴 때, 제가 하는 방법은 다른 것은 보지 않고 나는 어떻게 하고 있는지 봐요. 나라면 정말 거짓말하려고 그랬던 것일까? 나에게 화살을 돌린다면 상대방에 대해서 이해하는 길이 열려요. 사회복지사에게 슈퍼비전을 줄 때나 아이들을 만날 때, 같은 질문을 저 스스로에게 하게 되요. 내가 나를 믿을 수 있으면, 다른 사람도 나와 똑같은 사람이기 때문에 믿을 수 있어야 한다고 생각해요."

지역사회를 기반으로 한 통합적 아동지원 서비스 기관 탐방을 위해 미국 하와이 방문(오른쪽)

선생님은 사회복지를 처음 실천했던 시절부터 지금과 같이 사람과 신뢰할 수 있는 관계를 가질 수 있었던 것은 아니라고 솔직한 심정을 드러냈다. "대학원을 갓 졸업하고, 청소년 쉼터에 있었을 때 일이에요. 설날에 집에서 쉬지 않고 일부러 아이들을 위해서 떡국을 끓여 주러 나갔는데, 그 사이에 아이들이 지갑을 훔쳐가니까 미웠어요. 그런데 그게 아이들에게 그대로 전달이 되더라고요. 부모님들을 만나면 그분들이 잘못해서 아이들이 이렇다는 생각에 마음이 좋지 않았어요. 그래서 잘할 수 있도록 가르치려고 했어요. 그렇지만 20대 중반의 새파란 아가씨가 부모님을 가르치려고 하는 게 쉽지는 않았어요. 이후 아동학대예방센터에서 일할 때는 부모님들의 학대 때문에 아이들이 잘못되기도 하고, 팔다리가 시퍼렇게 멍이 들기도 하는데 부모님들이 너무 당당한 것에 놀랐어요. 그 부모님들 나름대로 논리가 있지만 그게 하나도 납득이 되지 않아서 경찰에 신고하고, 아이들을 부모님으로부터 분리했었죠. 그런데 아이들의 문제가 해결이 되지 않는 거예요. 한번은 엄마가 너무 심하게 학대를 해서, 이미 분리가 되었던 남매를 찾아가 본 적이 있었어요. 아이들 얼굴을 보았는데 아이들이 행복해 보이지 않았어요. 안전하게 보호하려고 데려왔지만, 아이들이 '집에 가고 싶어요. 집에서 오빠와 같이 있고 싶어요.' 라고 말하는 모습을 보면서 많은 생각이 들었어요. 당시 사회복지사 7년차가 되면서, 내가 마치 톱니바퀴의 부속품 같다는 생각이 들었어요. 지금까지 일해 온 시간의 절반은 믿음 없이 일했어요. 그렇게 일할 때는 사회복지사로서의 행복함이나 기쁨 그리고 보람은 거의 찾지 못했었지요."

사실 선생님은 그 당시에는 사람을 믿어야 한다는 것을 의식하지 못했다고 했다. "사회복지학에 입문하면서 가장 첫 시간에 배우는 것이 존중하라는 것인데, 그 당시 저는 존중이 '내가 생각하는 최선의 방법'이라고 생각했었던 거예요. 나는 최선을 다한다고 열심히 일했지만 내가 만나는 사람은 행복해지지 않았어요. 삶이 나아지는 것 같지도 않았고요. 복지현장에서 만나는 사람들은 고맙다고는 말했지만, 그 말이 나에게 별로 와닿지 않아서 힘들었어요."

사람과 신뢰할 만한 관계를 갖지 못해서 실천 현장에서 초반에 야단친 사람도 많고, 부모와 아이들을 분리시킨 경우도 많은 점에 대해 지금 돌이켜 보면 미안한 마음이 있다는 말씀과 함께, 선생님은 자신이 좀 더 자기를 성찰할 수 있는 사회복지사였다면 좋았겠다는 진심을 전해 주었다.

그렇다면 어떻게 '사람에 대한 존중'과 '신뢰'가 사회복지 실천에서 가장 중요한 가치라고 생각하게 되었고, 언제부터 그런 가치관을 갖고 일할 수 있게 되었는지 물어보았다. "박사과정에서 강점관점 실천을 공부하면서부터 제가 달라졌어요. 무엇보다도 내가 실천 현장에서 사람을 믿지 않았던 것에 대해서 의식하기 시작했어요. 사실 믿기 힘들었지만, 사람에 대해 믿어야겠다고 의도적으로 노력하게 되었어요. 진심으로 존중하면서 내가 그분들을 대하는 태도가 달라졌어요. 이런 노력을 하는 중에 나를 만난 사람들이 달라지고, 행복해지는 모습을 보면서 그분들에 대한 신뢰 때문에 달라지고 있다는 체험이 쌓여 갔어요. 초반에는 모두에게 그렇게 다가서기는 힘들었지만, 사람들이 달라지는 경험들이 쌓이면서 확신 같은 것이 생겼어요. 박사과정에서 강점관점 실천을 배우고 현장에 적용하면서 사회복지사이기 때문에 행복하다고 느꼈어요. 오죽하면, 강점관점 실천을 적용하게 되면서 사회복지를 하는 게 꼭 허니문하는 것 같다는 말을 했겠어요?"

'강점관점'을 갖고 사람을 바라보기 시작하면서 달라진 현장의 경험을 이야기할 때 한층 높아지고 밝아지는 목소리를 들으며, 사회복지사로 일하는 시간이 달콤하고 기쁜 시간으로 달라졌다는 선생님의 마음이 진심어리게 다가왔다.

선생님은 강점관점 실천을 그대로 적용하며 진행한 2006년부터 3년간 우리아이 희망네트워크 1차 사업을 마무리하면서 사회복지사를 인터뷰를 한 적이 있었는데, 어떤 사회복지사가 '이제 진짜 사회복지를 하고 있는 것 같아요. 지금 몸은 힘들지만 마음은 행복해요.'라는 말을 듣고 난 후, 온 마음에 전율이 왔던 적이 있다고 했다. 선생님은 이렇게 다른 사회복지사들이 일을 할 수 있도록 도와주는 역할이 행복하고 좋다고 한다. 희망센터 여기저기서 아이들과 부모님들이 행복해지고 있다는 이야기들을 많이 전해 듣고, 이분들이 당당한 사회의 일원으로 도움을 주고 받으며 지역사회와 같이

강점관점 실천을 통해 사람을 살리는
우리아이 희망네트워크 지원단 사무실에서(가운데)

상호작용하는 수많은 사례들을 보면서 '내가 정말 잘하고 있구나!'라는 생각을 했고, '사회복지가 진짜 사람을 살리는 일이구나!'라는 것을 실감한다고 말했다.

사회복지 실천의 절반을 사람에 대한 '믿음'을 의식하지 못했다고 했음에도 불구하고, 사회복지 현장에서 계속해서 일할 수 있게 한 원동력은 무엇인지 물었다. "사회복지가 저에게 의미 있는 일인 것만은 확실했어요. 기본적으로 사회복지가 중요하다고 생각했고, 사회복지가 가진 의미와 가치는 처음부터 지금까지 결코 흔들리지 않았어요. '내가 왜 사회복지사가 되었나?' 하는 후회나 다른 일을 하고 싶다고 생각한 적은 단 한 번도 한 적이 없었어요. '내가 왜 이렇게 일을 해야 하지?' '이런 건 왜 못하지?' 하며 사회복지사로서 해야 할 일에 대한 불만과 자책은 있었지만 다른 걸 하겠다는 생각은 한번도 해 본 적이 없었어요."

사회복지사로서의 반성과 자책 그리고 후회는 있었지만 사회복지를 선택하고 사회복지사로서 일하는 것에 대한 후회는 결코 없었다는 말에서 '사회복지'에 관한 선생님의 강한 열정이 느껴졌다.

이어서 선생님은 사회복지를 선택하게 된 계기에 대해 꺼내 놓았다. "부끄러운 이야기지만, 영문학과를 졸업할 때까지 하고 싶은 일이 없었어요. 졸업하는 날, 어떻게 살아야 할지 처음으로 기도를 했어요. 그전까지는 사회복지에 관심도 갖지 않았지만, 기도 중에 한 가지 약속했던 것은 '하나님의 자녀로, 크리스천으로서 하나님과 나만 연결된 것이 아니라 그게 나의 인생에서 다 나타났으면 좋겠는데, 그런 일을 주세요.' 라는 기도를 했어요. 그렇게 기도하는 중에 사회복지사였던 친척의 권유로 외국에 입양된 아이들의 양부모로부터 온 편지를 우리나라의 부모님들이 읽을 수 있도록 한글로 번역했던 자원봉사활동이 계기가 되어서 사회복지를 하겠다고 다짐을 했어요. 그 이후에도 사회복지 일에 대한 믿음과 확신이 있기 때문에 사회복지 외의 다른 일을 하고 싶다고 흔들린 적은 별로 없었지요."

사회복지가 현장학문이라서 현장에서의 실천과 연구가 같이 이루어질 때 굉장히 재미있다고 했다. 선생님은 실천하고 있는 것을 이론적으로, 학문적으로 정리하고, 그 과정에서 배운 것들을 현장에서 적용하는 연결 고리가 계속 반복되면, 스스로 속이 차 있는 것을 느낄 수 있을 거라는 말을 덧붙였다.

사회복지가 갖는 특성에 관해 질문을 하자, 선생님은 보통 이런 질문을 받을 때는 '사회복지사가 사회복지사로서 정체성을 가지려면, 무엇을 하는 것을 보면, 무엇을 잘하면 사회복지사라고 알아볼 수 있을까요?' 하고 질문을 한 사람에게 되묻는다고 했다. 도움이라는 것이 매우 포괄적이기 때문에 도움을 주는 사회복지사의 정체성에 관해 고민하는 사람이 있겠지만, 사회복지사가 주는 도움은 그 개념이 조금 다르다고 말했다. "우리가 살아가면서 직면하는 많은 어려움들이 있는데, 대부분의 사람들은 보통 자신의 힘, 능력, 주변인들의 도움으로 잘 해결하고 넘어가요. 그런데 어떤 사람들은 그 고비를 넘기기가 너무 힘듭니다. 그분들이 고개를 잘 넘어갈 수 있게 돕는 사람이 사회복지사인거죠. 그렇기 때문에 사회복지사가 다루게 될 이슈들은 셀 수 없이 많은 거죠. 사회복지사의 도움이 필요할 때, 그 도움은 일방적인 것이 아니라, 그분들을 존중하면서 그 자신들이 인생의 주인공인 것을 인정하는 데서 시작됩니다. 인생의 주인공인 것을 인정해 주고 그들 스스로 결정할 수 있게 도와주는 사람이 '사회복지사'겠지요."

사회복지사로서 자기계발을 위해 공부를 계속하기도 했지만, 사회복지만 계속 공부한 것이 아니라 이와 더불어서 인간과 사회, 그야말로 세상을 이해하기 위한 다양한 영역의 사람들을 만나려고 노력했다고 말했다. 선생님은 여행을 하면서 사회와 문화를 해석하고, 이해할 수 있게 하는 기행서, 문화와 관련된 책, 사회적인 흐름들을 읽어 낼 수 있는 책들도 재미있게 보고 있다고 한다. 또 한 가지 의식적으로 노력하는 것을 꼽아 보면, 아동복지를 하고 있고, 지역사회에 대한 관심이 있으니까 어느 곳을 가도 이 동네는 아동복지 면에서 다른 곳과 어떤 것이 다를까 눈여겨 본다고 했다.

사회복지사가 되기를 희망하는 후학들에게는 사람에 대한 이해와 함께 사회를 보는 눈이 필요하다고 말하시며, 독서, 공연, 여행, 그 밖에 취미활동과 다양한 사람들과의 교류 등과 같은 다양한

사회복지가 현장학문이라서 현장에서의 실천과 연구가 같이 이루어질 때 굉장히 재미있다고 했다. 선생님은 실천하고 있는 것을 이론적으로, 학문적으로 정리하고, 그 과정에서 배운 것들을 현장에서 적용하는 연결 고리가 계속 반복되면, 스스로 속이 차 있는 것을 느낄 수 있을 거라는 말을 덧붙였다.

방법을 통해 '사회를 보는 시각'을 키울 것을 당부했다. 인간을 이해할 수 있는 렌즈는 무수히 많이 있는데 학교에서 배울 수 있는 것은 아주 일부분이며 여기에 머물게 되면 사회복지사들이 한정된 틀로만 세상을 바라보게 된다며, 이를 극복할 수 있는 나름대로의 방법을 찾아가는 노력이 필요하다고 강조했다.

우리가 만나는 사람들 중에 가난으로 어렵게 살아가는 사람이 있다고 했을 때, 그 환경을 해석하거나 받아들이는 자세는 모두 다르며, 내가 배운 지식과 제한된 인생의 경험만으로는 온전히 이해할 수 없다면서 선생님은 다양한 삶의 모습들을 이해하기 위한 우리 스스로의 노력이 필요하다는 조언을 덧붙였다.

그리고 사회복지를 선택하는 사람들이 심성이 착하고 부드러운 것은 사실이지만, 그것으로 사회복지사의 자질이 완성되는 것은 아니라는 점을 말하며, 오히려 대기업에 가려고 노력하는 사람들보다 더 실무적인 능력을 갖추기 위한 노력이 필요하다고 강조했다. 다문화 가족이 많이 생겨서 지원을 해야 하는데 영어를 못해서 선뜻 나서지 못한다는 경우도 있다고 하시며, 외국어 능력도 갖출 것을 당부했다. 사회복지사도 기업인과 같이

"그렇기 때문에 사회복지사가 다루게 될 이슈들은 셀 수 없이 많은 거죠. 사회복지사의 도움이 필요할 때, 그 도움은 일방적인 것이 아니라, 그분들을 존중하면서 그 자신들이 인생의 주인공인 것을 인정하는 데서 시작됩니다. 인생의 주인공인 것을 인정해 주고 그들 스스로 결정할 수 있게 도와주는 사람이 '사회복지사'겠지요."

사회에 속해서 일하는 현실이므로 우리만의 명석함과 능력을 갖추기 위해 컴퓨터 사용 능력, 글쓰기와 같은 실무적인 능력을 철저하게 준비할 필요가 있다는 말을 해 주었다. 똑같이 주어진 시간 속에서 사회복지 실천을 더 효과적으로 할 수 있기 위해 사회복지사 자신이 좀 더 잘 갖춰진 도구가 될 필요성이 절실하다는 생각이 선생님의 말씀 속에 고스란히 전달되어 왔다.

현장에서 해결해야 할 과제에 관해서는 최근 요보호 아동에서 전체 아동을 중심으로 하는 보편적 · 전문적 서비스로 전환되는 격동기에 있는데, 각 복지사업이 매우 독립적으로 운영되며 소통이 이루어지지 않는 부분이 있음을 언급했다. 정부가 잘할 수 있는 것과 민간이 잘할 수 있는 것이 합해지면 시너지 효과가 일어날 수 있는데 그렇지 못하는 면이 아쉬운 점이며, 어떻게 하면 각 복지사업이 기능적으로 결합할 수 있을까 하는 것이 현재 갖는 생각이라고 했다. 앞으로는 공공 영역과 민간 영역이 협력하여 일하는 것에 대한 요청이 높아질 것이며, 정부가 방향을 만들고, 민간 자원과 협력자가 되어 잘 운영되도록 제도적인 지원을 해 주면 좋겠다고 말했다.

다시 기회가 주어져도 사회복지를 할 것인가에 대한 질문에, 선생님은 요즘은 사회복지사가 아니어도 사회복지를 충분히 할 수 있겠다는 생각을 한다며, 삶 속에서 자연스럽게 사회복지를 하며 살아가는 사람이 되고 싶다고 했다. 옛날에는 밤이 되면 옆집 아주머니가 자신의 집에서 엄마가 올 때까지 잠깐 기다리고 있으라고 야간보호를 해 주었던 것처럼, 현재 하고 있는 복지사의 일을 조금씩 이웃이 가져가면 사회복지사 역할들이 지역사회 속에 녹아들 것이라고 했다. 그리고 그 속에서 하나의 역할을 감당하며 살아가는 것도 좋을 것 같다고 말씀을 마치며 웃음 지었다.

선생님과의 짧은 인터뷰에서 들은 진심이 담긴 이야기를 마음 속에 담으며, 시간이 빨리 지나간 것이 아쉬웠다. 이 아쉬움을 아시는 듯, 선생님은 충무로에서 맛있는 식사를 함께하자며, 차가운 바깥거리로 함께 나섰고, 비가 오는 거리를 동행하여 따뜻한 식사를 함께하셨다. 시종일관 인터뷰하는 나에게 관심을 갖고 복지 현장에서 있었던 일 중 작은 일에도 공감하며 그것을 결코 작지 않게 바라봐 주셨던 선생님과의 시간이 마음에 진하게 남았다.

선생님과의 만남 속에서 선생님이 갖고 있는 강점관점이 곧 나에게 전달되는 경험을 하며, 나도 그렇게 해 보고 싶다는 희망이 생겼다. 아마 그 희망은 선생님이 바라는 우리아이 희망네트워크 2차 사업과 사회복지사의 역할이 녹아든 지역사회 구성원들의 공동체가 아닐까 하는 생각이 선생님과 헤어진 후에 얼핏 들었다.

집에 와서 뉴스를 보는 중에 명동 거리의 긴 행렬이 카메라에 장시간 담겨 헤드라인으로 방영되는 것을 보며, 선생님과의 충무로 한복판의 조용한 회의실 안에서 오늘 있었던 인터뷰를 떠올렸다. 나의 마음에 선생님이 오래 남는 것은 그분이 가진 가치관과 태도에서 비롯된 것이고, 아마 명동에 이 시간까지 비가 오는 것도, 추운 것도 잊은 채 서 있는 사람들이 그곳에 있는 이유도 한 사람이 가진 가치와 태도 때문이었을 거라는 생각이 스쳐 지나갔다. '강점관점' 이 복지 현장에 적용되었을 때, 앞으로 계속해서 불러올 효과들이 기대되었고, 그 속에 함께 있고 싶다는 작지만 큰 바람도 함께 갖게 되었다.

김미경 선생님은……

숭실대학교 영어영문학과 졸업 / 숭실대학교 대학원 사회사업학 석사 / 숭실대학교 대학원 사회복지학 박사 / 한국이웃사랑회(현 굿네이버스) 과장 / 우리아이 희망네트워크 사업지원단장(현)

교육과 복지의 매개자

라미영 | 한국학교사회복지사협회 사무국 부장

새해를 맞이하고 1월도 어느덧 중순이다. 추운 날씨였지만 여전히 많은 사람들로 붐비는 이화여대 앞은 활기차게 느껴졌다. 그동안 이곳을 여러 차례 오갔음에도 불구하고, 이화여대와 서울시 서부교육청이 이렇게 가까이 위치해 있는지 몰랐다. 사전에 인터뷰 일정을 잡으면서, 친절히 알려 주신 선생님 덕분에 쉽게 찾아갈 수 있었다. 익숙하지 않은 골목들 사이로 들어서면 교육청은 꽤 오래전에 지어진 건물처럼 작고 화려하지 않은 모습으로 서 있었다.

일주일 전 선생님과의 인터뷰 시간을 정하고 한국학교사회복지협회와 학회가 함께한 학교사회복지 관련 사업의 최근 동향과 대응방안 모색을 위한 회의에서 선생님을 먼저 만날 수 있었다. 그 자리에 실무자로 참석하여 교육복지 투자 우선 지역 지원사업의 현황에 대해 열강하는 모습을 보며, '사회복지 현장을 위해서 대외적으로 열심히 일하시는 분이구나.'라는 마음으로 선생님과 인사를 나누었고, 그래서인지 오늘 인터뷰하러 가는 발걸음은 긴장감보다 편안한 마음으로 빨라졌다.

"물론 더 많은 에너지가 들고, 때로는 좌절도 하고 소진되어 버리기도 해요. '내가 왜 여기 와서 이런 대우를 받으면서 이것을 해야 할까?' 이런 후회 아닌 후회들을 하게 되는 상황들이 만들어질 때가 있지만, 누군가는 해야 할 일이고 누군가가 해서 거쳐 가야 하는 과정 가운데 제가 그 위치에 서 있는 것이에요. 이 노력의 결과는 10년, 20년이 지나면 분명히 우리가 원하는 아동청소년 분야, 학교사회복지 현장에서 만들어지게 되어 있잖아요. 그러니깐, 저는 그 위치에서 '내가 해야 하는 과업이구나.' 하는 생각을 하고 있어요. 그 다음을 넘어서면, 또 누군가에 의해 잘 다져지고 다듬어져서 하나의 분야로 잘 정착되지 않을까요?" 다른 사람이 걷고 있는 길을 함께 걸어갈 뿐이라며 겸손하게 말씀하시는 가운데 자신이 하고 있는 일에 대한 애정을 느낄 수 있었다. 대부분의 사람들이 경제적인 측면을 고려해 좀 더 안정된 곳에 취업하거나 보장된 일자리에서 편하게 살아가길 원할 때, 선생님은 반대로 제도화되는 과도기라 더 힘들고 불안정하고 변화의 역동이 심할 수 있는 사회복지의 현장에서 도전을 성취로 이루어 내며 행복함을 얻고 있었다.

이곳 현장에 계속 남아 일할 수 있는 원동력이 무엇이냐고 묻자, 선생님은 끈기, 좌절을 극복하고자 하는 태도 그리고 신념이 아직도 이 분야에서 남아 일할 수 있게 하는 원동력이라 했다.

"학교사회복지가 처음부터 자리가 잘 잡혀 있고, 제도적으로 완벽하다면 제게 도전의식이 생기지 않았을 것 같아요." 아직까지 학교사회복지든 교육복지든 학교 현장이라는 곳은 굉장히 불안정하고, 사회복지 영역에서 뛰어넘어야 할 많은 산들이 있는 곳이다. 현장에서 일하면서 전혀 안 될 것 같은 영역이 조금씩 변화되기 시작하고, 조금씩 정착되는 것이 오히려 선생님에게 도전의식을 불러일으킨다고 한다. 그래서 목적과 목표가 계속적으로 만들어지고, 이것은 현장에 남게 하는 자극인 것이다.

사회복지 현장에 있으면서 가장 좋은 점은 무엇이라고 생각하는지를 물었다. "교육복지사업은 유아부터 초등학생, 중학생과 고등학생을 지원하고 있어요. 굉장히 포괄적인 대상군을 갖고 있지만, 그 아이들이 어른이 되기 위한 성장과정 가운데 어떻게 아이들에게 지지해 주느냐에 따라서 아이들에게는 인생의 큰 전환점이 될 수 있고, 건강한 사회구성원으로 자라날 수 있는 토대가 될 수 있어요. 자신이 그 아이들을 지지하고 지원해 줄 때 아이들에게 그것이 희망이 되고 변화가 되며, 이것은 선생님에게도 큰 기쁨이라고 말했다. "하면 할수록 더 보람 있어요. 내 모든 것을 희생하고 주는 개념보다도 제가 아이들과 더불어 성장하고 발전해 나가는 것 같아요." 아이들이 성장하는 과정에서 조금이라도 영향을 줄 수 있고, 필요할 때 그들에게 토대를 만들어 줄 수 있는 것이 힘이 된다면 그것이야 말로 가장 큰 보람이라고 했다.

선생님은 살아가면서 제일 중요하게 생각하는 가치관은 '성실'이라 했다. "어떤 일을 할 때 진정성을 가지고 가장 기본적인 것에 충실하자는 생각을 해요. 그렇기 때문에 작은 결실이든 큰 결실이든 한 가지 일을 꾸준하게 하는 일관성 있는 삶, 항상 최선을 다하다보면 융통성이 없어 손해볼 수 있겠지만 오히려 하나씩 저한테 채워지는 게 많은 것 같아요." 현장에서 선생님은 '제대로 알고 바르게 실천하자.' 라는 가치관을 가지고 실천하고 있다. 아는 게 많다고 실천을 잘하는 것도 아니지만, 그렇다고 아는 것 없이 감각으로 무조건 밀어붙이듯이 하는 것도 실천 분야에서 굉장히 위험한 것이라 했다.

"교육복지사업은 유아부터 초등학생, 중학생과 고등학생을 지원하고 있어요. 굉장히 포괄적인 대상군을 갖고 있지만, 그 아이들이 어른이 되기 위한 성장과정 가운데 어떻게 아이들에게 지지해 주느냐에 따라서 아이들에게는 인생의 큰 전환점이 될 수 있고, 건강한 사회구성원으로 자라날 수 있는 토대가 될 수 있어요."

또 한 가지 강조한 것은 사회복지사의 기본 가치인 인간존중이었다. 학생이든 동료든 함께 나아갈 때 존중하고, 배려하며, 서로 하나씩 맞춰 나가는 것이 중요하다는 말이다.

사회복지사로서의 능력을 향상시키기 위해 개인적으로 하는 일에 대해서 묻자, 선생님은 사회의 급격한 변화에 물려 정책도 많이 변하고 대상군의 특성도 변하면서 노력을 많이 해야겠다는 이야기를 하였다. "많은 것들이 변화되고 있는데, 나는 내 경험에 의해서만 실천을 하거나 한두 가지의 쓸 수

실천 분야에서 아는 것 없이 감각으로 무조건 밀어붙이는 것을 경계하자는 라미영 부장 (실습생들과 함께, 왼쪽 두번째)

있는 도구만 가지고 내가 모든 것을 다 아는 양한다거나 할 수 있는 양하는 것은 시대의 변화에 따라 대상군의 다양한 욕구를 충족시키기에는 적절하지 않은 것 같아요. 준비된 실천가는 아니라고 생각해요." 현장에서는 학교에서 배울 때보다도 더 끊임없이 공부해야 하며, 자신이 속한 분야뿐만이 아니라 모든 인접학문을 공부해야 한다. 그리고 현장에서 꼭 필요한 것은 슈퍼비전이며, 사업의 일환으로 학교에 있는 교사들과 함께 슈퍼비전을 받거나 연수를 할 때 받는 슈퍼비전을 놓치지 않으려고 노력한다고 한다. 후배들과 같이 공부를 하면서 선생님의 경험을 전달하는 과정 가운데서도 가르치는 것보다는 준비하면서 더 많은 것을 스스로 배워간다고 했다. 교육, 연수, 서로 간의 교류 및 공유는 반드시 놓치지 말아야 할 부분인 것 같다.

현재 선생님의 활동 분야에서 해결해야 할 과제는 제도화가 가장 중요한 문제라고 했다. 이것은 사회복지 분야와 인접한 다른 분야를 잘 아우르지 못했기에 힘든 게 아닐까라고 언급했다. "교육이라는 현장을 알고 그 부분에서 복지라는 부분을 이해할 수 있도록 노력해야 해요. 또 교육과학기술부는 보건복지가족부 차원에서의 아이들을 지원해야 하고, 아이들에게 필요한 다양한 사업을 이해할 수 있어야 효과적인 정책을 만들고 효율적으로 지원하는 방안을 마련할 수 있지요. 만약 정부가 '이것은 정말 꼭 필요한 사업이니 우리 사회에 제도적으로 도입해야 하겠구나.' 라는 생각을 절실하게 하게 된다면 더 빨리 제도화가 될 수 있어요." 매번 상황에 대처하듯이 만들어진 사업들, 그리고 그 사업을 단기

간에 평가하고 실적위주의 결과를 중요시하는 모순들이 반복되고 있다. 보여 주기 위한 평가에 의해 각 부서 간의 떠넘기기 식의 일처리가 사업의 특성과 중요성보다도 업무의 부담으로만 느껴지는 것이다. 특히 학교와 같은 2차 현장에서의 사회복지사업은 인력이 소속되어 관리받는 영역과 업무를 수행해야 하는 영역 간의 차이 때문에, 그리고 서로 다른 분야 간의 교육과 이해의 폭이 좁기 때문에 제도화가 어려워지는 것이다. 교육과 복지는 함께 우리나라 아이들의 삶을 보호하고 지원하는 안전망을 만드는 것을 중요한 정책으로 제도화하는 데 힘써야 하지 않을까?

"'가장 중요한 것은 무엇일까? 이것이 교육인가, 복지인가?' 이러한 이해관계 때문에 제도화하는 것에 발목이 묶인다면 진정으로 아이들을 위한 것이 무엇인지를 다시 생각해 보고, 이를 토대로 제도화하는 것에 주력해야 합니다. 그런 다음에 관련 인력에 대한 부분도 정리가 된다면 해결되지 않을까 싶어요. 상호 간의 이해가 없이 자꾸 내가 하는 건 중요한데 너는 왜 이해를 못하느냐, 우리가 하는 사업은 중요한데 너네는 왜 이렇게 지원을 안 하느냐 하는 것은 출발점부터 서로 간의 충분한 이해가 없이 시작됐기 때문에 그런 것 같다는 생각이 들어요."

"나만 주어진 일을 열심히 하면 그 정책이 만들어질 것이라 생각하지만, 실질적으로는 그 이상의 어떠한 움직임이나 이해 관계, 더 나아가 사회적 합의를 이끌어 내는 것이 중요해요. 학교 내부나 교육현장에서 아이들을 위해 열심히 하는 것이니 당연히 학부모와 교사가 인정해 주고 더 나아가 일반사람들이 인정해 줄 것이

"'가장 중요한 것은 무엇일까? 이것이 교육인가, 복지인가?' 이러한 이해관계 때문에 제도화하는 것에 발목이 묶인다면 진정으로 아이들을 위한 것이 무엇인지를 다시 생각해 보고, 이를 토대로 제도화하는 것에 주력해야 합니다. 그런 다음에 관련 인력에 대한 부분도 정리가 된다면 해결되지 않을까 싶어요."

란 단순한 생각을 가지면 위험해요. 그 이상의 노력 없이, 역량을 키우지 않고 전문성으로 무장하지 않고서는 현재 우리가 펼치는 사업들에 대해 합의를 도출해 낼 수 없습니다." 또한 선생님은 사회적으로 인정도 받지 못하고 오히려 나만의 만족으로 끝날 수도 있다고 말했다. 이러한 안타까운 일이 일어나지 않도록 좀 더 힘을 내서 적극적으로 역량을 발휘해야 한다고 강조했다.

선생님은 조금 더 성숙하고 잘 준비된 사회복지사로서 현장에서 더욱 많은 역량을 발휘할 수 있는 사회복지사로 거듭날 수 있다면 다시 태어나도 사회복지를 할 수 있을 것이라고 했다. 현장에 녹아들어 가서 그 현장의 장점을 잘 이끌어 낼 수 있는 분야의 전문가가 된다면 사회복지사로서 더 잘할 수 있을 것이라 했다.

구체적으로 무엇 때문에 사회복지를 다시 하고자 하는 매력을 느끼는지를 묻자, 선생님은 아이들을 위한 사업이라면 아이를 키우는 부모의 입장에서 학교가 정말로 믿을 수 있는 곳, 아이가 행복하게 생활할 수 있는 곳이라야 하기 때문이라고 했다. 아이들이 잘 자라나야 사회가 튼튼하고 국가적 발전도 있는 것이다. "만약에 제가 다시 태어났는데 취약한 분야가 있으면 저에게는 그 분야에 도전의식

부모가 믿을 수 있고 아이가 행복한 학교의 초석을 다지는 라미영 부장
(등명초등학생들과 등반, 오른쪽)

이 또 생길 것 같아요. 내가 노력해서 없던 길이 만들어지거나, 누군가가 힘들게 만들었던 길을 다듬는 일이라면 다시 최선을 다해서 해 보고 싶어요."

누구나 학교 현장이나 실천 현장에 있으면서 자신의 존재감을 느낄 때 가장 큰 보람을 느낀다고 했다. 가장 절박하고 위급한 상황에 있는 아이가 자신을 찾도록 도울 때 가장 중요한 것은 서로 간의 진정한 신뢰이며, 그 믿음은 중요한 역할을 한다고 강조했다.

아이들이 조금씩 자신을 보여 주고 자기 상황에 대해 표현하며 도움을 구할 때 보람을 느낀다고 한다. 때로는 아이들의 결과가 자신이 원하는 만큼 나오지 않았음에도 그것에 대해 실망하기보다는 그동안의 관계가 아이들 자신에게 변화에 대한 믿음과 용기를 주었다는 걸 느낄 때 감사하고, 다음에는 더 노력해야겠다는 서로 간의 눈빛을 주고받았을 때의 느낌은 말로 표현할 수 없을 만큼 기쁘다고 한다. "주변에서 부정적인 말을 들으며 세상과 사람에 대한 신뢰가 전혀 없이 원망과 분노만 가득했던 한 아이가 무사히 고등학교까지 마치고 사회 생활을 하다가 군대에 가게 되었다고 저를 찾아왔을 때, 눈물이 날 정도로 고마웠어요. 저에게 자신의 삶의 흔적을 보여 주며 잘 견뎌 내고 있음을 보여 주고 확인 시켜 주는 것 같았거든요. 어느덧 제가 그 아이의 삶의 한 부분으로 있다는 느낌이 들어 너무나 감사하고, 손을 뻗는 곳에 내가 있다는 것만으로도 조금이나마 위로가 되고 힘이 되어 줄 수 있다는 것을 느꼈어요."

일을 시작한 초년 시절에는 서투른 것도 많았고 처음 만나는 아이들의 특성을 잘 몰라서 어떻게 해야 할지 당황하였다고 했다. 그때를 생각하면 정말 필요한 아이들에게 최선을 다하지 못한 아쉬움이 크게 남는다는 것이다. 초등학교로 출근하였을 때, 처음에는 아이들의 특성을 잘 모르기에 '마냥 다 해 주면 되겠지.' 하고 나 중심의 실천을 하셨다며 기억을 떠올렸다. 또 교육청으로 옮겨와서는 해당 학교에 적절하게 잘 지원할 수 있을 것 같았는데, 경험에만 매달려서 선생님이 필요하다고 생각하는 것을 다른 학교들도 당연히 필요할 것이라는 생각 때문에 충분하게 합의해야 하는 것들에 대한 시간을 놓치는 실수들이 많았다고 한다. 경험을 앞세워 경험의 장점과 단점의 양면을 보지 못하고 한쪽만을 보는 오류도 많이 범했다고 하면서, 선생님은 그런 과정에서 배우게 되는 것도 중요하다고 강조했다.

현장에서의 이런 실수나 아쉬움들은 앞으로의 시행착오를 줄여 주고, 언젠가는 사회복지사로서 필요한 경험을 쌓게 해 주고, 자신을 더욱 단단하게 만들어 줄 것이다. 그래서 두려워할 필요가 없다. 오히려 더 많이 경험하고 아쉬워하면서 건강한 사회복지사가 될 수 있다고 믿는다. '나는 최선을 다했는가?'라고 끊임없이 생각하고 늘 반성하며 살아가는 선생님의 모습을 보면서 미래의 나 또한 자성하며 일하는 사회복지사가 될 것을 다짐해 본다.

라미영 선생님은……

성균관대학교 사회복지학과 / 숭실대학교 대학원 사회사업학 석사 / 성균관대학교 대학원 박사과정 / 등명초등학교 교육복지사업 지역사회교육전문가 / 한국학교사회복지사협회 사무국 부장(현)

몸을 던져라, 그리고 푹 빠져라

박경현 | 한국학교사회복지사협회 부설 한국교육복지연구소장

따스한 5월의 햇살을 느끼며 강변역 근처 주상복합 건물에 위치한 한국교육복지연구소를 찾았다. 낯선 방문자를 반갑게 맞이하는 선생님의 모습은 이전에 '학교사회복지의 현황과 전망'에 대한 특강 시간에 보았던 강하고 날카로움을 지닌 카리스마 있는 모습이 아닌, 인자하고 사랑이 넘치는 편안함을 느끼게 하는 모습이었다.

박경현 선생님은 학부에서 영어교육학을, 대학원에서 교육사회학을 공부하고, 13년 남짓 중학교에서 영어를 가르친 전직 교사다. 나는 선생님이 어떻게 해서 안정된 삶을 누릴 수 있는 교사라는 직업을 내려놓고 굳이 사회복지사의 길을 걷게 되었는지 가장 궁금했다. 그래서 그것이 인터뷰의 첫 질문이 되었다.

선생님은 "이런 이야기는 술잔을 기울이며 해야 하는데."라고 하시며, 장난스럽게 웃으며 이야기의 실타래를 풀어 나갔다. 선생

님은 교사로 생활하면서 공부 못하는 말썽꾸러기일지라도 그 아이들의 순수함이 좋았고, 그들을 체벌하여 학교 밖으로 내몰기보다 오히려 그들이 공부 못하고 문제아가 될 수밖에 없는 학교환경, 가정환경 그리고 사회적 모순들에 관심을 가졌다. 초 · 중 · 고등학교를 다니며 십여 년의 긴 경주를 하는데 누구는 포장된 도로에서 좋은 운동화를 신고 보약 먹으면서 뛰는 반면, 한 쪽에서는 울퉁불퉁한 길에서 짚신 신고 굶어 가면서 뛰어야 하는 교육 불평등의 현실을 바라본 것이다. 그래서 무엇을 하면 모든 아이들이 행복할 수 있을지 고민했다.

어렵다는 영어시간이지만 학생들 누구나 자기 능력에 따라 소화할 수 있는 과제를 주고 모든 학생이 즐겁게 참여할 수 있는 수업을 만들기 위해서 질문거리를 개발하였으며, 담임을 맡는 반은 항상 최고의 반으로 만들었고, 환경미화든 체육대회든 합창대회든 열정을 가지고 학생들과 함께했다고 했다. 그리고 선생님은 점심시간마다 학생들과 나란히 앉아서 함께 도시락을 먹었다고 했다. 방과 후나 주말에도 여가활동, 등산, 스포츠, 가정 방문 등으로 학생들과 함께 어울렸다. 또 우리나라에 '학교사회복지'란 단어가 없던 시절이지만 생태체계적 관점과 강점관점을 스스로 터득해서 사회복지 현장에 개입하고, 여유 있는 학부모들이나 지역사회 기관들이 어려운 학생들을 도울 수 있도록 다리를 놓아 주었다. 정학이나 퇴학을 받을 위기에 처한 학생들을 보듬고자 교내 징계위원회에서 그들을 옹호하기도 했다. 그러면서 교육의 제도적인 모순을 해결하고자 교육운동에도 참여했고, 이 때문에 여러 가지 어려움을 겪기도 했다. IMF 경제위기 시절 힘든 경험을 한 선생님은 이제야 말로 가난하고 소외된 부모들의 마음을 이해할 것 같다며, 좀 더 전문적으로 아이들에게 도움을 주고 싶다는 생각으로 대학원에 입학하여 사회복지를 공부하면서 학교사회복지사의 길을 걷게 되었다고 했다.

학교사회복지의 필요성에 대해서 질문을 하자, 선생님은 먼저 빈부격차의 심화와 빈곤의 대물림 현상, 가정해체 등으로 가난한 가정의 아이들은 태어나면서부터 생활환경이 열악하고 자랄수록 영양결핍, 학습부진, 심리적 · 정서적 피폐함이 누적되는 현상을 지적했다. 이것은 결코 정의롭지 못하고 보이지 않는 제도적 폭력이라며, 아이들을 사랑한다면 이러한 현실에 분노하지 않을 수 없다고 했다. 따라서 무엇보다 빈곤한 가정의 학생에 대한 진정한 이해와 포괄적 지원이 강화되어야 한다고 말했다. "지금처럼 부잣집 아이여야 사교육 받아 가며 공부해서 좋은 성적 얻고 그 성적으로 좋은 대학, 좋은 직장 가게 되는 구조에서 대다수 중산층과 빈곤층 아이들에게 도대체 학교가 무슨 의미가 있겠어요? 그 아이들은 엑스트라, 아니 인질이나 마찬가지예요." 그러면서 선생님은 사회복지 실천의 양대 가치인 인간존중과 평등은 그 어느 분야보다도 교육에서 더 중요하다고 했다.

아울러 학생 문제에 대해서도 다면적인 이해와 그에 따른 체계적인 개입이 필요한데, 학교사회복지가 바로 이러한 관점에서 효과적인 개입을 위한 지식과 기술을 제공하는 중요한 대안이 될 수 있음을 발견하고 이에 헌신하게 되었다는 것이다. 또 학생들을 불행하게 하는 것은 바로 부모나 교사가 대부분이라는 점을 발견하고, 학생 편에서 이야기를 들어주고 옹호하고 문제를 해결하게 도와주는 제3의 전문가가 필요하다고 여겼으며, 이것이 바로 학교사회복지사가 해야 할 일이라고 했다.

도봉중학교 재직 당시 직장인 멘토와 중학생 멘티들과 함께 서점 탐방 (앞줄 오른쪽 두 번째)

그러나 이런 확신에도 불구하고 선생님이 교사가 아닌 학교사회복지사라는 신분으로 학교 현장에 다시 발을 들여놓았을 때는 오히려 활동의 제약을 느꼈다고 했다. 교사들의 벽을 넘어서 아이들이나 학부모를 만나는 것이 쉽지 않았다. 1년 단위 계약의 불안정한 신분은 지속적인 활동과 폭넓은 대외 활동에 제약이 되었다. 또한 학교사회사업을 지속하기 위해서 끊임없이 개입의 효과성을 입증하는 자료들을 산출해야 하는 부담감은 더욱더 싫었다고 한다. 그러나 시간이 흐르면서 아이들이 변화되고 학교 분위기가 달라지자 배타적이었던 교사들도 학교사회복지사의 능력을 인정하게 되었고, 차츰 학교사회복지사가 하는 일을 보고 배워서 학급관리에 적용하고 사례관리까지 하고 있다고 했다.

"빈곤층 아이들에게 도대체 학교가 무슨 의미가 있겠어요? 그 아이들은 엑스트라, 아니 인질이나 마찬가지예요."

또한 무엇이라도 맡아서 하기로 마음먹으면 이것저것 따지지 않고 열심히 하는 성격이기 때문에 학교사회복지사로서 활약상이 알려지게 되었고, 협회에서 헌신하면서 협회장으로 선출되어 4년간 봉사하였다.

그동안 정부가 바뀌고 정책들도 바뀌면서 학교사회복지 현장 역시 계속 변화했다. 무엇보다 가장 큰 변화는 처음 학교사회복지를 출발시킨 여러 형태의 시범사업들이 대부분 종결되고, 대부분의 학교사회복지사들이 교육복지사업과 위스타트 사업, 위센터 등에서 실무자로 일하게 된 것이다. 학교사회복지사들의 애타는 노력에도 불구하고 정부 관료들이 보기에 결국 빈곤학생을 지원하는 교육부의 교육복지사업과 상담사, 사회복지사가 함께하는 생활지도 사업, 그리고 복지부로 편입된 구(舊) 국가청소년위원회 산하 CYS net(지역사회청소년통합지원체계)과 아동사례관리사업은 크게 학교사회복지사업과 중복된다는 것이 학교사회복지 시범사업의 종결 이유였다. 하지만 그렇다고 해서 학교사회복지가 끝난 것은 절대로 아니며, 오히려 더욱더 발전하고 있다고 해석했다. "오늘날 아동과 청소년은 90% 이상이 공교육의 테두리 안에 있습니다. 건강하고 행복한 미래 세대를 위한 학교사회복지는 그 어떤 다른 이름으로 정책과 사업이 추진되든 간에 앞으로 보수와 진보를 막론하고 전 세계 어느 국가도 포기하거나 경시할 수 없는 중요하고 절대적인 사회적 관심 영역으로 우리나라에서도 계속 확대될 것입니다."라고 말하면서, 오히려 학교사회복지 관련 지식과 기술을 계속 개발하고 전문화된 고급 인력으로서의 학교사회복지사가 많이 배출돼야 함을 강조했다.

선생님은 특히 전문성 향상을 위해 학교사회복지를 꿈꾸는 사람들이 인문사회과학을 폭넓게 공부하고 시사적인 이슈들을 깊이 파악할 것을 권했다. 나아가 자아를 성찰하고 성숙한 인격을 갖추기 위해 부단히 노력해야만 인간원조 전문가로 거듭날 수 있다는 것이다. 그러면서 자기 자신도 쉬지 않고 다양하게 공부하며 자료를 모으고 발전하기 위해 날마다 노력하고 있다고 했다. 이야기를 귀담아 들으며 나 자신을 돌아보고 있는데, 선생님은 "이렇게 이야기하니까 제가 늘 공부만 하는 사람인 것 같지요? 솔직히 말하면 저는 공부보다도 놀기를 아주 좋아하는 사람입니다. 집안일과 협회 일을 하면서 틈틈이 원근 각지의 친구들과 만나서 노래하고 술 마시고 얘기하고 밤새워 노느라 바쁘게 삽니다."라고 하며 무거워지려는 분위기를 깨뜨려 주었다. 하지만 인터뷰 내내 느낀 선생님의 박학다식함과 일에 대한 열정과 확신은 바로 이러한 자기성찰과 다양한 학문 영역에 대한 관심 그리고 사람들과의 관계를 통해서 얻게 된 것이라고 생각했다.

사회복지사가 되기 위해 준비를 하고 있는 학생들에게 해 주고 싶은 말씀을 요청했더니, "일단 끌리는 분야가 있으면 가차 없이 몸을 던지라고 말하고 싶습니다. 또 사회복지학을 전공하기로 한 순간 우리는 이미 이 물에 몸을 적신

전문화된 고급 인력으로서의 학교사회복지사가 많이 배출되어야 한다(앞줄 가운데 검은 상의)

것입니다. 발가락 끝만 물에 담그지 말고 푹 빠졌으면 좋겠습니다. 만약 그곳이 3D(difficult, dirty, and dangerous) 현장이라면 물불 가리지 말고 반드시 가야 합니다."라고 말했다. 그리고 뚜렷한 가치관과 철학적 바탕으로 무장하기 위해서 인문사회과학 책들을 두루 읽고 훌륭한 분들의 이야기도 듣고 밤새 토론도 하고 발로 찾아다니면서 성장했으면 좋겠다는 바람도 이야기해 주었다. "만약 아동 · 청소년을 위해 학교를 중심으로 일하는 사회복지 실천가가 되려면, 아동 · 청소년에 관한 심리학, 사회학, 교육학, 그리고 그에 따르는 실천기술들을 배워 두어야 합니다." 더불어서 어느 분야로 가든지 변화하는 관련 정책들, 새로운 시사적 이슈에 대해서는 항상 눈과 귀를 열어 두고 일정 시간을 투자해서 자신을 계속 발전시켜 나가야 하며, 또한 현장에서는 도전과 경험도 중요한 능력이 된다는 이야기도 해 주었다. 그리고 "공부합시다. 공부 좀 제대로 합시다. 남이 공부한 것 엿듣고 엿보기만 하지 말고, 내가 직접 읽고 쓰고 연구해서 내 것으로 만들고, 공부해서 남 주는 삶을 제대로 살았으면 좋겠습니다."라는 말로 조언했다.

마지막으로 사회복지를 하면서 가장 보람 있었던 일이나 아쉬웠던 일에 대해 질문을 했다. 선생님은 이 질문에 대한 답으로 "아이들과 함께 있을 때가 행복했습니다. 오히려 제가 사랑을 많이 받았습니다. 지금도 고맙게 생각합니다. 저의 실천이 아이들에게 도움이 되었을까요? 아마도 그건 하느님만이 아실 것입니다. 지금 좋아졌다고 해서 성공이라고 할 수 없고, 개입효과를 입증할 수 없다고 해서 실패라고 말할 수 없습니다. 다만 그 순간 최선을 다했고 서로 아픔과 눈물, 기쁨을 함께했다면 스스로 후회하지 않을 수 있지만, 그렇게 못했을 때 두고두고 아쉽고 미안하고 스스로 자책하게 되지요. 그리고 학교사회복지 동지들과 함께해서 행복했습니다. 같은 뜻을 가지고 같은 꿈을 꾸며 여건을 탓하지 않고 헌신적으로 일하는 전국의 학교사회복지사 동지들을 사랑하고 존경합니다."라며 함께했던 학생들과 학교사회복지사, 그리고 협회에 감사와 존경의 마음을 표했다.

누구나 인생을 살아가면서 많은 선택의 기회가 주어진다. 그리고 선택의 기회에서 대부분의 사람들은 부와 명예, 권력의 길을 향해 걸어간다. 그러나 선생님은 조금 다른 방향을 선택한 삶을 살아왔다. 다른 이들이 힘들다고 하는 길, 지저분하다고 하는 길, 위험하다고 하는 길을……. 그리고 우리에게 사회복지를 선택했다면, 좁고 험난한 길일지라도 함께 걸어가자고 이야기했다. 선생님의 이런 마음이 필자에게도 전달되었는지, 인터뷰를 마치며 나오는 발걸음에는 좁은 길을 걸어가는 삶에 대한 새로운 기대와 각오로 힘이 솟아났다.

"지금 좋아졌다고 해서 성공이라고 할 수 없고, 개입 효과를 입증할 수 없다고 해서 실패라고 말할 수 없습니다. 다만 그 순간 최선을 다했고 서로 아픔과 눈물, 기쁨을 함께했다면 스스로 후회하지 않을 수 있지만, 그렇게 못했을 때 두고두고 아쉽고 미안하고 스스로 자책하게 되지요."

박경현 선생님은……

서울대학교 영어교육학과 / 서울대학교 대학원 교육사회학(수료) / 서울여자대학교 대학원 사회복지학과(수료) / 한국학교사회복지사협회 회장 / 한국학교사회복지사협회 부설 한국교육복지연구소장(현)

눈물과 웃음 속에서 피워 낸 들꽃 이야기

조순실 | 들꽃청소년세상 공동대표

1994년 안산의 한 노동교회에서 무단으로 교회에 찾아 들어온 아이들과 우여곡절 끝에 기막힌 인연을 맺은 계기로 지금까지 15년 동안 눈물과 웃음의 세월을 오로지 아이들과 함께 정을 나누며 살아가고 계신 들꽃청소년세상 공동대표 조순실 선생님.

선생님이 아이들과 함께 공동생활가정 생활교사로 계시는 곳에 찾아가기까지는 결코 쉬운 일이 아니었다. 비슷비슷한 구조의 집들이 즐비하게 늘어선 신림동의 낯선 주택가를 두리번거릴 때 내가 찾는 들꽃세상은 결코 쉽게 찾아지지 않았다. 넓은 들판에서 숨어 있는 들꽃세상을 찾는 것과 같은 막막함은 2월 끝자락 쌀쌀함에 비까지 내리는 날씨로 불안하기까지 했다. 그래도 간절하게 바란다면 왜 찾지 못하겠는가? 친절하게 위치를 설명해 주시는 선생님과 서너 차례 전화통화를 시도한 결과 드디어 들꽃세상을 발견했다. 이미 전화로 친절하게 맞아 주셨던 선생님은 늦어질까

긴장한 탓에 땀까지 흘리며 들꽃세상으로 들어서는 나에게 비오는 날 고생이 많다며 손수 시원한 것을 내어 주셨다. 선생님이 안내해 주신 작업실은 4~5명의 아이들과 함께 지내는 작은 집이었고, 이곳에서 옥상으로 올라가는 통로에 위치한 작은 방 하나가 선생님만의 소박한 공간인 듯싶었다.

선생님과 대화를 나누는 시간 내내 들꽃세상 아이들은 "사모님~"하며 연신 선생님을 찾는다. 아이들에게 선생님은 친근한 사모님, 선생님을 뛰어넘어 때로는 친구 같은 존재로, 엄마처럼 포근함을 느끼게 해 주는 마음의 안식처로 여겨지고 있었다. 아이들의 눈빛, 선생님을 따르고 신뢰하는 말과 행동들을 통해서 이곳이 하나의 가정임을 깨달았다. 이곳 들꽃세상 아이들의 모습을 보면서 우리 사회의 아이들이 안정된 가정에서 모두 건강하게 성장하는 것을 누구나 소망하지만, 어쩌면 현실이 그렇지 못함을 인정하고 그 역할을 조금씩 나누어야 할 필요성을 조순실 선생님은 조금 일찍 실천하신 분이 아닐까 생각하게 된다. 하지만 들꽃세상에서 선생님과 함께 생활하는 아이들의 수가 늘어나는 것을 기뻐할 수는 없다. 사회의 현실적인 상황을 수용하고 아이들이 건강하게 성장하도록 하는 것이 최선의 방법만은 아니다. 건강이 회복된 가정으로 아이들이 돌아가도록 하는 것이 우선시되어야 할 것이다.

들꽃세상 아이들에게 사모님, 선생님을 뛰어 넘어 친구같은 존재로, 엄마처럼 포근한 조순실 대표(왼쪽)

너무나 힘든 상황에 있던 아이들이 선생님을 만나 들꽃세상에서 가정을 경험하는 것은 정말 다행스러운 일이다. 그러나 들꽃세상 가족이 늘어난다는 것은 어쩌면 또 다른 가정에게는 해체를 의미하는 안타까운 일일 수도 있다. 그럼에도 불구하고 들꽃세상은 아이들 수가 점점 늘어나면서 각 가정을 구성하여 나누고 또 나누기를 거듭하여 현재는 안산에 열 가정, 신림동에 두 가정의 그룹홈을 꾸려 나가고 있다. 안산에 있는 '들꽃피는학교' 청소년쉼터 '한신', 수원에 있는 청소년자립관 '비상' 등 이제는 거리 청소년을 위한 아웃리치 활동도 활발하게 하고 있다.

선생님이 15년 동안 그룹홈 교사로 아이들을 만나는 과정 중에 여러 가지 힘든 일들도 겪었을 테고, 때로는 너무 힘들고 지치기도 하고, 또 때로는 너무 괴로워서 눈물도 많이 흘렸을 것 같은데, 그럼에도 지금까지 지속적으로 더 많은 아이들과 만나고 함께 생활할 수 있는 힘의 원동력은 무엇일까? 선생님은 아이들과 함께 살아가면서 아이들 속에서 생명력, 생명의 아름다움을 많이 보는 것 같다고 한다. 여러 아이들의 몸부림 속에서 생명의 원동력을 볼 수 있고, 그뿐만 아니라 그 자체가 '귀하고 아름답다.' 라는 생각이 든다고 했다.

각기 다른 환경에서 자란 여러 명의 아이들과 함께 생활하는 곳이니만큼 서로 다른 생각들로 많은 문제가 발생할 것이라는 편견과는 달리, 그 아이들 자체에서 느낄 수 있는 아름답고, 고귀한 생명의 소리가 선생님이 함께 숨쉬고, 살아가야 하는 이유인 것 같다. 부모님에 의해 교육받고 자랐던 선생님 자신을 보면서 '나는 가진 것이 참 많은 사람이다.' 라는 생각을 가졌다고 했다. 주어진 환경에서 태어난 것은 본인이 선택할 수 있는 부분이 아님에도 불구하고 본인은 받은 게 많은 것 같은 생각에 '이건 세상이 너무 불공평하다. 이것은 아닌 것 같다.' 라는 것을 대학 재학 시절에 야학 교사를 하면서 생각하게 되었다고 했다. '부자로 살아온 것은 아니지만 내가 가진 게 많다면, 아니 많지는 않지만, 여유가 있다면 그것은 함께 나눠야 되는 것이구나.' 하는 생각을 하였다고 했다.

들꽃세상 아이들과 마찬가지로 자신의 딸에게도 잠재력을 믿어 주고 인격체로 대해 주는 조순실 대표

우리는 너무 빠르게 변화하는 시대를 살아가고 있으며, 사회는 변화에 적응하려면 더 많은 노력을 하라고 요구한다. 열심히 노력하면 많은 것을 가질 수 있다고 이야기한다. 그래서 노력의 대가로 과거보다 풍족하고 여유로워진 사람들도 많아졌다. 그러나 가진 것이 많다고 모든 사람들이 나눌 수 있는 마음의 여유까지 있는 것은 아니다. 그래서 우리는 노력으로 과거보다 풍족해졌지만 행복한 것은 아니다. 선생님께서는 이미 대학 시절 자신이 가진 것을 나누겠다는 결심을 하셨고 몸소 실천하고 계시는 분이시다. 나눔을 꿈꾸셨고 그 꿈을 이루신 분이라고 생각한다. 선생님의 모습은 나 자신에게 내가 가진 것에 얼마나 감사하고 있는지를 돌아보게 했다. 현재를 살아가는 우리 중 자신이 가진 것에 감사하며 진실된 나눔을 꿈꾸며 살아가는 사람이 얼마나 될까?

사회복지사로서의 가치관은 무엇일까? 작년에 돌아가신 선생님의 아버지께서는 '사람으로서 어떻게 신의를 저버릴 수 있겠느냐?'라는 말씀을 하셨다고 했다. 사람과 사람과의 관계 속에서 서로 신의를 지키는 것, 서로 믿는 것이 선생님 자신에게 젖어든 가장 중요한 가치관이었다. 인생을 살아가면서도, 사회복지를 하면서도, 신의를 지키는 것이 가장 중요하다는 생각을 자주 하게 된다고 했다.

"아이들은 태어날 때, 여러 가지 잠재능력을 하나님으로부터 부여받았으나, 그것이 개발되지 못하고 환경의 영향을 받아 적응하는 데 여러 가지 방어기제에 따른 행동들이 나타납니다. 그 행동은 사실 그 아이의 전부도, 진정한 모습도 아니지요." 선생님은 그 아이가 가진 잠재적 능력을 믿어 주고, 그 아이를 인격을 가진 존재로 소중히 여기고 존중해 줄 때 변화가 시작된다고 말했다. "아이들과 지내다 보면 여러 가지 어려운 행동, 그러니까 우리가 일상적인 생활을 할 때 어느 정도의 교육을 받은 사람들은 이해하지 못할 만한 행동들을 하는데, 사실은 거기에는 나름대로 이유들이 있어요. 그 아이들 나름대로 개별적인 특성들이 있고, 어려움을 겪고 견디는 과정에서 생존하기 위해 자신을 방어하고자 하는 행동들이 소위 문제행동이나 비행이 될 수 있어요. 그런 현상을 보면 사회복지사로서 낙담이 되고 마음도 힘들고, '저러면 안 되는데.' 하는 강한 거부감이 들곤 하지만, 정말로 그건 우리의 편견이자 선입견이라는 생각이 듭니다. 사실 아이들이 정말로 원하는 것은 자신들의 행동을 주목하는 것이 아니라 그 행동을 하게 된 내면의 상처와 마음을 읽어 주길 바라는 거예요. 그렇기 때문에 사회복지사로서 해야 할 일은 우선 아이들의 존재 자체에 대해 믿어 주는 것이죠. 그것이 가장 중요하다고 생각해요."

물론 아이들은 하루아침에 변하지 않는다. 또 변하지 않을 수도 있다. 아이들이 모든 것을 부정적으로 받아들이거나 거짓으로 꾸며댈 때가 있지만, 그것은 그 순간 무엇인가 자신이 하고자 하는 욕구가 너무 강하기 때문에 그 아이가 찾아낸 방법이라는 것을 이해하고, 그 때문에 나타나는 행동보다는 아이가 가진 가능성과 존재 자체에 대한 믿음이 중요하다. 선생님은 아이들은 믿음과 신뢰를 확인하면서 자기효능감을 키워 나가게 되고, 굳이 자신을 여러 가지 문제 행동으로 방어하지 않아도 생존이 가능하다는 것을 알게 된다면 문제 행동은 서서히 줄어든다고 생각하고 계셨다. 아이들 존재 자체에서 나오는 긍정적인 부분을 인식시켜 주고 '너도 이렇게 잘하는 것이 있구나!' 하는 강점관점으로 바라보는 것이 중요하다고 한다.

15년째 그룹홈 교사로 청소년들과 동고동락하면서 가장 좋은 점은 무엇이냐고 묻자, "아이들과 함께 사는 것은 참 좋아요."라는 말씀을 시작으로, 이렇게 함께 가슴 아파하고, 함께 웃고 울고

"사실 아이들이 정말로 원하는 것은 자신들의 행동을 주목하는 것이 아니라 그 행동을 하게 된 내면의 상처와 마음을 읽어 주길 바라는 거예요. 그렇기 때문에 사회복지사로서 해야 할 일은 우선 아이들의 존재 자체에 대해 믿어 주는 것이죠. 그것이 가장 중요하다고 생각해요."

하는 것 자체가 좋다고 말했다. "남편은 요즘 일도 많은데 생활교사를 그만 두어야 하지 않을까 하는 말을 하곤 해요. 하지만 우리가 항상 말하는 것은 아이들이 없으면 참 심심할 것 같아요. 그때그때 어려움도 있고 생각도 많이 해야 하고 마음의 갈등과 고통이 있지만, 이 자체가 사는 것이고, 사는 맛이 있다고 해야 할까요?" 우리 인생이 어떻게 보면 밋밋한 인생일 수 있는데, 아이들과 함께 살고 호흡을 같이 한다는 게 재미도 있고, 참 감사하다고 하시는 선생님의 얼굴에서는 미소가 떠나지 않았다.

아이들과 함께하면서 선생님이 생각하시는 특히 힘든 부분은 어떤 것일까? 선생님은 아이들 한 명 한 명이 개별성이 있고, 발달과정에 따라 문제행동이 존재하는데, 이때 이것을 어떻게 다루어야 하는지, 왜 이러는지에 대해 끊임없이 고민해야 하는 것이 가장 힘든 점이라고 말했다. 그래도 동전의 양면처럼, 그 고민과 힘든 과정에서 문제가 해결되고 나아진 모습을 볼 때 보람을 느끼고, 또 다른 어려움을 헤쳐 갈 열정이 생긴다고 했다. 아이들의 고민과 어려움에 대해서 선생님 자신 또한 더 많이 고민하고 힘든 시간을 보내고 나면 그 시간은 자신을 성찰하는 계기가 되어 몇 배의 가치로 남는다고 하시면서 선생님이 일방적으로 아이들에게 주고 계신 것이 아니라 아이들과 선생님이 서로 맞물려 있다는 것을 알 수 있었다. 그래서 그런 것들이 힘든 부분들이지만 어떻게 보면 자신도 아이들과 조금씩 다듬어져 가는 것이라고 말했다.

사회복지사가 가지는 차별성이나 고유성은 무엇이라고 생각하시는지에 대해, “사회복지사의 일은 정말 발로 뛰는 일이 많고, 자원을 연계하고 지원받을 수 있도록 돕는 매개자로서 지지자로서의 역할을 하는 것이 아닐까요.”라는 답을 들을 수 있었다. 또한 “내 자신이 전문적으로 모든 것을 하나씩 하는 것보다는 감독의 역할을 하는 것이라고 해야 할까요. 여기에 의사, 간호사, 상담사, 교사도 계시고 전문적으로 깊이 있게 들여다볼 수 있는 훌륭한 분들이 많잖아요. 그런 자원을 함께 연결해서 정말 필요한 사람에게 줄 수 있도록 환경과 관계망의 네트워크를 잘 만들고, 클라이언트가 그 서비스를 잘 받을 수 있도록 알려 주고 이끄는 역할을 하는 것이라고 생각해요.”라고 말했다. 많은 사람들은 그것은 전문성이 아니지 않느냐며 의문을 제기하기도 하는데, 선생님은 이것 자체가 전문성이라고 생각한다고 했다. 하나의 자격증이 중요하고 어떤 한 분야에만 깊이 있게 들어가는 것도 전문성이긴 하지만, 현대에 오면서 학문도 통합되어 가고 있다. 서로가 너무 전문적이라는 이유로 각 분야가 경계선을 그어 놓고 있는데, 많은 부분에서 그것을 허무는 것이 필요하다고 말했다. 작은 부분도 중요하게 다루고 다양한 시각으로 넓게 보는 것, 그럼으로써 필요한 곳에 적절한 서비스가 가능하도록 늘 깨어 있어야 하고 주위를 살펴야 하는 것이 사회복지사가 담당해야 할 영역이다. 그러려면 전체적인 조망을 할 수 있는 능력도 상당히 중요하다. 뿐만 아니라 작은 것도 지나치지 않는 세심함도 갖추어야 한다. 아마도 이런 능력들이 다른 전문직과 비교했을 때 사회복지사가 가지는 차별성일 것이다.

선생님은 사회복지사는 돈을 많이 가질 수 없는 직업인 것 같다고 하시며, 그래서 어디에 어떤 가치를 두고 있느냐가 중요하다고 했다. 돈을 벌고 싶다면 사회복지사가 아닌 사업을 해야 할 것 같고, 사람과 함께 살기를 원하는 직업을 원한다면 사회복지사가 좋을 것 같다고 했다. 자신의 인생관 자체가 함께 더불어 사는 것이라면 함께 살며 함께 나눌 수 있는 일은 이 직업이라고 하셨다. "하지만 목표 자체가 돈이나 명예를 얻는 교수가 되는 것이라고 한다면, 사회복지사가 아닌 혼자서 열심히 정진해서 할 수 있는 일을 해야 할 거예요. 이 일은 그렇게 자기발전을 위해서만 에너지를 쓸 수는 없어요. 사회복지사는 자신의 시간조차도 많이 나눠야 하는 직업이기 때문에 함께 사는 것을 좋아하시는 분들에게는 더없이 좋은 직업이죠." 이 직업의 가장 좋은 점은 생명력을 느끼며 살 수 있는 것이라는 선생님의 말씀이 인상적이었다. 선생님은 자신의 나이보다 조금 젊게 보인다는 말씀을 많이 듣고 계신다며 아마도 그 이유가 아이들의 영향일 것이라고 젊어지는 노하우까지 전수해 주셨다.

함께 사는 것을 기꺼이 즐길 수 있고 기뻐하는 사람이라면 사회복지사는 가장 매력적인 직업이면서 인생을 풍요롭게 하는 기회가 될 수도 있다고 했다. 그래서 다시 태어나서 새로운 인생을 산다 해도 사회복지사로서 지금 하고 있는 의미 있는 이 길을 다시 선택할 수 있을 것이라고 했다. 물론 수없이 많은 갈등과 스트레스, 여러 가지 견뎌야 하는 힘든 일들이 기다리고 있겠지만, 그것보다 더 큰 삶의 의미라든지 그 속에서 자신이 닦여지는 느낌

등 총체적으로 내 인생이 참 아름답게 수놓아지는 것 같은 느낌을 알기에 이 일이 참 좋다고 말했다.

15년 동안 아이들과 함께 생활하시면서 아쉬웠던 점은, 초창기에는 잘 모르기도 했고 그때는 지원이 부족한 상태에서 아이들을 만났기 때문에 인적자원은 물론이고 여러 가지로 부족한 것들이 많았다고 했다. 그렇기에 그 시기에 만났던 아이들에게 좀 더 잘해 주지 못했던 것들이 많이 생각나고 아쉬움으로 남는다고 했다. 사회복지 현장에 첫 발을 내딛게 되면 생각만큼 사람을 대하는 일이 쉽지 않고 실수도 많을 수밖에 없다. 누구에게나 시작은 있고 시작은 아쉬움을 많이 남기는 것 같다. 하지만 그 시작의 아쉬움과 안타까움 그리고 후회들이 차곡차곡 쌓이는 소중한 경험들을 통해서 시간이 지날수록 더 깊이 있는 만남이 가능할 것이고 더 많은 열매를 아이들에게 전해 주게 되지 않을까? 그 아쉬움을 기억하고 그 아이들을 기억하며 미안한 마음에 많은 눈물로 기도하셨을 선생님의 따뜻함이 내 마음에도 전해진다.

반면, 가장 보람 있었던 점은 무엇인지 질문하자 선생님은 이곳에서 만나는 아이들과 관계를 형성하면서 느끼는 보람이 가장 크다고 했다. 자살시도나 여러 가지로 문제행동을 보이던 아이들이

"목표 자체가 돈이나 명예를 얻는 교수가 되는 것이라고 한다면, 사회복지사가 아닌 혼자서 열심히 정진해서 할 수 있는 일을 해야 할 거예요. 이 일은 그렇게 자기발전을 위해서만 에너지를 쓸 수는 없어요. 사회복지사는 자신의 시간조차도 많이 나눠야 하는 직업이기 때문에 함께 사는 것을 좋아하시는 분들에게는 더없이 좋은 직업이죠."

서서히 달라지는 모습이 보이고, 그 아이들이 커서 교사로 활동하게 되고, 자해를 했던 아이들이 청소년 인권운동 활동을 하는 등 건강하게 성장해서 사회로 나아가 자신들의 역할을 훌륭하게 수행하는 모습을 지켜보면서, 큰 기쁨과 보람을 느끼고 계셨다.

15년의 긴 시간 동안, 한결 같은 마음으로 아이들 곁에서 바람막이가 되어 지켜 주시는 선생님이 계시고, 그런 선생님과 같이 뒹굴고 생활하면서 선생님을 더 튼튼한 바람막이가 되도록 지지하고 보듬어 주는 아이들이 함께 가족처럼 지내는 곳이 들꽃세상이다. 나와 마주 앉아 이야기를 들려 주시던 선생님은 다른 누구보다도 부자셨다. 아이들과 세상에 대한 믿음으로 꽉 채워진 들꽃세상에서 선생님의 몸과 마음은 참으로 풍족한 부자이다.

마무리 인사를 드리고 나오는 길에도 선생님은 조금 더 도움이 되고 싶은 마음을 전하시며 너무나 소중한 선물로 책꽂이에서 남편 김현수 목사님께서 쓰신 『들꽃 피는 마을 이야기』(2004, 청어람미디어)라는 책을 건네 주셨다. 그 책을 받아 들면서 선생님의 온기가 전해졌고, 더 없이 감사함을 느꼈다. 가슴으로 책을 꼭 안고 나오는 내 마음도 갑자기 부자가 된 것 같아 되돌아가는 발걸음이 가벼웠다.

조순실 선생님은……

서강대학교 사학과 / 이화여자대학교 사회복지대학원 사회복지학 석사 / 숭실대학교 대학원 사회복지학 박사과정 수료 / 들꽃청소년세상 공동대표(현)

사·회·복·지·사·들·의·희·망·이·야·기

PART.2 장애

묵묵한 청지기

나종선 | 사랑의교회 부설 사랑의복지관 사무국장

"한별아, 함께 깎아 볼까?" 특수교사인 아내의 직장에서 가끔씩 봉사를 해 오던 1994년 어느 날, 아내가 장애인 생활훈련프로그램을 진행하기 위해 하루에 두 명씩 짝을 지어 집에 초청했다. 하루는 함께 식사를 한 후, 한 아이는 아내와 설거지를 하고 한별(가명)이는 과일을 깎도록 하였다. 그러나 한별이는 참외를 깎는 데 어려움을 겪고 있었다. 칼날을 움켜쥐어서 마치 참외를 쓰다듬는 것처럼 어설프게 깎으려 하고 있는 것이다. 그 모습을 본 나종선 선생님은 "한별아, 함께 깎아 볼까?" 라고 말했고, 그 아이의 손을 잡고 함께 참외를 깎았다.

16년 전 장애 아동의 손을 잡고 참외를 깎던 그 손은 장애인의 손을 잡고 살아가는 사람이 되었다. 제약회사에 근무하면서 돈을 많이 벌어 고아들을 위해 일하며 살아야겠다는 꿈이 장애인들과 함께 살아가는 삶으로 바뀌게 된 것이다.

쌀쌀함이 감도는 겨울날의 오후, 해는 거대한 빌딩 숲 저편으로 사라져 가는 시간에 사랑의복지관을 찾았다. 지하철 2호선 강남역을 나와 오가는 인파를 헤치고 골목으로 깊숙이 들어가서야 사랑의복지관을 찾을 수 있었다. 복지관 앞에 도착해서 받은 첫 인상은 장애인복지관 치고는 너무나도 작은 규모라는 것이다. 지하 1층 지상 3층의 건물은 전체 규모가 1,564.62㎡(약 500평)에 불과했다. 적어도 규모만으로 보면 다른 장애인 복지관과 비교했을 때 이렇게 작은 복지관에서 얼마나 많은 일들을 감당할 수 있을까? 하는 편견을 가지고 2층에 있는 사무실을 찾았다. 사무실에서 만난 선생님은 『신약성경』 〈베드로전서〉에서 말하는 '각각 은사를 받은 대로 하나님의 각양 은혜를 맡은 선한 청지기'를 만난 듯한 느낌을 주는 사람이었다. 차분하게 주어진 일을 묵묵히 최선을 다해 감당하는 모범적인 청지기의 모습이었다.

그는 자신이 인터뷰를 하기에 적절치 않을 수도 있다고 생각하였으나, 이런 기회가 지금까지 감당해 온 일들을 더욱 열심히 하기 위한 새로운 자극으로 생각하겠다는 겸손함을 보이며 인터뷰를 시작했다.

그는 대학시절 사회복지를 전공하고 사회복지 실천 현장에서 일을 한 사람은 아니다. 제약회사에서 재무와 회계 업무를 담당하다가, 1997년 사랑의복지관이 설립되면서 복지관에서 함께 일하자는 제안을 받게 되었다. 그는 그 제안을 수락하여 사랑의복지관 총무팀으로 이직을 했고, 2000년부터 대학교에서 사회복지 공부를 하고 사회복지사로 근무를 하게 되었다. 그리고 장애인주간보호센터, 후원홍보팀의 업무를 하다가 사무국장이 되었다.

사회복지사로서 그는 두 가지 중요한 가치를 가지고 있다. 첫째 가치는 『구약성경』 〈잠언〉 4장 23절의 "모든 지킬 만한 것 중에 더욱 네 마음을 지키라. 생명의 근원이 이에서 남이니라."라는 것이다. 예수가 자신의 모든 것을 내주고 사랑해 주었던 것이 소중한 가치 중의 하나이며 그러한 마음을 가질 때 사랑을 나눌 수 있을 것 같고, 그것이 많은 사람들에게 생명을 줄 수 있을 것이라고 생각한다. 이는 '장애인과 함께 예수님의 사랑을 나눈 곳'이라는 사랑의복지관의 모토와도 동일하다고 생각한다.

두 번째 가치는 신영복 님의 『감옥으로부터의 사색』(1998, 돌베개)에 나오는 '입장의 동일함'이다. 그는 이 두 개의 가치가 일맥상통한다고 생각한다. 지켜야 할 마음이 있는데 그 마음이 변치 않는 누군가에게 보인다면 입장의 동일함으로 되어야 한다는 것이다. 생명의 근원이 되는 지켜야 할 마음, 그 마음을 입장의 동일함으로 지켜갈 때 자신이 만나는 많은 사람들과의 라포가 형성될 수 있을 것이다.

그의 가치는 '장애인과 함께하는 사회복지사로서 나는 무엇을 해야 하는가?'라는 고민으로 이어진다. 사회복지에 발을 들여 놓은 후 10여 년 동안 그의 관심은 복지를 필요로 하는 많은 대상자들에게 사회복지사의 가장 중요한 역할은 대상자들의 옹호자가 되어야 하고, 옹호자가 되기 위해 어떤 중개 역할을 해야 할지에 대한 것이었다.

그의 고민은 장애예방이나 장애인 인식개선에 관한 일들이 우

장애체험을 지도하고 있는 나종선 국장

선적으로 일어나야 한다는 것에 결론을 내렸다. 장애를 얻은 다음에 복지를 투여하는 것은 소 잃고 외양간 고치는 격이고, 효과성도 미비하다는 것이다.

이러한 관심은 서울시 장애인 인식개선 지원사업에 복지관 차원에서 관심을 갖게 된 계기가 되었고, 2006년부터 2008년까지 약 3년 동안 지원사업에 선정되어 사업을 진행해 왔다. 이 사업은 서울시가 장애인과 더불어 사는 복지사회 구현을 위하여 비장애인들을 대상으로 장애에 대한 이해와 교류 활성화 프로그램 등 다양한 사업을 공모 · 지원하여 장애와 비장애인 구분이 없는 인식 전환을 창출해 내기 위한 사업이다. 2008년의 예를 들면, 사랑의복지관에서는 TYM(Trans Your Mind)프로그램으로 서울시의 지원을 받아서, 장애인 인식개선 교육용 플래시 애니메이션 〈사랑이 이야기 Ⅲ〉를 제작 · 배포하고, 장애인 인식개선 교육자문과 교재 보급사업인 '나도 장애인 컨설팅'을 진행하고 있으며, 장애 · 비장애 청소년의 통합문화축제인 '제3회 몸생몸사 페스티벌'을 개최하였다. 그는 이 사업을 통해 "모든 사람이 장애인에 대한 편견이 없어지게 되기를 기대한다."라고 말했다.

그가 사회복지현장에서 일할 수 있는 원동력은 장애인이다. 그러나 누군가의 도움이 필요한 힘이 없는 장애인이 아니라, 자신의 입장을 당당하게 요구할 수 있는 힘 있는 장애인이다. "「장애인차별금지법」을 만든 사람들은 사회복지사도 어떤 전문가도 아닌 장애인들 당사자입니다. 자신들의 자립과 자활을 위해서 노력했던 그 사람들. 「장애인차별금지법」이 제정되는 과정과 결과를 보여 준 장애인, 법률 전문 지식이 없음에도 불구하고 6~7년 동안 투쟁해서 법이 제정되도록 한 바로 그분들이 제가 이 일을 할 수 있도록 하는 원동력입니다."라고 이야기했다.

그는 가장 기억에 남는 두 가지 이야기를 전해 주었다. 2006년 여름 강원도 평창 지역에 큰 수해가 나서 주민들이 많은 어려움을 겪은 적이 있다. 그때 사랑의복지관에서 지방의 장애인을 서울로 초대하여 문화를 경험하게 해 주는 마주보기프로그램 대상

"「장애인차별금지법」이 제정되는 과정과 결과를 보여 준 장애인, 법률 전문 지식이 없음에도 불구하고 6~7년 동안 투쟁해서 법이 제정되도록 한 바로 그분들이 제가 이 일을 할 수 있도록 하는 원동력입니다."

자 중 평창에 거주하던 장애인들이 있었는데, 그들의 집도 수해를 입었다는 소식을 듣고 기관 차원에서 약 200만 원 정도의 금액으로 평창지역복지관을 통하여 수해 복구를 지원했다. 사실 비장애인들이 가진 편견 중 하나가 장애인을 도움을 받는 존재로 인식하는 것인데, 장애인을 위해서 모금된 후원금으로 누군가를 돕는다는 것 자체가 의미 있는 일이었다. 그런데 이런 작은 나눔이 놀라운 결과를 낳게 되었다. 당시 가수 김종국 씨가 팬클럽과 수해 복구에 참여했다. 평창 지역주민들은 고마운 마음에 약 200만 원 상당의 감자를 김종국 씨와 팬클럽에게 선물로 주었다. 그러나 김종국 씨는 봉사를 하면서 그런 선물은 받을 수 없다고 하며 오히려 그 감자를 전부 구매했고, 결국 그 감자가 사랑의복지관으로 돌아왔다. 기관은 받은 감자를 재가장애인들에게 나누어 주었다.

사랑숍 매출 1% 후원금 전달식(오른쪽 끝)

선생님이 감동을 받은 것은 단순히 감자를 받아서가 아니라, 나눔이 혈액순환처럼 돌고 돌아 또 다른 나눔을 낳는 결과 때문이다.

또 한 가지는 나종선 국장님이 주간보호센터를 담당할 때 당시 주간보호센터에서는 장애인 16명을 3명의 직원이 보호해야 했는데, 그중 한 선생님은 수시로 차량 운행을 나가야 했고, 또 다른 선생님은 점심식사 준비, 프로그램 진행을 겸해야 하는 어려운 상황에서도 그곳에 있던 한 뇌병변 장애인의 수발을 들어주었다고 한다. 여선생님의 헌신적인 봉사에 감동을 받은 그는 그후부터 자신이 밥을 먹여 주는 역할을 했고, 그곳에 있는 동안 언제나 점심식사를 함께했다고 한다. 그리고 그 장애인이 어려운 상황에서도 검정고시에 합격했는데, 그는 여선생님의 헌신적인 모습과 어려움을 극복하고 무언가를 성취해 내는 그 장애인을 통해 많이 배웠고 감동받았다고 한다.

우리나라 사회복지 현장의 과제와 전망에 대한 질문에 대해서는 가장 중요한 변화에 대한 이야기로 답변을 시작했다. "참여정부 때는 사회복지 서비스라는 말이 대세였으나, 이명박 정부에서는 사회서비스가 대두되고 있는데, 이 두 개념의 상관관계 속에서 문제가 되는 것이 있습니다." 그가 말하는 문제는, '사회복지 서비스' 라는 개념에서는 전달 체계가 정부나 지방자치단체가 보조금을 주고 그 보조금을 가지고 인력을 투여해서 서비스를 만들어 냈는데, '사회서비스' 는 바우처 개념 즉, 보조금을 주는 것이 아니라 많은 기관이 정부나 지방자치단체가 요구하는 서비스를 개발하면 그에 대한 지원을 주는 것으로 개념이 달라졌다는 것이다. 사실 바우처 개념에 대해서는 2002년 말부터 당시 보건복지부에서 장애인복지발전 5개년 계획을 통해서, 바우처 개념의 도입에 대해 밝혔음에도 주무 부서인 보건복지부와 관심 있는 몇몇 사람들만 준비해 오다가 막상 시행하려고 하니까 준비되어 있지 않은 사람들은 따라가기에 급급한 현실이라고 했다. 또한 사회복지 서비스가 사회서비스로 전환하는 과정 가운데 시행착오를 줄이는 노력이 충분히 일어나야 하는데, 자기 유익을 위해 이런 부분들이 도외시되는 것이 어려움이라고 했다. 이러한 어려움은 단지 장애인복지의 영역뿐 아니라 우리나라 사회복지 전체의 어려움이라고 할 수 있을 것이다.

이러한 어려움에도 불구하고 그는 밝은 미래를 기대한다. 우리 사회에서 장애인복지가 아주 급변했다고 한다. 「장애인차별금지법」이 제정되었더라도 그것이 현장에서 실현되는 것이 중요한데, 현재 우리나라의 장애인복지는 장애인이 계속 울고 있는 것이 아니라 사회적 합의가 이루어져서 인프라가 잘 구성되도록, 일방적인 시혜가 아닌 장애인 스스로 선택할 수 있고 결정할 수 있는 방향으로 변화되고 있다. 그는 그 과정에서 전문가 집단과 장애 당사자 집단 간 이율배반적인 밥그릇 싸움을 하는 부분이 최대한 지양되어야 하고, 잘 준비하고 양보하고 서로를 이해하고 배려하는 쪽으로 간다면 미래가 밝다고 보았다.

교회사회복지에 대한 부분에 대해서는, "한국교회의 가장 큰 위기는 교회 건축, 즉 교회 건물들에 대한 부분이라고 생각합니다."라고 말하면서 교회사회복지에서도 예배나 교육 외의 시간에 비어 있는 교회 건물이라는 자원을 어떻게 효율적으로 이용해야 할지에 대한 고민이 있어야 한다고 말했다. 또, 교회 내의 인적자원을 자원봉사에 참여할 수 있도록 하는 방법을 고민해야 한다고 말했다. 그는 사랑의복지관의 예를 들어 주었다.

"사랑의복지관은 장애인복지관이고, 서울시 내 장애인복지관 중에 가장 작은 복지관에 속합니다. 그런데 외부에서는 작다고 생각하지 않습니다. 서울시의 별도 지표를 가지고 무작위 선정해서 서울시복지재단이 실시한 만족도 조사결과의 평가는 평균보다 월등히 높습니다. 지역복지와 치료사업이 100%, 대부분 95%, 평균 97% 정도의 만족도가 나왔습니다. 그런데 공간에 대한 부분은 평균 이하입니다. 그렇지만 사랑의복지관은 '사랑의교회' 공간을 효과적으로 활용하고 있고, 복지관 내 강당의 규모가 협소해서 사랑의교회 공간을 활용하는 경우도 많고, 교회에서 운영하는 커피 바리스타 교육장도 교회와 연계하여 교회는 비장애인들을 대상으로, 복지관에서는 장애인을 대상으로 바리스타 교육을 하고 있습니다. 이것은 교회 공간 활용에 대한 좋은 예가 될 수 있다고 봅니다. 전국에 있는 교회가 사회와는 무관한 개교회의 목적만을 위한 것이 아니라 사회와 더불어 실천을 나눌 수 있는, 사랑을 나눌 수 있는 공간으로 변화된다면 우리나라는 많이 변할 것입니다."라고 했다.

마지막으로 사회복지를 준비하는 후배들에게 조언을 부탁하니, "사회복지학과 학생은 필수적

"한국교회의 가장 큰 위기는 교회 건축, 즉 교회 건물들에 대한 부분이라고 생각합니다."라고 말하면서 교회사회복지에서도 예배나 교육 외의 시간에 비어 있는 교회 건물이라는 자원을 어떻게 효율적으로 이용해야 할지에 대한 고민이 있어야 한다고 말했다. 또, 교회 내의 인적자원을 자원봉사에 참여할 수 있도록 하는 방법을 고민해야 한다고 말했다.

장애인의 직업재활을 위한 바리스타 캠프에 참여한 나종선 국장(제일 키 큰 사람)

으로 봉사, 실습, 자격증 취득의 과정을 통해서 사회복지 현장에 들어오게 됩니다. 첫 접촉점이 봉사인 경우가 많은데, 그때 누구를 돕는다는 차원에서 머물지 않고 복지에 대한 관점이나 패러다임에 대한 자기 정체성을 정립하는 것이 필요하다고 생각합니다. 저도 자원봉사자나 실습생을 교육할 때 이런 것을 많이 강조합니다. 이러한 정체성이 봉사에서 실습으로 자격을 갖추고 현장으로 나가는 과정에서 잘 정립될 수 있으면 좋겠습니다."라고 말했다.

선생님과의 만남은 매우 기분 좋은 만남이었다. 그의 가치관, 신앙관, 장애인을 바라보는 관점, 그리고 현장에서 경험한 이야기들과 현재 하는 일들에 대한 이야기는 그를 처음 만났을 때 가졌던 선한 청지기의 인상을 직접 눈으로 확인할 수 있도록 해 주었다.

나종선 선생님은……

강남대학교 대학원 사회사업학 석사 / 사랑의교회 부설 사랑의복지관 사무국장(현)

민주노동당 비례대표 1번을 거부하고

박경석 | 노들장애인야학 교장

노들장애인야학에 들어서자 개나리빛 예쁜 벽이 눈길을 끌었고, 빨강과 초록의 원색들이 서로 조화를 이루며 그곳을 생동감 있게 만들어 주는 것 같았다. 나를 반기는 한 남자의 함박웃음과 마주치는 찰나에 그가 바로 대중매체에서 자주 만날 수 있었던 박경석 선생님이라는 것을 한눈에 알아볼 수 있었다. 인터뷰의 서먹함을 덜고자 친근하게 다가와 장난기 있는 몸짓으로 유머를 던지는 그의 모습에서 인간에 대한 애정과 배려가 전해졌다.

세상을 바꿔야 하고, 차별을 없애야 한다는 박 선생님. 그의 이러한 생각은 항상 장애인과 함께하며 야학에서 그들이 공부할 수 있도록 지원하고 장애인 이동권 투쟁, 「장애인차별금지법」 제정 추진 등 장애인 관련 주요 사항을 투쟁하는 것으로 그의 삶 속에서 행동으로 구체화되었다. "장애인이 세상에서 차별받고 있는 것이 문제라고 생각해요. 비장애인의 기준에서는 장애인이 야만

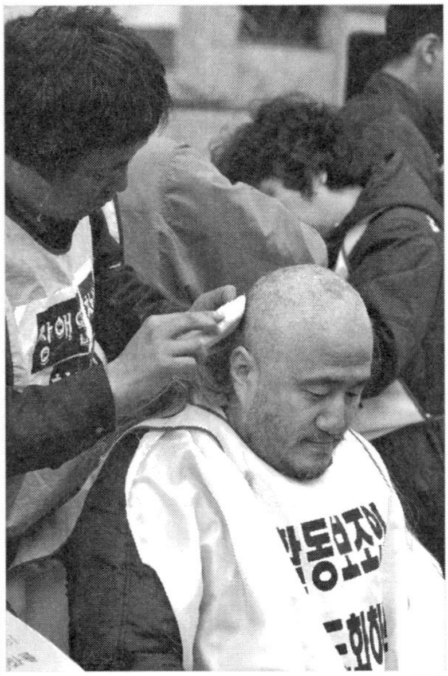

2007년 활동보조인서비스 제도화를 정착시키기 위해 삭발하는 박경석 교장

적이라고 생각하죠. 이건 단지 상대적인 것이에요. '이러한 세상의 차별을 어떻게 바꾸느냐?' 그것은 개인이 노력한다고 해서 그들의 장애를 극복할 수는 없어요. 우리 사회의 구조적인 문제를 사회적인 힘으로 어떻게 변화시켜 나가는가를 고민하고 실천하는 것이 중요한 부분이에요. 사회복지사가 마주하는 사람들은 차별받는 사람, 소수자, 가난한 사람들이 대부분이에요. 사회적 기준에 비해 소위 '떨어졌다'라고 표현할 수도 있을 것 같네요. 그런데 그것은 개인의 잘못이 아니라는 거예요. 이것이 개인의 운명이 아니라 사회체계와 사회구조로부터 나타나는 문제라는 것이죠. 그래서 이러한 근본적인 문제를 고민하고 바꾸는 실천이 필요해요. 사회복지사도 자본주의체제가 이야기하는 신자유주의의 잣대로 클라이언트를 강화시켜 주는 방식이 아니라 구조적 문제를 깨닫고 바라보게 하고 바꾸어 나가는 방향으로 실천하면 좋겠어요." 이렇게 박 선생님은 장애인 문제를 그들 개인의 문제가 아니라 사회 문제로 강조했다. 그리고 자본주의 체제의 문제와 자본주의 체제 속에서 힘들어하는 이들의 이야기를 전하며 우리 사회에서 너무나도 당연하게 받아들이는 고정관념과 편견을 이야기했다.

"자본주의 가치 속에서도 살아남을 수 있는 경쟁력 있는 사람들에게는 자본주의체제가 행복할지 몰라요. 하지만 그들보다 조금 속도가 느리고 가난하고 힘이 없는 사람들에게는 무한 경쟁이라는 가치 속에서 살아남는다는 것 자체가 스트레스이고, 억압이고, 삶의 무게죠. 그렇게 당해야만 하는 사람들이 못났기 때문이 아닌데, 그들 잘못이고 그들의 문제로 돌리는 것으로 우리 사회에서는 너무도 당연하게 교육시켜 왔고, 그래서 대부분의 사람들이 그렇게 생각하고 있어요." 박 선생님은 경쟁, 효율, 속도를 중시하는 자본주의의 가치는 장애인과 기본적으로 맞지 않는다고 했다. 그리고 복지 인프라가 취약한 우리나라 상황을 감안하며 이러한 부분을 보완해 나가기 위한 방법에 대해 고민하고 있다.

이렇게 장애인에 대한 사회문제에 관심이 많은 박 선생님과 직접 이야기를 나누면서, 2004년 민주노동당 비례대표로 추천을 받았지만 박 선생님이 이를 받아들이지 않았던 이유가 궁금했다. "당시 민주노동당 비례대표 추천이란 것이 개인적으로는 영광스럽고 획기적인 기회라고 생각을 했어요. 하지만 제가 동지들의 지지를 감히 받아들이지 못하는 것이 민망할 따름이었어요. 그렇지만 그때를 기회 삼아 동지들과 함께 현장 투쟁을 확장하고 강화시키며 진보적인 장애운동의 조직을 이루어 나가는 데 연대하고 싶다는 마음이었어요."

이어서 그는 "장애아이를 둔 한 어머니의 비례대표 추천 글에서 저의 출마가 고통받는 이 땅의 장애인에게 희망이라 말씀해 주시는 것을 봤을 때; 더욱 마음이 쓰리고 몸 둘 바를 몰라 하던 기경쟁, 효율, 속도를 중시하는 자본주의의 가치는 장애인과 기본적으로 맞지 않는다고 했다. 그리고 복지 인프라가 취약한 우리나라 상황을 감안하며 이러한 부분을 보완해 나가기 위한 방법에 대해 고민하고 있다.

억이 지금도 아련하네요. 그러나 당시 제 생각은, 저를 추천해 주시는 분들에게 제가 국회의원이 되는 것이 하나의 소중한 희망이듯, 장애인들이 거리에서 투쟁하는 현장을 강화하고 진보적 장애운동을 힘차게 전개해 나가는 조직 건설의 활동가로 남는 것 또한 동등한 무게의 희망이라 생각했어요."라고 말했다. 당시를 떠올리며 답변하는 박 선생님의 강한 어조에는 그때의 척박하고 열악한 상황에서 진보적 장애운동을 하던 그의 강한 의지와 뚜렷한 철학이 담겨 있는 것 같았다. 그리고 선생님은 장애인을 하나의 정치적 수단으로 보고 이권 싸움을 하는 보수 정치인들이나, 장애인 문제를 우리 사회가 돌보아 주어야 하는 하나의 이벤트성 시혜와 동정으로 보는 것들이 일반 사람들과는 사뭇 다른 관점을 갖고 있음을 느낄 수 있었다.

한편 박 선생님은 요즘 시설에서 살아가는 중증장애인의 탈시설화 문제를 고민하고 있음을 전했다. "중증장애인을 시설이나 집에만 있게 하는 건 좋은 대안이 아니에요. 그들이 사회 속에서 잘 살아갈 수 있도록 물리적 환경을 변화시키고, 그에 따른 국가의 재정적 투자가 필요해요." 지금 우리 사회의 현 상황과 문제점을 정확히 꼬집고, 그 부분을 해결하기 위해 고민하며 그 대안을 찾아 실천하기 위해 행동하는 사회복지 실천가 박 선생님의 모습을 보며, 그의 용기와 열정에 마음이 따스해지고 어디에선가 알 수 없는 힘이 솟아나는 것 같았다.

박 선생님은 사회복지가 사람이 보편적으로 가지는 권리의 문제, 특히 사회적 약자들의 권리 문제를 다루는 대인 서비스를 제공하는 것이기 때문에 의미 있는 사회복지는 꼭 필요하다고 언급하였고, 그런 일을 선두에서 하는 우리 사회의 몇몇 사회복지사에 대한 우려의 말씀을 전했다. "사회복지사가 가난한 사람들, 소외된 사람들의 권리를 위해 일하지만, 개인적 관계에서 매몰되며 왜곡되기도 하고, 권력이나 구조의 하수인 노릇을 하는 현상들도 많이 있어요. 근본적인 문제에 다가가지 못한 채 눈을 감게 만들어 단지 보여 주기 위한 역할을 하고 있는 경우도 있는데, 이것이 바

2009년 '420장애인차별법철폐투쟁'을 주도하는 박경석 교장

로 몇몇 사회복지사들의 심각한 문제인 것 같아요." 사회복지 자체의 본연의 모습에 충실하기보다 다른 목적이나 생각으로 본질에 충실하지 못한 몇몇 사회복지사의 모습을 접한 박 선생님의 부드럽고도 자상한 꾸짖음에 숙연함이 느껴진다.

"경제적 상황이 어려워질수록 사회복지 현장은 자연스럽게 많이 늘어날 것이에요. 단순히 먹고 살기 위한 문제로서 사회복지를 고민하는 것이라면 참으로 암울한 일이죠." 그는 가난을 잊고 무감각하게 사회복지를 하는 것이 아니라, 근본적인 변화를 위한 노력과 열정이 있는 사회복지사가 필요함을 강조했다. 동시에 그는 사회복지사가 생계를 위한 하나의 방법으로 사회복지를 실천한다면 생계의 문제를 해결할 수 있는 하나의 수단이 될 수 있을지 모르지만, 그 사람의 전망이나 비전은 없을 것이라고 말했다. "가난, 소외, 차별이 있는 한 사회복지사는 어느 시대나 존재할 것이고, 이것을 바꾸고자 노력하는 사회복지사가 있었으면 하는 것이 제 희망이에요."라고 이야기하는 그의 모습에 진정한 사회복지의 의미와 목적에 대해 다시 생각해 보게 된다.

"다시 태어나도 사회복지를 할 수 있을지는 잘 모르겠지만, 다른 일을 하더라도 그와 비슷한 일은 할 거예요. 사회복지사가 꼭 사회복지학과를 나와야만 할 수 있는 업무는 아니라고 생각하거든요. 마음과 열정, 의식이 있으면 할 수 있는 것 같아요. 힘들고 어렵고 아무도 봐 주지 않을지라도 시대적인 갈등이나 모순을 뚫고 나가는 일을 하는 것이 바로 사회복지라고 생각해요." 그가 이렇게 다시 태어나도 사회복지와 비슷한 일을 하겠다고 아무렇지도 않게 이야기할 수 있는 것은 어떤 이유에서일까?

사회복지를 하면서 그에게 가장 보람 있는 것은 여럿이 모여 함께 '노들장애인야학'을 만들어 가는 것이라고 했다. 노란들판의 준말인 '노들'은 농부의 노동이 녹아난 들판에 넘실거리는 결실을 뜻하는 말이다. 박 선생님은 함께 나누어 가는 평야를 꿈꾸는 공간에서 한 명의 농부로서 많은 농부를 만나 밭을 간다는 것이 재미있는 의미라며 미소 지었다. 사랑으로 서로를 나누며 함께 공부하는 장애인과 비장애인. 그들과 같은 사람들이 있어 세상이 더욱 아름답게 보이는 것은 아닐까?

박 선생님은 자신의 경험을 통해 장애인들이 살면서 겪게 되는 다양한 어려움을 다른 사람들보다 잘 이해할 수 있을 것이다. 또한 그들이 살아가는 우리 사회가 그들에게는 융화되기 쉽지만은 않은 공간이자 달갑지 않은 곳이라는 사실을 누구보다도 잘 알고 있을지도 모르겠다. 그렇기 때문에 박 선생님이 장애인의 입장에서 그들의 목소리를 대신하여 우리 사회에 문제를 전하고, 그들이 경험하는 문제를 실제적이고도 긍정적인 방향으로 변화되도록 하지 않았을까 하는 생각도 하게 되었다.

용기와 열정으로 하나의 길을 가는 박 선생님은 사회복지사 혹은 후학들에게 다음과 같은 이야기를 전했다. "저는 사회복지사가 우리 사회의 소수자들과의 약속과 신뢰를 중요시하는 사람이었으면 해요. 그리고 사회복지에 대한 분명한 목적 의식과 사회복지를 하고자 하는 방향성을 명확히 하여 자신의 실천 분야에서 최선을 다하였으면 하는 생각을 가져 봐요." 이러한 그의 이야기에

"저는 사회복지사가 우리 사회의 소수자들과의 약속과 신뢰를 중요시하는 사람이었으면 해요. 그리고 사회복지에 대한 분명한 목적 의식과 사회복지를 하고자 하는 방향성을 명확히 하여 자신의 실천 분야에서 최선을 다하였으면 하는 생각을 가져 봐요."

는 같은 길을 향해 가는 사람들이 어울려 함께 가는 아름다운 길을 만들었으면 하는 그의 바람과 사회복지에 대한 박 선생님의 열정과 철학이 살포시 전해졌다. 그리고 세상의 모든 약하고 힘 없는 장애인이 박 선생님의 용기와 노력과 헌신으로 좀 더 나은 세계로 나아갈 수 있을 거라는 희망이 느껴졌다.

박경석 선생님은……

숭실대학교 사회사업학과 졸업 / 숭실대학교 대학원 사회사업학 석사 / 전국장애인차별철폐연대 상임공동대표 / 노들장애인야학 교장(현)

세상의 빛을 만들어 가는 사회복지사

송경태 | 전북시각장애인도서관장

"사회복지를 한 지 어느덧 24년차에 접어들었네요. 저는 임상 실천가로서 주로 장애인 복지, 그중에서도 가장 어려운 분야인 앞이 안 보이면서 귀도 들리지 않는 장애인들, 다시 말하면 이중, 삼중의 어려움을 겪는 장애인들과 함께 1996년에 서울의 '라파엘의 집'에서 출발하여, 이 땅의 헬렌 켈러를 탄생시켜 보자는 생각으로 시작하게 됐죠."라고 말하는 송경태 관장님의 모습은 마치 오랜 풍파를 이겨 온 거목처럼 삶의 애환이 담겨 있는 듯한 느낌이었다.

"저같이 앞만 볼 수 없는 사람은 그 애들에 비하면 행복한 거예요. 그 애들은 말도 못하고 들을 수도 없는 언어, 청각, 자폐, 뇌병변, 지체장애가 다 있는 경우죠. 그렇기 때문에 저 같은 경우는 앞은 보이지 않지만 먹을 것이 있으면 먹을 것 달라고 할 수 있고, 화장실을 가고자 하면 말을 할 수 있지만, 그 애들은 말도 못해요.” 앞을 볼 수 없어서 많은 어려움을 겪었을 관장님은 더 많은 어려움으로 힘들어하는 사람들보다 편한 처지라며, 사회복지사로서의 가치를 어디에 두어야 하는지를 강조했다.

“사회복지를 하려면 인간존중과 휴머니즘, 포기하지 않는 삶을 기본적으로 가지고 있어야 해요.” 사회복지사는 흔히 사랑과 나눔의 표상으로 묘사된다. 클라이언트에 대한 애정과 사랑, 나눔의 실천들은 보편적인 사회복지 서비스로 이어진다. 서비스의 나눔의 밑바탕에는 각 개인에 대한 독특성을 인정하고 존중하는 것이 우선적으로 필요하며, 그것이 기본 가치가 되어야 한다고 강조했다. 이러한 사회복지사의 마음 위에 ‘매사에 적극적인 삶’을 갖고 있다면 진정 행복한 사회복지사로서의 삶을 영위하는 데 손색이 없을 것이라고 말했다. 사회복지사의 박봉 현실과 사회복지사 본인이 복지의 수혜자가 되는 현실을 볼때, 힘든 업(業)임에는 틀림없는 사실이다. 대학에서 사회복지를 공부하고 현장으로 나오는 많은 일꾼들이 오래 견디지 못하고 이직하는 것을 보며, 희생과 봉사가 사회복지 실천의 중요한 가치이지만 사회복지사가 직업윤리를 가지고 실천할 수 있는 근무 환경을 조성해 주지 못하는 현실에 안타까움을 표현했다. 그렇기 때문에 사회복지사는 인내심과 끈기를 갖고 꾸준히 자신의 분야에서 묵묵히 일해 가기를 바란다고 했다.

대학 시절 조손가정 청소년을 대상으로 봉사활동을 했던 경험을 통해, 관장님은 클라이언트가 살아 왔던 환경은 우리가 생각하는 것과 다를 수 있으며, 그 때문에 삶 자체가 달라질 수 있다고 했다. 또한 이런 클라이언트에게 지속적인 관심이 필요한데, 현장의 사회복지사 중에는 변화가 나타나지 않는 클라이언트를 보며 회의를 느끼고 실의에 빠져 쉽게 포기하는 현상을 보게 된다고 했다. 이렇게 사회복지가 참 힘들다고 말하는 관장님은 불우한 환경의 청소년이 긍정적으로 변하기를 바란다면, 인내심이 필요한 것은 당연한 것이라고 말했다. 그는 인간존중과 휴머니즘, 포기하지 않는 삶을 가치관으로 삼고 사회복지를 실천한다면 사회복지인으로 성공하지 않을까 생각한다고 했다. "휴머니즘은 내 마음에서 사랑이 나오는 것이고, 사랑이 없으면 사회복지인이 아니고 쉽게 포기를 하게 돼요."라며, 관장님은 클라이언트에게 사회복지사 자신의 잣대를 심으려는 것이 아니라 개별적인 클라이언트의 눈높이에서 실천할 것을 당부했다.

"사회복지사는 많은 노력을 해야 하고, 그러기 때문에 사회복지사는 외로운 직업이에요." 클라이언트가 나아지는 과정은 상당히 어렵고 힘들지만, 사회복지사에의 클라이언트가 긍정적이고 희망적으로 변화되어 갈 때 희열과 성취감, 보람을 느낄 수 있다며 모든 사회복지사들이 이런 경험을 하길 바란다고 말했다. 꼭 한번 짚어 주고 싶은 것은 "모든 인간은 환경에 적응하게 되어 있어요. 정말 중요한 것은 우리가 긍정

장애인일수록 도전정신이 필요하다며
남극마라톤에 참여한 송경태 관장(앞줄 오른쪽)

“휴머니즘은 내 마음에서 사랑이 나오는 것이고, 사랑이 없으면 사회복지인이 아니고 쉽게 포기를 하게 돼요.”라며, 관장님은 클라이언트에게 사회복지사 자신의 잣대를 심으려는 것이 아니라 개별적인 클라이언트의 눈높이에서 실천할 것을 당부했다.

의 힘을 갖고 사회복지인으로서 성공할 수 있다는 생각과 함께 인간존중, 휴머니즘, 포기하지 않는 삶의 가치관을 가지고 살아야 해요.”라고 덧붙였다.

그는 어떤 계기로 사회복지 실천을 하게 되었을까? 송경태 관장님은 1982년에 군대에서 불의의 사고로 실명하게 된 것이 사회복지를 시작하게 된 계기라고 했다. “내가 장애인이기 때문에 장애인복지를 공부했고, 우리나라와 선진국의 장애인복지의 차이가 무엇인지에 대해 많은 고민을 했어요. 그래서 1986년에 책만 보고는 부족하다고 생각해서 한 달 동안 일본의 사회복지 시설과 기관들을 방문하면서 많은 점들을 느꼈고, 그래서 우리나라에 가면 내가 장애인복지를 해야겠다 하며 사회복지에 조금씩 스며들었죠.” 자신이 장애를 가지고 있기에 장애인 입장에서 사회복지 서비스가 필요하며 어떤 서비스를 해 주면 도움이 되겠다는 것을 쉽게 알 수 있었고, 이런 부분들이 장애인 복지를 하게 된 계기였다는 말도 덧붙였다.

장애인이라면 흔히 보호받아야 할 대상으로 쉽게 생각할 수 있다. 하지만 관장님의 입장은 정반대였다. “장애인일수록 도전정신이 없으면 안 돼요. 도전정신의 개념을 키우려면 실력을 쌓아야 하고요. 실력 있는 사람이 자신감도 있는 것입니다. 자신감 있는 사람이 용기가 있는 사람이구요. 용기 있는 사람이 도전정신이 있고, 도전정신이 있는 사람이 희망이 있어요. 희망이라는 게 뭡니까? 내가 꿈꾸는 마지막 단계 아니에요? 만인은 꿈을 가지고 있어요. 그런데 어떻게 해야 하는지 몰라요. 꿈을 이루기 위해서는 실력을 가지고 있어야 해요." 이런 도전정신을 경험하게 하려고 전국의 맹인학교 13개교 500여 명의 시각 장애인을 대상으로 3박4일 동안 '전국 맹인하계 수련회'를 개최했다. 지리산 화엄사에서 노고단까지 13㎞를 등반하며 텐트 치는 방법, 음식하는 방법 등을 체험하고, 이와 더불어 군대를 못 가는 장애인 아이들을 위해 직접 국방부 장관에게 건의하여 일일 병영체험을 통해 사격, 각개전투 등의 쉽게 접하지 못하는 것들을 시도하였다고 했다. "그 아이들은 지금 자신감을 갖고 사회에서 열정적으로 생활을 해요. 클라이언트를 위해 사회복지사는 더 많은 열정을 가지고 있어야 돼요."라고 말하는 모습에서 강건함이 느껴졌다.

그는 사회복지라는 직업 정체감 역시 꾸준함과 인내라는 말로 표현했다. '장애인과 함께 걷고 싶은 거리' '장애인과 함께 만들어 가는 세상' '장애인 인식개선 운동' 등의 활동과 '점자판 촉각 동

"장애인일수록 도전정신이 없으면 안 돼요. 도전정신의 개념을 키우려면 실력을 쌓아야 하고요. 실력 있는 사람이 자신감도 있는 것입니다. 자신감 있는 사람이 용기가 있는 사람이구요."

물도감' '점자판 아동문학 전집' '점자판 전국 여행가이드' 등의 이런 활동과 도서들은 관장님 본인이 직접 실천하면서 만든 것들이다. "2000년도에 국내 최초로 인터넷 음성 도서관을 개발했어요. 우리 홈페이지에 들어오면 음성이 다 나와요. 그걸로 '대통령 신지식인 상'을 받았어요. 내가 클라이언트의 욕구를 해결해 주기 위해 꾸준히 노력하면 그 분야에서 일인자가 돼요. 그런데 우리 사회복지사들의 문제점은 쉽게 모방하려고 하고 쉽게 잊어버린다는 것이에요. 수많은 이론과 모델이 나오지만 그걸 자신의 것으로 하지도 못하면서 어디서 좋은 게 있다면 모방을 하는 게 안타깝죠." 하며, 여기저기 시설, 상담소, 기관 등을 찾아다니는 게 사회복지사로서의 정체성이 없는 것이라고 했다. 그는 단편적이고 당장의 욕구를 해결하기 위한 것이 아니라, 좀더 체계적이고 통합적인 실천 방법이 필요하다고 했다.

"사회복지는 다른 전문직과 비교할 때 큰 차이는 없어요." 하며 기업은 물품을 판매하여 소비자가 만족감을 느낀다면 그것이 바로 복지라는 점에서 별다른 차이가 없지만, 단 하나 차이점이 있다면, "인간을 상대로 하는 학문이기 때문에 인간존중과 휴머니즘에서 차이가 있지요."라며, 내면의 모든 에너지를 투자해야 한다고 말했다. 사회복지가 가지는 고유성과 관련해서는, "나는 인간의 갈등을 조장하는 게 아니라 사회통합으로 만들 수 있도록 연구하는 것, '나보다 우리' '개인보다 지역'을 공동체로 형성시켜 주는 매개를 사회복지가 하는 것이 아닌가 생각해요." 향후 삶의 질이 향상될수록 복지에 대한 욕구가 커지고 복지가 더욱 필요하게 된다는 점에서 사회복지가 사회통합을 위한 기능을 더 강화해 나갈 것이라고 했다.

"사회복지는 정도가 없고 끊임없이 노력, 관찰, 평가해야 하는 실천입니다." 관장님은 개인적으로 자기 계발을 위해서 지속적으로 도전하고 해외의 선진화된 사회복지를 배우기 위해 필요하다면 외국을 많이 다녀오라고 말했다. 그리고 어느 복지관을 가더라도 차별성 없이 똑같은 서비스를 하는 것보다 자신들만의 특성화된 서비스를 개발해야 한다고 강조했다. 그것의 일환으로 그는 자신이 장애인임에도 불구하고 극지마라톤, 그랜드슬램을 달성했다는 것을 보여 주었고, 희망을 갖게 하고자 '희망학교' '희망도서관'을 설립해서 어렵고 힘든 형편에 있는 사람들에게 힘을 얻게 하였다. 또한 어르신에게는 문자 확대 서비스를 제공하고, 장애 아동에게는 장난감을 마련해 주고, 학생들에게는 여가와 학업을 함께할 수 있는 공부방을 마련해 주고 싶다고 했다.

시력을 잃기 전
고등학교 때의 송경태 관장 모습

사회복지를 공부하는 후배들에게 꼭 해 주고 싶은 말을 묻자, "사회복지사는 내 마음을 상대방에게 모두 주는 사람이기 때문에 사랑의 전령사요, 희망의 메신저가 되어야 해요."라고 했다. 그는 인생은 생존경쟁을 하는 전쟁터가 아니라, 미래에 대한 희망과 긍정으로 가득한 놀이터이어야 한다는 점을 강조했다. 더불어 현장의 시급한 과제로 시설확충, 자원확보, 자원봉사 조직과 관리, 후원자 개발과 관리시스템화가 필요하다고 말했다. "축구 경기를 할 때 사회복지사는 축구 선수가 아니라 관중석에 있는 관중이어야 해요. 11명이 축구를 한다면 공이 어디로 가야 한다는 것을 누가 잘 아느냐, 바로 관중이죠. 선수는 자기 앞밖에 못 보지만 관중은 공이 어디로 가야 하는지 알죠."라며, 사회복지사는 멀리 내다볼 수 있고 계획을 잘 하는 관중이 되어야 한다고 말했다.

"우리나라의 사회복지는 밝죠. 삶의 질과 경제 수준이 향상될수록 사회복지 서비스 욕구가 높아진다고 봐요. 다양한 분야에서 사회복지사들이 개입을 해야 할 경우가 많아지겠죠." 새로운 복지 영역이 발전될 것이라고 말하는 송경태 관장님은 수익을 창출하는 서비스를 언급하며, 복지 백화점, 복지 쇼핑처럼 그곳에 가면 어르신이나 장애인의 모든 물품이 있고 노인이나 장애인이 필요로 하는 모든 서비스를 받을 수 있게 하는 것이 희망이라고 했다.

지금까지 실천해 왔던 많은 일들 중, 가장 기억에 남는 장면이 무엇인지 질문하자, "너무 많지만 시각장애인 도서관을 통해서 시각장애인이 희망을 얻었다는 사례, 녹음 도서를 통해 시각장애인이 책을 읽을 수 있었고 마음의 양식을 쌓을 수 있었다는 소식, 그리고 무엇보다 60년 만에 처음으로 세

"축구 경기를 할 때 사회복지사는 축구 선수가 아니라 관중석에 있는 관중이어야 해요. 11명이 축구를 한다면 공이 어디로 가야 한다는 것을 누가 잘 아느냐, 바로 관중이죠. 선수는 자기 앞밖에 못 보지만 관중은 공이 어디로 가야 하는지 알죠."

상 밖으로 나와 제주도에 가고 비행기를 한 번 타 봤다는 말을 들었던 게 정말 기억에 남죠."라고 했다. 교단에서 정년퇴임하고 매일같이 8년 동안 도서관에 봉사활동을 나오시는 노인, 방송국에서 정년퇴임하고 낭독 봉사를 하는 분들이 자신의 특기를 통해서 책도 읽고 강의도 하면서 보람을 느끼던 일들이 가장 많이 기억에 남는다고 했다. 그래서 자녀에게 역시 사회복지를 시킬 것이냐고 질문했더니, "애들이 좋으면 하라고 할 거예요. 아이들이 어려서부터 장애인과 많이 생활을 했기 때문에 남을 배려하고 많이 도와주는 편이에요. 자기들이 한다고 하면 시킬 거예요."라며, 자녀의 의사결정을 존중할 것이라고 했다.

다시 태어나도 사회복지를 할 것인가를 여쭈어 봤다. "사회복지에 대해 애착이 있고, 공부를 했으니까 사회복지에서만큼은 자신이 있고, 그래서인지 앞으로 다시 태어나면 사회복지를 더 열심히 해 보고 싶은 마음이 있지요."라고 말하는 목소리에서 관장님의 사회복지를 향한 강한 신념이 느껴졌다.

마지막으로 전하고 싶은 이야기는, "내가 시각장애인이 되고 나서 세 가지 소원이 생겼어요. 첫 번째는 대학 가는 것, 두 번째는 컴퓨터 배우는 것, 세 번째는 결혼하는 것이었죠. 남들은 별거 아니라 하지만 저는 이것들을 이루는 데 26년이 걸렸어요."라며, 자신은 항상 최선을 지향했고 그래서 사회복지사도 자기 소원을 갖고 꾸준히 노력하는 게 필요하다고 말했다. 생각을 생각만으로 멈추는 햄릿 유형과 생각을 행동으로 옮기는 돈키호테 유형 중 송경태 관장님은 실천을 하는 돈키호테 유형이며, 그래서인지 자신의 좌우명은 '계획했던 것을 실천하기 전에는 절대 포기하지 마라.'라고 했다. 관장님의 친구들이 그의 앞에서 계획 없는 이야기는 함부로 말하지 못한다는 말을 듣곤 왜 그런지 궁금했다. "그 자리에서 나온 이야기는 정제된 것이기 때문에 저는 시도를 해요. 그걸 추진력이라고 하는 거 아닌가요?"라며, "불광불득(不狂不得), 어떤 일이든 미치지 않으면 성공할 수 없어요. 학생은 공부에, CEO는 경영에, 그게 몰입이죠. 시도하기 전에 절대 포기하지 않는 삶이 바로 긍정입니다. 시도하기 전에 포기하지 않는 긍정의 힘으로써 우리 사회복지인도 투철한 사명 의식을 가지면 분명히 빛이 있어요. 사회복지는 금방 빛이 나지 않습니다. 최소한 5~10년은 지나야 자기 존재감이 생기고 빛이 나죠. 사회복지사가 어렵고 박봉이다 보니까 쉽게 이직을 하는데, 그러면 남는 게 없어요. 그래서 난 모든 사회복지사들은 직업인이기 전에 자신이 기관, 시설의 대표라고 생각해야 한다고 봐요. 최고 결정권자라고 생각하고 그 일에 임하게 되면 어떻게든 잘하려고 노력하겠죠."라고 말하는 모습은 아마도 우리 모두에게 다시 한번 사회복지를 위한 마음을 생각해 보도록 한 것은 아닐까?

송경태 선생님은……

한일장신대학교 사회복지학과 졸업 / 한일장신대학교 사회복지대학원 사회복지학 석사 / 서남대학교 대학원 사회복지학 박사과정 수료 / 하상장애인종합복지관 복지부장 / 전북시각장애인도서관장(현)

지역사회 종합선물세트 제작자

이영민 | 마라복지센터 원장

작지만 강하다는 의미를 가진 단어에는 어떤 것들이 있을까? 우리는 흔히 큰 효과를 낼 것이라고 기대하지 못했던 작은 것이 아주 큰 힘을 발휘할 경우 '작은 고추가 맵다'는 말을 한다. 마라복지센터 이영민 원장님을 만나고 나서 가장 먼저 떠오르는 이미지는 '작은 거인' 이라고 표현하는 것이 적절한 비유인 것 같다. 인터뷰를 위해 만나기로 한 약속 시간이 다 되어갈 쯤, 핸드폰 진동이 울렸다. "어디까지 오셨어요? 초등학교를 지나서 쭉 올라오세요." 전화통화 후 '왜 전화하셨을까?' 하는 궁금증이 생겼지만, 곧 전화하신 이유를 알게 되었다. 지하철 역에서 나오면서부터 지나가는 분들에게 "마라복지센터가 어디에요?"라고 물어도 딱히 어디인지 아는 분을 만날 수 없었다. 환경미화원 아저씨들은 분명 알고 계시리라 예상하고 여쭈어 봐도 답을 얻을 수 없었다. 결국 다시 이영민 원장님께 전화를 걸어 어디로 가야할지 물어서 겨우

마라가정을 이끌어 온 운전수라는 책무로 가끔 사회복지사라는 직책을 잊어버릴 때도 있다는 이영민 원장

도착할 수 있었다. 사실 건물을 보면 분명 간판이 있을 것이라고 생각했지만 막상 도착해보니 찾기 힘들 정도의 조그만 간판과, 건물을 지을 때 후원해 주신 분들의 성함이 적혀 있는 것밖에 볼 수 없었다. "찾기 힘드셨죠?"라며 웃으시며 마치 그럴 줄 알았다는 듯한 미소와 함께 반갑게 맞아 주셨다.

원장님을 만나자마자 어떻게 마라복지센터를 시작하게 되셨는지에 대해 질문했다. "제가 대학원은 87학번이에요. 2, 3학기 때 남부장애인종합복지관에서 여름 · 겨울학교 특별 프로그램을 했어요. 그때 우리 친구들을 만났죠. 2주 동안 하는 방학 특별 프로그램이었기 때문에 한시적이었던 아쉬움도 있었고, 학령기 친구들이었기 때문에 학교에서 돌아온 오후 시간에는 아무런 프로그램을 제공받지 못했죠. 그래서 가정방문을 했어요." 각 가정을 방문하면서 만나는 클라이언트들에게 실제적인 도움을 주기 위해 오후 4시부터 7시까지 파트타임으로 일반 학원을 사무실로 빌려서 1년 동안 프로그램을 진행하게 되었다고 한다. 7명의 자폐성 장애인, 지적 장애인을 만나면서 1년 만에 원장님의 사무실을 마련하게 되었고, 1988년 9월에 본격적으로 '마라복지'라는 이름을 달고 정식으로 출범한 것은 1989년 10월 6일이었다. 그것이 모체가 되어 현재 공동생활가정 네 곳, 직업재활시설 한 곳, 주간보호시설 한 곳에 이르게 되었다.

“규모가 기하급수적으로 커졌죠. 우리 친구들이 20세가 넘어서 학교를 마치고 난 다음에 갈 곳이 많지 않아요. 지적 장애, 자폐성 장애 1, 2급은 중증장애로 아주 많은 손길이 필요하기 때문에 갈 곳도 많지 않아요.”라고 말씀하시며, 그래서 생각하신 게 공동생활가정에서 영구거주 서비스를 조금 더 제공해야겠다는 다짐으로 지금의 규모로 커졌다고 하셨다. 그런데 이렇게 규모가 커지면서 또 다른 고민이 하나 더 생겼다. “이들이 낮 시간에 딱히 갈 만한 곳이 없어요. 공동생활가정은 지역사회 주민과 같이 더불어 살면서 낮 시간에 자기 역할을 해야만 하는 상황이기 때문에 저희가 직업재활시설을 개설했죠.” 그래서 모체가 주간보호이고, 서비스 형태는 중증장애인들을 위한 서비스가 되었다고 한다. “저희는 모든 시설이 한시적이 아니라 영구적으로 이용할 수 있는, 교육학적으로 보면 평생교육 프로그램이고, 사회복지로 보면 생애주기에 따른 서비스를 제공하는 시설이죠.” 우리가 어떤 직장을 계약직으로 다니는데 내가 그 직장을 좋아함에도 불구하고 1~2년 안에 규정에 의해서 떠나야 하는 단편적인 상황을 비유로 들며, “내가 좋아하는 것들은 싫을 때까지 하잖아요. 그런데 우리 장애인들은 자신이 스스로 선택한 길도 아니고, 자신이 마라그룹홈에서 살고 싶다고 결정한 게 아니잖아요. 가족과 원장, 담당 교사, 장애인이 모여 어느 날 시설 입소 동의서에 도장 하나씩 찍으면서 생활이 시작되는 상황이기 때문에 마치는 시간은 본인이 원하지 않으면 마침표를 찍으면 안 된다고 생각을 하거든요.”라며,

많은 장애인들을 더 받아들이지 못하는 점을 안타까워하며 미안해했다.

"저는 사회복지사라는 이름으로 살아오지 않았어요. 예전에 어떤 직원이 '당신도 사회복지사입니까?'라는 말을 했어요. 내가 사회복지사로서 시작을 했지만, '마라'라는 가정을 이끄는 버스 운전수죠. 그렇기 때문에 내가 사회복지사라는 이름을 잊어버렸다고 이야기했어요."라며, 사회복지사로서의 어떤 가치관을 갖고 사는가를 곰곰이 생각해 보셨다고 한다. 굉장히 작게 시작하며 클라이언트의 마음과 상황을 읽어가면서 그에 맞는 서비스를 주려고 한 측면에서, "저는 클라이언트 중심의 사업을 진행해 왔고 그들의 변화를 위해 노력해 온 것 외에는 할 말이 없네요."라며 겸연쩍게 말씀하셨지만, 사회복지사는 클라이언트를 환경이나 정책에 맞출 수도 있지만 클라이언트가 잘 적응해 갈 수 있도록 환경이나 정책을 변화시켜야 한다는 생각을 갖고 살아오셨다고 했다.

원장님께서 실천해 왔던 클라이언트 중심의 사업은 어떤 것일까? 그것의 바탕으로, "장애 정도를 면밀히 관찰하지 않고 장애인에게 서비스를 제공하고 미래에 이 사람이 어떻게 살아가도록 돕겠다는 계획 없이 단지 교과서 중심으로, 기성품에 맞춘 서비스를 제공한다면 어떤 변화도 기대할 수 없을 거예요. 그리고 장애인이 밝게 살 수 없어요."라며, 클라이언트 각 개인에 따른 개별화된 서비스 제공에 많은 관심을 두어야 함을 이야기했다.

그렇다면 사회복지가 다른 전문직과 비교해서 갖는 차이점은 무엇일까? "사회복지는 사람을 중심으로 여러 가지 정책이나 경제의 프레임을 변화시키는 거잖아요. 다시 말해서 중심에는 사람이 있는 거죠. 그건 기업이나 의료도 마찬가지죠. 하지만 사회복지는 상처나 잘못된 것들을 도구를 이용해서 도려내지는 않는다는 거죠." 사회복지는 한 가지 방법에만 머무르지 말고 정책, 재활서비스, 경제, 후원 등의 서비스를 포함하여 지역주민과의 화합을 도모해야 한다고 한다. 때문에 사회복지는 모든 것들을 변화시키는 노력들을 하는 측면에서 종합예술이나 종합선물세트라고 생각한다고 했다.

"사회복지는 우리가 태어나서 죽을 때까지 우리 옆에 있는 거지요. 그렇기 때문에 가장 중요하다고 하면서 잊어버리고 살죠." 원장님은 우리 사회에서 사회복지는 주식(主食)이나 산소와 같기 때문에 특별하기보다는 필수적인 것임을 강조했다. "나는 직원이 처음 올 때마다 이렇게 이야기해요. '장애인은 장애 발생부터 죽을 때까지 장애인이에요.'" 원장님은 장애인은 장애인 주변에 있는 모든 사람들이 보호와 혜택을 받고 서비스를 받아야 하는 측면에서 사회복지도 어느 특정한 부위에만 갖다 붙이는 게 아니라 사회복지가 필요한 그 순간부터 사회복지가 끝나는 순간까지 꼭 필요한 것이라고 강조했다.

이렇게 말씀하시는 원장님은 자기 계발을 어떻게 하고 계실까? "난 참 불행하게도 마라를 떠나서 단 한 번도 생활을 해 본 적이 없어요. 참 바보처럼. 동네 분들은 다 언니 동생, 오빠들이에요. 가끔 만약 너무 지치면 '오늘 밤 놀자.' 그래요. 그럼 그분들은 기꺼이 놀아 주죠. 마라를 떠나서 살아 본 기억이 많지가 않아요. 그 사회복지는 한 가지 방법에만 머무르지 말고 정책, 재활서비스, 경제, 후원 등의 서비스를 포함하여 지역주민과의 화합을 도모해야 한다고 한다. 때문에 사회복지는 모든 것들을 변화시키는 노력들을 하는 측면에서 종합예술이나 종합선물세트라고 생각한다고 했다.

래서 나를 개발하기 위해서 어떤 것도 하지 않은 것 같아요. 그냥 20년 눈 감고 깨서 그냥…….” 이 말씀을 듣고 나자 지금까지 마라복지센터 하나만을 위해 헌신해 오신 원장님을 통해 귀에 솔깃한 것이 있으면 그것에 귀기울이고 일희일비했던 내 모습들이 초라하게 느껴졌다.

사회복지를 공부하는 후배들을 위해 몇 가지 당부의 말씀은, “현재 상황에 안주하지 말고 미래지향적으로 살았으면 좋겠다는 생각을 해요. 사회에 나와 있는 선배들 중에는 이 사회를 변화시킨 분들도 많지만, 자기 직업에 안주하는 분들도 많아요.” 그런 모습을 보면서 현재에 만족하지 않고 미래가 어떻게 변하는가, 어떻게 변했으면 좋겠는가를 먼저 생각하고 움직였으면 하는 것을 당부했다. 또한 현장의 중요성을 강조하였는데, “현장을 좀 더 많이 봤으면 좋겠어요. 왜 그렇게 됐는지 모르겠지만, 요즘엔 현장을 많이 보지 않아요. 우리 때는 자원봉사를 하지 않으면 죽은 사회복지를 공부하는 사람들이었거든요. 그래서 우리 나름대로 자원봉사 서클도 만들었는데 말이에요. 그런데 요즘에는 자원봉사를 요청할 수가 없어요. 대학생들, 특히 사회복지를 공부하는 친구들한테요.”라며, 현장을 모른 채 사회복지를 실천하는 것은 불

가능하기 때문에 지속적으로 현장을 보며 자신의 손을 필요로 하는 사람이 어떤 이들이고, 이들을 위해서 뭘 해야 하는가를 확고하게 알기를 바라는 마음을 전했다. "마인드가 조금 부족한 거 같아요. 그러니까 우리 친구들 중에는 꼭 사회복지를 해야겠다기보다는, 자신에게 사회복지가 주어지면 사회복지를 하겠다는 친구들이 좀 있는 거 같아요. 그런데 사회복지는 부유하게 밥 먹고 능력 있게 살 수는 없지만, 내 자신을 풍요롭게 하는 매력이 있어요." 원장님은 이런 측면에서 자기 자신을 풍요롭게 변화시키는 것을 당부했다.

마라 가족들과 같이 지낼 수 있었던 원동력은 무엇인지를 묻자, "제 어머니, 제가 버틸 수 있고 힘이 될 수 있는 것은 저희 어머니와 하느님이에요. 저는 생후 10개월에 전신마비였다가 7살에 처음 걷게 되었고, 그 후 대학과 대학원을 무사히 마칠 만큼 여성 장애인으로서는 성공한 사례라고 사람들은 말해요."라며, 사람들이 성공한 여성 장애인이라고 말하는 바탕에는 어머니가 계셨기 때문이라고 했다. "제 어머니의 모습처럼 살고 싶었어요. 그래서 우리 아이들에게는 엄마의 모습으로만 살자고 결심했어요. 저는 나이 50인데, 미혼이에요. 가정을 가졌다면 이제는 정말 사위를 볼 만큼의 원숙한 엄마지요. 친구들 중에는 손자도 봤단 말이에요. 낳아 보지도 않은 자식들과 20년을 살면서 내가 유일하게 버틸 수 있었던 힘은 개인적으로는 어머니……. 열심히 살지 않으면 어머니가 늘 나를 걱정할 것 같고, 나를 대학과 대학원과 박사 코스라는 공부를 조금이나마 할 수 있게 해 준, 그만큼 보이지 않게 힘을 준 어머니가 계셨기 때문에 그런 모든 일들이 가능했던 것 같아요."라고 말씀하셨다. "사회복지사로서의 당신의 원동력은 무엇이냐고 한다면, 저는 사람이 참 좋아요. 사람이 참 좋아서 사회복지를 하는 것 같아요."라고 했다. 사람을 만나는 것이 무섭기도 하지만 그것 자체가 너무도 좋기 때문에 지금까지 지낼 수 있었던 원동력이 되었다고 말했다.

원장님이 생각하는 현장의 과제라면 어떤 것이 있을까? 그녀는 정책적인 부분보다는 현재 마라복지센터의 과제를 말했다. "올해 제가 생각하는 것은, 지금까지 할 수 없었다고 생각했던 것들을 해 보자, '지금까지는 원장이 물어다 준 먹이를 먹었지만 이제는 너희들이 직접 움직여서 너희가 스스로 찾아봐라.' 그런 움직임을 하고 있어요." 또한 더 많은 장애인들을 위해서 소규모 시설들을 활성화시켜 주는 게 우리나라의 정책적인 방향이 아닐까 하는 생각을 갖고 계셨다. "제가 어떻게 정책적인 제안을 하겠어요. 그렇지만 제가 가장 먼저 생각했던 건, '감당할 수 없는 시설에 더 많은 장애인을 더 많이 흡수하라.' 이런 거는 공장이죠. 한 장애인을 인간답게 살게 하기 위해서 그 시설에서 할 수 있는 역할, 더 많은 장애인을 위해서 나라에서 노력해야 하는 부분들은, 너무 대형화된 시설, 너무 복지관화된 시설들은 멈추고, 소규모 시설들이 지역사회 주민들한테 소외되지 않고 살 수 있는 시설로 더 많이 활성화되어야 해요."라며, 정책적인 방향도 대규모 생활시설보다는 소규모 시설로의 전환과 확충이 정착되길 희망했다.

사회복지 현장에 있으면서 좋은 점으로는 "사람으로 이야기하면 심장인데, 나는 내 현장이 심장과 같다고 생각하거든요. 끊임없이 움직이고 멈추지 않는, 그래서 쉬지 않고 움직여야 되는 게 현장인데, 기계가 돌지 않으면 안 되잖아요. 그래서 그런 생각을 많이 하고 살아요. 피가 흐르지 않는다면 안 되니까요."라고 했다. 낮잠을 자는 것조차도 팔딱팔딱 뛰고 있는 거라고 말씀하시는 원장님은 내일을 위해 움직이는 것이기에 그것 자체에 의미가 있는 것 같다고 했다.

"사회복지사로서의 당신의 원동력은 무엇이냐고 한다면, 저는 사람이 참 좋아요. 사람이 참 좋아서 사회복지를 하는 것 같아요."

더불어 지역주민과 지속적인 관계를 유지할 수 있는데, 마라복지센터의 아이들을 통해서 주민들이 희망을 갖게 되는 경우도 있다고 했다. "우리 친구들이 열심히 사는 모습을 보면서 동네 주민은, '마라 식구들도 저렇게 열심히 사는데…….' 라고 생각하시고, 암환자 같은 분들도, '마라 애들도 저렇게 잘 사는데…….' 라며, 정신적인 용기를 많이 주고받으며 그런 이야기를 나눠요." 원장님은 지역을 현장이라고 한다면 현장을 떠난 마라복지센터는 없다고 했다. "저희는 지역사회 주민을 뺀 어떤 행사도 하지 않아요. 어떤 행사도 지역사회 주민을 꼭 앞에 세워요."라며, 마라 행사는 지역주민이 먼저 나서야 된다고 했다.

"우리 집이 가지고 있는 가장 큰 매력은 지역

주민과의 화합이에요." 그래서 가끔 지역 주민을 위해서 어떻게 홍보를 하냐고 물어오는 경우가 많다고 한다. "그들과 어울리고 함께 지내려 했던 것 외에는 없어요. 홍보라는 것 자체가 함께 노래방, 여행을 가는 등 지역주민과 같이 사는 거밖에 없죠. 우리 식구 중 한 명이 3박 4일 동안 굉장히 어려운 때가 있었어요. 그 때 지역에 있는 남성분들이 휴가를 받아서 밤이고 낮이고 도움을 주셨어요. 그런 것을 생각하면 돈보다 건강보다 가장 중요한 게 그분들이죠. 그래서 마라는 아무것도 쓸 것도 없어요. 사실 지역 주민과 더불어 사는 장애인 가족이라는 것 외에는 저희 집은 아무것도 내세울 것이 없어요." 원장님의 말씀을 들으며, 지역과 더불어 살아가는 것이 어떤 것인가를 좀 더 느낄 수 있었다.

원장님이 생각하는 향후 우리나라의 사회복지에 바람이 있다면, 사회복지사의 현실적인 생활에 관한 부분이 개선되었으면 하

낳지도 않은 자식들과 20년을 함께 산 원동력은 사람이 좋아서라며 가족들과 나들이 간 현장

는 부분과 사회, 클라이언트가 변화하는 것만큼 복지도 균형 잡힌 변화가 이루어지길 바란다는 것이다. "사회복지사가 주는 것만 먹지 말고, 합리적이고 효과적으로 문제제기도 하고 변화를 주도해야 우리나라 사회복지가 발전을 하죠." 변화는 정책을 입안하는 사람들보다도 현장에 있는 사회복지사가 실천해 나갈 때 가능하다고 했다.

"저는 사실, 사회복지사라는 이름보다는 '마라' 라는 한 가정을 이끄는 대장이자 가장이죠. 대외적으로는 시설장이라는 직함으로 알려져 있을지 모르지만, 저는 가장으로만 20년을 살았어요. 다른 길 보지 않고 '마라가 나의 시작과 종착역이다.' 이렇게 살아 왔어요." 정말 기억에 남는 많은 것들이 있을 것 같은데 그중에서 가장 기억에 남는 것은 무엇인지 질문했다. 원장님은 한 사람을 바라보며, "지민아(가명), 누나 머리 아파."라고 하자, 그 말에 저 쪽에 있던 지민이라는 생활인은 원장님께 다가가 이마에 손을 살며시 얹는다. 그리곤 "열 없는데."라고 말하며 다른 곳으로 간다. 또 다른 친구에게 "소영아(가명), 물이 없네. 물 좀 갖다 줘." 하자, 소영이라는 생활인이 금세 물 한 컵을 가져온다. 그러고 나서 원장님은 "바로 이런 거죠. 내가 할 수 없는 부분을 이 아이들이 채워줄 때, 그때 가장 보람을 느끼게 되죠."라고 했다. 그 순간 정말 말할 수 없을 만큼의 감동이 밀려 왔다. 불편한 장애인에게, 약하기 때문이라고 생각했던 일련의 과정 속에서 오히려 '내가 장애인을 편협적으로 바라보지 않았는가.' 하는 생각을 하게 됐다. 원장님이 말씀하신 것처럼 인간이 인간답게 사는 것, 그것의 균형을 스스로 무너뜨린 것이 아닌가 하는 생각을 하게 된다.

"저는 마라복지센터라는 이름을 많이 알리려고 노력하지 않았어요. 우리 집은 간판도 작잖아요. 거의 못 찾아요. 어떤 사람들은 몇 번씩 그냥 지나치게 된다고 하더라고요. 마라복지센터라는 이름을 많이 걸지 않으려고 노력했어요." 이 말을 들으며 처음 마라복지센터를 찾아갔을 때 왜 쉽게 찾을 수 없었는지 조금이나마 이해할 수 있었다. "동네 사람들은 저를 마라 이모, 마라 아줌마, 마라 형이라고 불러요."라며, 인터뷰 말미에 이런 이야기를 했다. "나는 자연스럽고 편한 게 좋아요. 나는 10시부터 30분 동안 직원들이 안 찾아요. 동네 가게에서 커피 마시면서 놀거든요. 그게 에너지고 힘인 거 같아요. 그렇게 이웃과 소통을 하고 나누며 더불어 사는 거죠. 또 우리 아이들 이야기를 하면 우리 지역사회에서는 직·간접적으로 우리 아이들에 대해, 혹은 우리 집에서 무슨 일이 벌어지는지 알게 되고, 그렇기 때문에 저는 이 시설을 개방해요. 4, 5층 같은 경우는 공동생활가정을 운영하지만, 직업재활시설과 주간보호 때문에 2, 3층은 저녁과 주말은 비어 있거든요. 그래서 지역에서 반상회를 할 때 이용할 수 있어요. 2층은 동네 대표자들이 비밀번호를 다 알아요. 그리고 차량도 한 대 정도는 동네 사람들이 편안하게 쓸 수 있게 가게에 맡겨 두고, 항상 나만 받지 않고 나도 도움을 줄 수 있는 것은 주려 해요."라며, 지역주민이 대청소를 했던 일화와 밤에 아픈 아이가 있어서 도움이 필요하면 기꺼이 지역주민이 나서서 도와줬던 일이 생각난다고 했다. "우리 지역 주민 중 두 명의 운영위원이 있어요. 운영위원장보다 더 힘을 발휘하는 사람이 바로 그 두 분이에요. 그분들이 굉장히 적극적으로 활동하시죠."라는 말씀을 들으며, 지역과 더불어 살기 위해 정말 많은 노력을 해 오셨겠다는 것을 느낄 수 있었다. 이것이 장애인을 등한시하는 기존의 지역사회와 달리 앞으로 진행되어야 할 진정한 탈시설화가 아닐까 하는 생각을 했다.

이영민 선생님은……

숭실대학교 사회사업학과 졸업 / 숭실대학교 대학원 사회사업학 석사 / 마라복지센터 원장(현)

사·회·복·지·사·들·의·희·망·이·야·기

PART 3 의료·정신보건

존중의 문화로 희망을 샘솟게 하는 사람

문용훈 | 태화샘솟는집 관장

5호선 애오개역에서 내려 어렵지 않게 태화샘솟는집을 향하는 팻말을 발견할 수 있었다. 거리에서 발견한 '샘솟는집'이라는 이름이 주는 생동감이 참 좋았다. 전화상으로 재개발 지역이라 찾아오기 어렵겠다고 했던 문용훈 선생님이 준 정보를 기억하며 지하철에서 생각보다 가깝다고 생각했지만, 막상 골목으로 들어서니 그곳은 한창 공사 중인 재개발 구역 옆에 위치하고 있어 인적이 아주 드물었다. 낯선 골목을 향해 용기를 내어 조금 더 걸어 들어가니, 태화샘솟는집이 있었다.

약속 시간보다 일찍 도착하여 상담실에서 인터뷰를 준비하고 있자, 곧 선생님이 지방출장을 마치고 바로 오셔서 피곤할 텐데도 함박웃음으로 인사해 주셨다. 선생님은 정신보건사회복지가 지금과 같이 제도화되기 전이었던 1992년부터 태화샘솟는집에서 18년 가까이 일해 오셨다. 처음 정신보건사회복지를 하게 된 계기에 대한 질문으로 인터뷰의 첫 운을 떼었다.

“당시 사회복지를 전공하지 않은 상태였으며, 입대하여 부대에서 고등학교 동창을 만났는데 정신질환을 앓고 있었어요. 그 당시는 1980년대 중반이었기 때문에 친구가 힘들어하는 것 같다고 상관에게 알렸지만, 그런 친구의 병에 대해 주위에서 인지를 못했고, 아무도 도와줄 수가 없었어요. 야외훈련을 나갔을 때 그 친구는 너무 괴로워하며 자기 손가락을 잘랐어요. 그러다가 의가사제대하고 난 다음에는 자살을 했어요. ‘이렇게 정신적으로 굉장히 어려운 사람들이 세상에 많은데 이런 걸 몰랐구나.’라고 생각하면서 제대 후에 전공을 사회복지로 바꿨어요.”

선생님은 실천을 하면서 늘 마음에 담아 두는 문장은 바로 ‘현장에 답이 있다.’는 것이라고 했다. 벌써 기관장이 된 지 8년이 되었지만 이 문장을 놓치지 않으려고 하며, 기관 회원 분들에게 기관의 운영 방향을 물어보는 이유는 그 당시에 가졌던 생각을 계속 유지하기 위해서라고 했다. ‘현장에 답이 있다.’라는 것이 구체적으로 어떤 의미인지 물었다. 선생님은 만성정신장애를 가진 사람들이 필요한 것이 무엇이고, 우리가 가지고 있는 것은 어떤 것이고, 사회적 장벽은 어떤 것인지에 관해 현재 몸담고 있는 현장에서 모든 답을 얻을 수 있다고 말했다. 그렇기 때문에 현실의 힘든 상황에 좌절하기보다는 미래의 가장 좋은 것을 강구하기 위해 현장에서 해결방안을 찾는 것이 훨씬 좋다는 말씀도 덧붙였다. 사회복지사로서 현실의 힘든 상황에 부딪힐 때마다 ‘‘현장에 답이 있다.’는 사실을 기억하면 미래를 향한 힘찬 발걸음을 내디

될 수 있겠구나.' 하는 생각이 들었다.

1992년부터 한 기관에서 계속 근무해 왔고, 2002년에 기관장이 되어 지금껏 일해 오셨는데, 이와 같이 일할 수 있게 한 원동력은 무엇이었는지 물었다. "처음 일하던 1992년 당시에는 정신보건이라고 하면 '병원 · 요양시설'에서의 일이 일반적이었고, 지역사회재활은 새로 도입되어 생소한 시기였어요. 「정신보건법」도 1995년도에 만들어졌기 때문에 법안이 만들어지기도 전에 일하던 상황이었고, 기관도 「사회복지사업법」의 어느 부분에 넣어야 할지 몰라서 시범사업처럼 운영을 하던 초창기였죠. 그래서 '앞으로 10년 정도 일할 수 있을까?' 하고 고민을 하던 시기에 동료 직원 셋이 함께 '10년 후에 무엇을 해 볼까?'라는 의문을 갖고 대화를 나누었어요." 그때 한 명은 '기관장'을 할 거라고 답했고, 누군가 관장님에게 그 질문을 했을 때, 관장님은 세 가지를 해 보고 싶다고 대답하였다고 했다.

"첫째는 '기능'이 가장 좋지 않은 회원들과 같이 생활을 해 보면서 가능성을 찾아보고 싶었어요. '기능'이란 말은 요즘엔 선호하지 않아서 잘 안 쓰지만, 그 당시 저의 마음을 있는 그대로 옮긴 표현입니다. 다음으로 회원들이 양복을 입고 일할 수 있는 취업장을 개발해 보고 싶었어요. 회

'클럽하우스 모델 속의 직업재활'이라는 주제로 포럼 강의를 하는 문용훈 관장님

원들이 당당하게 일할 수 있는 곳을 찾아보고 싶었던 것이지요. 끝으로 주거시설을 담당해 보고 싶었지요. 세 가지를 해 보면서 추가적으로 만성정신질환을 가진 분들의 권익옹호 활동을 대외적으로 하는 것을 바랐어요. 이런 바람을 기본적으로 가지고 1992년에 일을 시작했어요." 선생님은 초창기에 바라던 세 가지를 모두 이루었다고 조금은 담담한 목소리로 전했다. 초심을 이어서 노력한 것이 지금에 이르게 한 힘이라는 것을 구체적인 이야기를 통해 전달해 주었다.

독립주거시설을 포함하여 세 개의 주거시설을 운영해 보았고, 취업장도 개발하였다고 하며, 지난날의 목표를 이룬 보람에 찬 이야기를 전해 주셨다. "3대 법무법인 중에 두 군데에서 우리 회원들이 일을 하고 있어요. 세종과 태평양 법무법인에서 3~5명씩 양복을 입고 나가서 일을 하고 있지요. 큰 회사에 양복 입고 근무하는 것은 안 된다고 할 때마다 설득하고 신뢰를 갖도록 만드는 일은 큰 도전이었지만, 결국 성취되었을 때 보람을 느꼈어요. 저뿐만 아니라 직원과 회원들이 모두 함께 회원들의 취업을 위해 노력해 나가는 모습을 보는 것은 저에게 큰 보람을 안겨 주었지요." 정신장애인의 권익옹호활동을 위해 1998년에는 서울부터 광주광역시까지 걷기행사를 했고, 인권위원회의 세미나에서 회원들과 함께 발표를 한 경험도 있다고 했다.

선생님은 기관 회원들을 기능의 차이가 있다고 보지 않고, 기회의 차이가 있다는 관점을 취한다고 한다. 회원들은 기회가 불평등하게 주어졌고, 배제와 차별의 처우를 받아 왔다. 그래서 새로운 시작과 개선 의지로 기관을 운영하였고, 기능의 차이에 대한 장벽이 없어졌다. "기능이 나쁜 사람은 어느 부서에서 일해야 하고, 기능이 좋은 사람은 어느 부서에서 일해야 하는 차이가 있다고 생각하지 않아요. 남들이 1시간에 할 수 있는 걸 회원들이 10시간에 하는 게 잘하는 것일까요? 사회적인 조건의 변화를 통해 그 사람이 3시간 만에 일할 수 있도록 해야 하는 걸까요? 두 가지는 관점의 차이라는 생각이 들어요. 사회복지에서는 후자를 선택해야 한다고 보며, 지역사회에서 후자와 같은 조건을 형성해 주어야 한다고 봐요."

일을 지속해서 할 수 있는 원동력은 뚜렷한 목표와, 그것을 성취해 나가면서 얻어지는 보람에서 비롯한 것이라는 사실을 전해 들으며, 미래를 내다보고 세운 구체적인 목표와 이를 성취하기 위한 노력이 가져오는 힘의 진가를 알 수 있었다.

선생님은 회원들이 힘을 얻도록 하기 위해 기관이 배려하고 변화하는 과정을 통해 지금까지 일할 수 있는 힘을 얻게 되었다고도 했다. 선생님은 회원들에게 직접 권위를 이양한 사례를 설명해 주었다. "태화샘솟는집에서의 첫 10년이 지나고, 20년이 되어 가는 시점에서 권위를 과감하게 직원과 회원들에게 이양을 해야겠다는 생각을 가

선생님은 기관 회원들을 기능의 차이가 있다고 보지 않고, 기회의 차이가 있다는 관점을 취한다고 했다. 회원들은 기회가 불평등하게 주어졌고, 배제와 차별의 처우를 받아 왔다. 그래서 새로운 시작과 개선 의지로 기관을 운영하였고, 기능의 차이에 대한 장벽이 없어졌다.

졌어요. 10년 전부터 새로운 직원을 채용할 때 면접을 보고, 실습생들에 대한 평가를 할 때 회원들이 함께 들어가서 직접 참여하고 있어요. 관점의 변화는 직원의 역할을 굉장히 많이 바꾸어 놓았어요. 현재 태화샘솟는집은 직원들만의 공간도 없고, 직원들만의 회의도 없어요. 기관의 모든 공간과 시간을 회원들과 함께 공유하고 업무 또한 함께 진행해 가지요. 이런 과정에서 직원들의 업무를 위한 편의는 줄어들었을 수도 있지만, 그것 때문에 회원들이 행복하다는 것이 주목할 만한 점이에요. 이런 문화가 형성되기까지는 힘들지만, 일단 형성되고 나면 회원들과 에너지를 주고받게 되는 긍정적인 관계가 나타납니다."

사회복지가 가진 특성에 대해 문 선생님은 "사회복지 과목 자체는 생명력이 있고, 죽은 학문이 아니라는 생각이 들어요."라고 했다. 실제 기관을 이용하는 분들에게 어떤 서비스를 주어야 하는가를 전략적으로 생각하고 운영 방향을 만들어 가는 자체가 새로운 경험이 된다고 했다. 권위를 이양하는 과정을 통해 나타난 회원들의 변화는 사회복지를 살아 있는 학문으로 정의하기에 충분하다는 생각이 들었다.

정신보건 분야에서 사회복지가 타 전문직과 비교했을 때 가지는 직업의 특성에 대해 질문하자, 선생님은 사회복지사로 일하기 시작하던 시기를 회상하고, 그때와 현재를 비교하며 답을 주었다. "1990년대 초반에는 '정신보건영역에서 사회복지사가 무슨 일을 해요?'라고 주위에서 묻기도 했어요. 그렇지만 지금은 정신질환을 가진 사람이 시설에 격리되는 것이 아니라, 지역사회 속에서 함께 살아가는 것을 지향하고, 사회복지사는 지역사회의 복귀를 위해 일을 합니다. 이러한 역할이 사회복지사의 정체성을 확립하는 것이겠죠." 사회복지사로서의 전문성을 강화하기 위해서는 사회복지분야뿐 아니라, 사회 전반에 대한 이해가 필요하며 사회과학, 인문, 철학 등에 관한 소양이 필요하다고 했다.

"직원들의 업무를 위한 편의는 줄어들었을 수도 있지만, 그것 때문에 회원들이 행복하다는 것이 주목할 만한 점이에요. 이런 문화가 형성되기까지는 힘들지만, 일단 형성되고 나면 회원들과 에너지를 주고받게 되는 긍정적인 관계가 나타납니다."

사회복지사로서의 능력을 향상시키기 위해 개인적으로 하시는 일에 대해서 묻자, 가장 먼저는 건강해야 하지 않겠냐고 하시면서 건강관리를 위해 지속적으로 운동을 한다고 했다. 또한 바쁜 일정 속에서도 늘 독서를 통해 간접적으로 세상에 대한 경험과 지식을 쌓는다고 했다. 그리고 대학원 과정에 참여한 것 외에도 필요하다고 생각될 때마다 단기 경영과정과 같은 특강도 들으며, 사회복지에 경영을 어떻게 적용하는지에 관해 고민하기도 했다고 한다. 사회복지사는 끊임없는 자기계발과 성장을 위한 노력을 해야 한다고 강조했다. "가장 중요한 것은 자신의 계발에만 관심을 두는 것이 아니라 직원의 성장에 관심을 갖는 것이란 생각이 들어요. 그래서 제가 외부에서 배운 이야기를 직원과 나누려고 해요. 외부에서 발표할 원고를 직원에게 보여 주고 있으며, 1년에 두 번은 직원을 위한 특강을 해요."

태화재단 직원들과 함께(맨 왼쪽)

선생님은 사회복지사가 되기를 희망하는 후배들에게 갖는 바람에 대해 사회복지사는 현장에서 책임을 갖고 스스로 능력을 키워야 한다고 했다. 오래 일한 사람을 보면 힘이 느껴진다는 말이 괜히 나오는 것이 아니라고 하며, 현장에 있다보면 거기서 배우는 것들이 굉장히 많다고 했다. 현장에서 배우는 것이 바로 축복이자 기회라고 정의하며, 또한 슈퍼비전을 통해 자기능력 계발뿐 아니라 역량이 강화될 수 있다고 전했다. 능력이나 업적 그리고 자질은 한 순간에 만들어지는 것이 아니고 현장의 경험을 통해 축적되어 가는 것이라고 보는 문 선생님은 현장에는 조언을 줄 훌륭한 선배들이 많다는 자부심을 전했다.

선생님은 사회복지에 애정을 가질 것에 대한 당부도 잊지 않았다. "만약 본인이 원하지 않은 채 사회복지를 시작했다고 하더라도 하다가 좋아지면 거기에 흠뻑 빠졌으면 좋겠어요. 진로 탐색이나 목표 없이 그냥 이 학과를 선택했다고 생각하며 목표 없이 살면 안 되지 않겠어요? 급하게 마음먹지 않는다면 굉장히 많은 계기가 기다리고 있을 것이고, 굉장히 많은 사람들이 도움을 필요로 할 거예요. 사회복지 영역 자체가 많이 넓어졌기 때문에 마음만 가지고 노력을 유지해 나간다면 큰일을 할 수 있을 거예요."

정신보건 분야에 관심을 갖는 사회복지학도가 가져야 할 자세에 관해, 선생님은 사회에 존재하는 장벽을 어떻게 해결할 것인가에 대한 생각을 가질 것을 전했다. "정신보건 분야에서 만나는 회원들은 실제로 무엇인가를 해 볼 수 있는 기회가 없고, 영양사, 조리사, 약사, 의사, 수의사와 같은 직업 선택을 할 수 없고, 사회복지시설도 이용할 수 없는 등 사회에서 넘어야 할 장벽들이 많아요. 일반적으로 사회에서 살아가는 데 필요한 기회와 경험이 배제되고 있어요. 복지사로서 초반에는 실천에서 이런 어려움들을 부딪쳐 가면서 겪어 봐야 할 거예요. '어떻게 하면 할 수 있을까?' 하고 고민하면서 해결해 나가는 과정이 필요한 것 같아요." 초기 4~5년까지는 정신장애인을 향한 자신의 마음과 사회복지에 대한 애정을 유지하는 자기가 가진 능력을 키우고, 그 다음에 업적을 만들어 가는 것이 필요하다고 하며, 사회복지에 대한 열정과 업무능력, 업무 성과가 같은 선상에서 키워질 필요가 있다고 했다. 초반에 좌절만 하지 않는다면 좋은 기회들이 기다리고 있을 것이라고 후배들에게 용기를 불어주는 말을 거듭 전했다.

사회복지 현장에서 해결해야 할 과제로는 일본의 사회복지법과 미국의 사회복지방법론이 국내에 적용되고 있는데, 실제 실천에서는 현실적인 차이가 있다는 것을 꼽았고, 우리나라 상황에 맞춰서 사회복지를 경영해 나가는 것이 필요하다고 했다.

최근 사회복지자격증이 전 국민의 자격증이 된다는 말이 나올 정도로 사회복지 자격증 소유자가 많아지고 있는데, 사회복지사들이 갖는 고유한 역할과 정체성을 확립하고, 각종 협회와 학회에서 대안을 마련하고, 사회복지사의 권익옹호를 위한 활동들이 섬세하게 준비되어야 한다고 전했다.

정신보건 분야의 과제를 묻자, 선생님은 후배들의 적극적인 관심과 참여가 필요하다고 했다. 정신보건사회복지사가 되기 위해서는 1년의 수련 과정이 추가로 있어서인지, 최근에는 사회복지사들의 관심이 떨어지고 정신보건을 하지 않으려는 경향이 있다고 하며, 좋은 후배들이 와서 정신보건을 했으면 좋겠다는 바람을 전했다. "노숙자쉼터, 청소년쉼터, 노인 시설 등의 사회복지 현장에 가도 정신적인 어려움이 있는 분들이 많아요. 어려움이 있는 사람들에 대한 사례관리를 하려면 정신보건에 대한 이해를 하고 있어야 해요. 정신보건을 특수 분야로 생각하는 경우도 있는데, 각 사회복지 분야에서 만나는 사람에 대한 이해를 위해 필요한 영역이므로 사회복지사가 되길 희망하는 후배들이 정신보건 수련 과정에 관심을 갖고 참여했으면 좋겠어요."

사회복지 현장의 미래와 전망에 관해서는, '현장에 답이 있다.'라며, 인터뷰 초반에 언급했던 것과 결부지어 현장에서 미래를 위한 길을 찾을 것을 당부했다. "미래는 항상 불투명하죠. 불투명한 것을 찾아가는 방법은 현장에서 얻을 수 있어요. 답은 만나는 회원들에게 있어요. 현장에 있는 답을 잘 찾아가는지 여부가 미래와 전망에 영향을 미치는 거예요." 정신보건 분야에서는 지역사회에 융화되어 기관 운영을 해 나가는 것이 중요하다고 생각하는 선생님은 이 영역이 기존의 치료 위주 접근에 몰입되어 있지 않고, 자원연계가 활발히 이루어지고 있기 때문에 미래가 밝고 활력이 있다고 덧붙였다.

다시 태어나도 사회복지를 할 것인지에 관한 질문에는, 사람에게는 운명적인 것도 있다는 말씀을 하시며, 선택의 기회가 주어졌을 때 사회복지를 선택한 것에 대한 후회를 하지 않고 있다고 했다. "또다시 같은 상황이 되더라도 같은 길을 걸을 확률이 높다고 생각해요. 개인 사정으로 일을 중간에 4개월 정도 그만둔 적이 있는데, 회원들이 같이 일했으면 좋겠다는 의견을 보내서 다시 일하게 되었어요."

자녀에게 사회복지를 하도록 권유할 것인지에 대한 질문에는 본인이 하겠다고 하면 존중해 주고 싶다고 한다. "사회복지사를 한다는 마음가짐은 세상을 품을 수 있어야 하기 때문에 굉장히 큰 자질이지요. 다른 사람들이 사회복지사를 한다고 해도 훌륭하게 생각하는데, 우리 아이가 사회복지사를 하겠다고 하면 당연히 훌륭하다고 느끼겠지요." 사회복지사란 세상을 품는 자질을 소유한 사람이라는 말에는 사회복지에 대한 진심 어린 애정과 자부심이 담겨져 있었다.

인터뷰를 마치고 기관을 둘러보도록 배려해 주셔서 직원과 회원들이 함께 있는 시설을 볼 수 있는 기회를 갖게 되었다. 사무실용 책상은 찾아볼 수 없었고, 긴 탁자에 노트북들이 놓여 있었다. 선생님의 책상도 현관 옆에 칸막이 없이 위치해 있었고, 역시 노트북을 이용해서 업무를 할 수 있게 해 놓았다. 설치된 노트북은 회원들과의 협업을 위해 이동 가능한 구조를 마련하기 위한 것이라고 했다. 사무실 책상이 없는 시설은 무척 생소하게 느껴졌지만, 그런 풍경에 담긴 의미를 인터뷰를 통해 전해 들었기 때문에 매우 인상 깊게 다가왔다.

설 연휴가 시작되는 오후의 인터뷰여서 직원과 회원들의 업무 풍경을 직접 볼 수는 없었지만, 문 선생님의 설명을 통해 나이 많은 회원에게는 선생님이라는 호칭을 사용하고, 직원과 똑같은 형태로 자리에 앉아서 일하는 풍경이 눈앞에 그려지는 듯했다. 누가 시키지도 않는데 매일 똑같은 곳에서 오가는 사람들에게 인사하며 다리 아픈 줄도 모른다고 하는 회원들의 모습도 그려졌다. 평등한 위치에서 존중받는 경험이 만들어 내는 성공, 그 성공은 정말 작은 배려와 존중이 배인 풍토에서 나타나기 시작한다는 것을 산 지식으로 알려 주는 현장의 모습이었다.

선생님이 평소 일하는 곳이 현관 바로 앞이어서 겨울에는 춥지 않은지를 질문하니, 현관 정면에 위치한 경비를 담당하는 직원의 자리를 가리키며 다 똑같은 상황인데 특별할 것 있냐며 반문했다. 처음 찾아올 때는 재개발이 되는 공사현장의 바로 옆에 기관이 위치하고 있어 인적이 없는 이유로 무서운 마음이 들었는데, 기관을 나서는 발걸음은 선생님이 전해 주신 이용자들에 대한 평등함과 존귀함의 가치로 따뜻하고 힘이 넘쳐 주변의 풍경도

평등한 위치에서 존중받는 경험이 만들어 내는 성공, 그 성공은 정말 작은 배려와 존중이 배인 풍토에서 나타나기 시작한다는 것을 산 지식으로 알려 주는 현장의 모습이었다.

새롭게 보였다.

새로운 건물이 지어지기 위해서는 이전 건물이 사라져야 한다. 복지실현을 위해서 무너져야 할 장벽이 무엇일까? 선생님과의 만남을 통해 복지실현을 위한 새로운 도전을 얻고 돌아가는 발걸음은 이전과 같지 않았다. 복지실현을 위해 재건축되어야 할 사회의 많은 면들을 현장에서 찾는 것이 우리의 과제일 것이다.

세계인권선언 60주년 기념식에서 정신장애인 사회복귀시설인 태화샘솟는집이 지역사회시설 처음으로 '대한민국 인권상'(민간 부문 단체)을 수상한 후(왼쪽에서 세 번째)

문용훈 선생님은……

중앙대학교 사회복지학과 졸업 / 성균관대학교 사회복지대학원 사회복지학 석사 / 태화샘솟는집 관장(현)

아픈 아이들을 위한 맑고 깊은 샘을 파 온 일꾼

박혜영 | 서울대학교 어린이병원후원회 소아의료사회사업실

2009년 1월 2일, 바쁜 일정 속에서 시간을 내주신 박혜영 선생님을 만나러 서울대학교병원을 가면서, 의료사회사업 현장에서 경험한 생생한 이야기들을 기대해 보았다. 연초인 탓인지 추위 속에서도 4호선 혜화역 앞을 오가는 사람들의 발걸음은 생동감 있게 느껴졌고, 잠시 후면 선생님이 사회복지 실천 현장에서 얻은 보석 같은 체험들을 선물받을 기대감에 발걸음 또한 설렘으로 가벼워졌다. 선생님과 약속된 시간이 오기 전, 찾아오는 길을 문자로 정확하게 알려 주셔서 서울대학교병원 내의 어린이병원 소아의료사회사업실이 있는 건물로 들어서는 길목을 놓치지 않을 수 있었다. 설렘 속에 약속 시간보다 한참 일찍 도착하여 병원 근처에서 잠시 시간을 보내다 어린이병원후원회 소아의료사회사업실 안으로 찾아 들어가니 박 선생님은 의료사회복지 수련생들과 내부 회의 중이어서 바로 옆에 있는 상담실에서 인터뷰 질문을 점검

하며 잠시 기다리는 시간을 가졌다. 드디어 기다리던 시간이 왔고, 아픈 어린이를 위해 헌신해 오신 선생님과 대면할 기회를 얻었다.

사회사업학과를 졸업한 1985년 이후부터 현재까지 서울대학교 어린이병원후원회 소아의료사회사업실의 실무를 도맡아 오신 선생님의 근무연수는 총 23년이었다. 어린이병원에서 오랫동안 지속해서 일할 수 있는 힘은 어디서 나오는지 궁금했다. 어떤 비밀이 숨겨져 있을까? 이런 호기심에 대해, 박 선생님은 환아가 성인이 되어 찾아온 이야기와 아이들의 발달단계에 따른 특성에 대한 이해와 그에 요구되는 사회복지사의 역할에 대해 알려 주었다. 사실 소아의료사회사업실에서 만나는 대다수 어린아이들은 완치되기 어려운 병을 가졌기에 그들과 길게는 20여 년에 걸친 끈끈한 유대감이 형성되고, 선생님이 소진되는 순간에는 오히려 그 아이들에게서 힘을 얻게 된다고 했다.

"소아 당뇨와 같은 질환은 평생 안고 가야 하는 것이어서 그 질병에 걸린 어린아이들이 성장하는 모습을 보게 되죠. 그 소중한 과정의 시간을 공유하면서 느끼게 되는 보람이 있어요. 20여 년 전 만난 환아 중에는 이제 30~40대가 되어 관련 협회에서 일하는 사례도 있어 더욱 신명나게 일할 동력

병원의 청소년 당뇨교육에서
청소년 환자들과 패널토의를 진행 중인 박혜영 선생님

이 되고 있죠." 그리고 '어린이병원'의 소아의료사회사업실에서 어린이와 그 가족을 위해 일해 오면서, 성인보다는 무한한 잠재력이 있는 아이들을 대하는 일이기에 보람과 성취감을 더 느낀다고 했다. 성장 단계에 있는 아동과 청소년들은 환경의 영향을 많이 받는 특성이 있어서 따돌림, 학대, 폭력, 과잉보호와 같은 요인이 있는 환경에 속한 환아에 대한 사회복지사의 전문적인 개입과 서비스가 요청된다고 했다.

아이들을 위해 일할 때 '가족중심적'인 실천을 중요하게 생각하며 지켜오고자 노력하였다고도 했다. 아픈 아이들과 그 가족들의 어려움을 이해하고 공감하고 도와주려 했던 기억을 회고하며, 질병에 의한 고통과 어려운 상황은 환아뿐만 아니라 가족에게 다양한 스트레스를 주기 때문에 환아와 가족 모두의 아픔에 공감하고 필요와 욕구를 이해하여 적절한 서비스를 제공하려고 노력해 왔다고 했다.

환아와 그 가족이 필요로 하는 도움이 있기에 사회복지사의 역할이 요구되는 특수성과 그들과의 끈끈한 관계에서 얻게 되는 보람, 그리고 이 외에도 선생님이 이 일을 계속해서 할 수 있게 한 또 한 가지는 '내가 아니면 안 된다.'는 책임감 있는 신념이었다. "1980년대에는 환자를 지원하는 재정적 후원이 필요했고 협회도 필요했지만, 이런 시스템은 전무했어요. 지역사회 차원의 지원이 부족했던 시기에 이러한 것들의 필요성을 알고 있는 나에게 해야 할 책임이 있다고 생각했어요. 그래서 나 아니면 안 되겠다는 마음으로 헌신하게 되었어요. 그렇지만 환아 부모님들을 포함한 주변 사람들 모두 직업을 갖고 있어서 이 일을 위해 발 벗고 뛰어줄 누군가가 필요했는데, 이 일에 관심이 있는 사람들이 모두 자신의 일을 하면서 또 하나의 일로 해야 할 일이었죠. 그런 와중에 백혈병 환자 아버지가 직접 헌신적으로 나서서 '백혈병어린이후원회'가 생겼어요. 이제는 재단법인이 되었으며, 직원이 16명이 되었고, 10여 년이 지났어요. 그 아버지는 사무국장으로 일했고, 이후 그곳에서 일한 사회복지사가 우체국의 후원을 받게 되면서 지방 환자를 위한 쉼터가 생겼어요. 지금은 재단이 모두 정착되어서 운영위원만 하고 있지만, 초기에는 아이들을 위한 프로그램에 관한 아이디어를 제공하고 자문을 주었어요. 현재는 이런 일들이 활발해졌지만 당시에는 최초였기 때문에 의미가 깊어요. 아동학대는 2000년부터 「아동복지법」으로 예방할 수 있는 기틀이 마련되었지만, 1980년대, 1990년대에는 제대로 되지 못했어요. 그때 어린이병원에는 아동학대에 대한 인식이 있는 의사도 있었고, 저도 1989년과 1996년에 미국의 여러 어린이병원들로 해외연수를 다녀오면서 인식이 생겼고 우리나라에 필요한 서비스가 무엇인지에 대한 안목이 생겼기 때문에 아동학대예방을 위해 헌신할 수 있는 좋은 여건을 갖

성장 단계에 있는 아동과 청소년들은 환경의 영향을 많이 받는 특성이 있어서 따돌림, 학대, 폭력, 과잉보호와 같은 요인이 있는 환경에 속한 환아에 대한 사회복지사의 전문적인 개입과 서비스가 요청된다고 했다.

추고 있었어요. 아동학대예방을 위해 병원 차원에서 지역사회와 함께 일했어요."

자신의 위치에서 해야 할 일에 대한 깨달음을 얻었을 때 두려움 없이 일을 향해 뛰어들었고, 결국 환아와 그 가족들을 위한 지원체계가 자리 잡히도록 하는 데 수고를 아끼지 않았던 것이다. 지하에 샘이 있을 것이라는 판단에 땅을 파는 수고를 아끼지 않았을 때 결국 그 맑고 깊은 샘을 많은 사람이 이용할 수 있게 되는 것처럼, 박 선생님은 지역사회에서 환아를 위한 체계적인 지원이 필요하다는 생각을 하신 후에 이것이 구체적인 현실이 될 때까지 필요한 노력을 아끼지 않았다. 결국 여러 환아를 위해 구축된 현재의 시스템은 앞서 일한 사회복지사의 구슬땀으로부터 나온 것이라는 사실에 겸허한 마음을 가지게 되었다.

사회복지사의 타 전문직과의 차별성에 대한 질문에 대해서 선생님은 정신건강 분야의 예를 들어, 미국에서 의사는 약물을 처방할 수 있는 역할을 하고, 임상심리사는 심리검사를 하고, 사회복지사는 지역사회 자원과 후원 개발을 주로 담당하면서 역할을 분담한다고 설명했다. "사회복지사는 가족과 지역사회와 같은 환경에 대한 전문가예요. 가족이라는 자원을 동원하여 가족치료를 하고, 지역사회자원을 활용

백혈병어린이재단 운영위원회
(낙산공원에서, 오른쪽 두번째)

하여 경제적인 지원을 하는 등 환경에 대한 개입이 주 전문 분야죠. 만약 이 역할이 타 전문분야와 중첩된다고 한다면, 전문성을 인정받기까지 열심히 하는 것이 최선이겠죠." 정답과도 같은 말이지만, 그 답을 최선으로 옮기는 것은 현장에 있는 사회복지사들의 역할이라는 것을 진심으로 전해 주고자 하는 마음이 오랜 경험에서 우러나와 전달되었다. 열심히 하는 것밖에 없다는 것은 마음에 오랫동안 담아 두고 싶은 말이었다.

사회복지사로서의 능력을 향상시키기 위해 선생님이 하고 있는 것은 학회, 세미나에 참석하여 성장을 위한 밑거름을 쌓는 것이었다. 소아의료사회사업실에 있으면 요청되는 일을 해결하느라 자기계발을 위한 시간을 조금도 내기가 쉽지 않지만, 학회나 세미나에 참석하면 학습에 집중할 수 있는 여건이 마련된다고 했다. 선생님은 자녀를 양육하기 전에는 근무시간 외에 공부를 하는 것이 가능했지만, 아이를 낳은 후에는 자녀와 함께하는 시간을 갖는 데 주력하고 있기 때문에 최대한 근무시간 내에 업무와 자기 계발을 병행하기 위한 노력을 하고 있다. 일을 통한 경험상 양적, 질적인 애착이 중요하다는 것을 잘 알기 때문에 업무는 점점 많아지고 있지만, 근무시간에 모든 일을 마

"사회복지사는 가족과 지역사회와 같은 환경에 대한 전문가예요. 가족이라는 자원을 동원하여 가족치료를 하고, 지역사회자원을 활용하여 경제적인 지원을 하는 등 환경에 대한 개입이 주 전문 분야죠. 만약 이 역할이 타 전문분야와 중첩된다고 한다면, 전문성을 인정받기까지 열심히 하는 것이 최선이겠죠."

게임중독 가족캠프에서 프로그램 전 막간을 이용해서 차 한 잔을 하는 중(가장 오른쪽)

치기 위해 노력한다고 말하며 미소를 지었다.

중간에 걸려오는 전화와 다음 일정을 위해 연락이 오는 것을 보면서 환아와 그 가족을 위해 바쁘게 움직이는 선생님의 하루 일과를 엿볼 수 있었다. 빡빡한 일정 속에서도 모든 일에 깊이 있는 성실함으로 움직이는 선생님의 세심한 마음도 느낄 수 있었다. 주어진 시간과 환경 속에서 자신의 역할을 충실히 해 나가고, 변화에 대처하는 모습은 사회복지사로서의 또 다른 면모이고 능력이라는 생각이 들었다.

사회복지사가 되길 희망하는 후배들에게 해 주고 싶은 조언을 부탁하자, '능력과 성숙한 인격을 갖출 것'을 요청했다. "공부를 정말 열심히 해야 해요. 능력이 부족하면 더 열심히 다방면에서 노력하면 좋겠어요. 생존하기 위해서는 전문성을 가져야 해요. 그리고 나 자신을 사용해서 서비스를 주는 것이기 때문에 인격적으로 성숙해야 해요. 나 자신을 알고, 내 문제를 해결해서 인격적으로 성숙해진 다음에 일을 했으면 좋겠어요. 만약 필요하다면 상담도 받아야죠. 무엇보다도 대상에 대한 깊은 이해가 필요해요. 내가 직접 여러 경험을 하지 못했다면, 클라이언트의 삶을 깊이 들여다보기 위해 문학 서적을 읽을 필요가 있다고 봐요. 책에는 여러 양상의 삶이 묘사되어 있어서 인간에 대한 이해를 하기가 좋죠."

우리나라 사회복지 현장의 과제에 관해서는 '전문성'에 대한 언급을 해 주었고, 의료사회복지 현장의 과제 및 전망에 대해서는 '수가문제로 대두되는 사회복지사 고용문제와 대안'에 관한 이야기를 해 주었다. "사회복지현장에서 시급히 갖춰야 할 부분은 전문성이라고 생각합니다. 우리 고유의 분야에서 전문성을 갖춰야 해요. 그리고 의료계 안에서 시급하게 필요한 것은 수가문제라고 봐요. 병원은 수입이 있어야 일을 할 수 있는 곳이거든요. 서비스에 대한 대가, 평가가 되는 것이 수가예요. 수가 가운데 서울대학교 어린이병원에서 사회복지사로 관여해서 받는 것은 소아정신과와 소아재활의학과, 그리고 당뇨 교육 및 상담이고, 나머지는 원칙상 수가가 없어요. 수가가 없다는 것은 병원에서 환자의 삶의 질 향상을 위해 충분할 정도로 사회복지사를 고용하지 않게 되는 이유가 되요. 그렇지만 수가문제를 제외하고 병원에 사회복지사가 고용될 필요가 있는 것은 경제적으로 어려운 사람을 위한 실질적인 도움을 제공하는 것 때문이죠. 경제적으로 어려운 사람을 위한 외부 기관의 후원들이 연결되어 있는데, 그런 재원들이 없다면 의료비 미수금이 많이 발생하겠죠. 그 문제를 사회복지사가 해결해 준다는 점이 사회복지사를 고용하는 큰 이유라고 봅니다. 병원은 서비스가 필요한 집단이 있는 곳이어서 앞으로도 사회복지사의 역할이 요구

가족치료 후 co-therapist로 참석한 환아 주치의와 사례 토의를 하는 중(오른쪽)

되리라고 봐요." 병원에 사회복지서비스가 필요한 집단이 있다는 것에 대한 공감은 누구나 쉽게 할 수 있다. 그렇지만 그 서비스를 제공하는 사회복지사가 진정 전문가로서 인정받기 위해 갖추어야 할 전문성에 대해서도 진지하게 생각해 보게 되었다.

가상의 상황 속에서 사회복지사가 아닌 다른 직업을 선택할 기회가 온다면 어떤 일을 하고 싶은지에 관해 묻자, 선생님은 작가를 해 보고 싶다고 했다. 사실 문리대학에서 세부 전공을 선택할 때 국문학, 심리학, 사학 등의 학과에 관심을 가졌던 경험이 있는데, 당시에는 그 학과가 아니면 안 되겠다는 마음은 없었다고 했다. 그리고 사람을 만나서 이야기하는 일은 잘할 수 있겠고, 적성에 맞을 것 같다는 생각에 사회사업학과로 진학했다고 했다. "모든 직업은 인간에게 이로운 일이라고 생각하기 때문에 사회복지사 말고도 다른 일을 한번 해 보고 싶은 거죠. 인간에 대해 다른 시점에서 이해하는 일을 해 보고 싶은데, 능력이 뒷받침되는 상황이 만들어진다면 작가로서 그 일을 해 보고 싶어요."

자녀에게 이 일을 권유할 것인지를 묻자, 이 일이 환자로부터 얻는 보람이 있는 반면에 2차 현장이기 때문에 소수로서 겪는 어려움이 있다는 점을 언급했다. 자녀가 컸을 때는 더 선진화되겠지만, 지금 상황이라면 소수집단으로서의 직업을 선뜻 권하는 것은 쉽지 않은 일이라고 했다. "그렇지만 아이가 하고 싶다고 하면 반대하지 않을 거예요. 이런 어려움이 있다고 설명해 주고 감당을 할 수 있겠다고 하면 잘하도록 밀어줄 거예요."

아마 자녀뿐만 아니라 사회복지를 하려고 하는 후배들에게 향하는 마음과도 같을 것이다. 선뜻 권하지는 못하지만, 이 일이 필요했기에 지금까지 열심히 해 왔고, 후배들이 이어받아 열심히 해 나갈 것을 기대하는 마음과 함께 이에 부응해야겠다는 생각에 처음의 설렘과는 다른 약간은 무게 있는 발걸음으로 다음 일정을 향해 타 건물로 이동하는 선생님과 동행하며 병원을 나왔다.

박혜영 선생님은……

이화여자대학교 사회사업학과 졸업 / 이화여자대학교 대학원 사회사업학 석사 / 서울대학교 어린이병원후원회 소아의료사회사업실 의료사회복지사 · 정신의료사회복지사(현)

당찬 열정으로 또다시 꿈을 꾸다

장명찬 | 마음샘정신재활센터 원장

수원에 위치한 '마음샘정신재활센터'에 가기까지 조금 쌀쌀한 날씨에 낯선 길을 헤매며 같은 골목을 두세 번 왔다 갔다하는데도 긴장된 마음 때문이었을까 쉽게 눈에 들어오지 않고 헤매기를 20분. 그러던 중 어느 골목에서 마주치게 된 정신장애인 한 분을 보고 왠지 모르게 마음샘 회원이 아닐까 하는 마음에 그분의 발걸음을 따라 가게 되었다. 그분이 들어간 곳은 생각했던 것보다 훨씬 깨끗하고 예쁜 건물이었는데 '마음샘'이라 새겨져 있었다.

'어떤 따뜻함이 전해질까?' 하는 마음으로 마음샘의 문을 열었다. 회원 분들과 함께 '안내'라고 써 있는 의자에 앉아 계시는 분께 장명찬 선생님을 만나러 왔다고 하니, 뜻밖에도 선생님은 바로 옆에서 다른 회원과 함께 출석체크 사물함을 손보고 계셨다.

선생님을 뵙기 전까지는 센터의 원장이라 생각하면 왠지 모르게 약간의 흰머리에 조금은 주름진 얼굴로 책상에 앉아 계실 거라 상상했던 나로서는 굉장히 젊고 너무나 평범한 모습, 그리고 회원들과 함께 일하시는 자연스러운 모습에 조금은 놀랐지만, 그런 모습에서 편안함을 느낄 수 있었다. 회원들과 작은 것 하나도 어떻게 해야 할지 함께 고민하고 나누며, 사소한 일이라도 정성껏 하시는 모습에 '아, 역시!'라는 감탄사가 나왔다. 인터뷰와 관련해서 선생님께 처음으로 연락을 드렸을 때, 굉장히 분주함이 느껴지는 분위기에서 잠시 동안 통화가 이루어졌다. 평일 봉사활동에 나와 계신다며, 다시 연락을 주시겠다는 선생님의 목소리에서 삶의 현장에서 힘차고 당당하게 살아가는 삶의 모습이 내 머릿속에 그려졌기에, 만남에 대한 기대감이 더욱 생겼다.

정신보건만 18년차, 우리나라 정신보건사업의 선두주자이신 장명찬 원장님. '이 분야에서 일하는 동안 잠시라도 회의를 느꼈던 적은 없었을까?' 하는 궁금증이 밀려와 조심스럽게 질문하니, 대학병원과 개인병원에서만 일하다보니 7년차 때 한계에 부딪혔다고 했다. "의사의 뒤치닥거리만 하고, 사회복지사의 전문성이 도저히 보이지 않는 거예요. 그러다 보니 모든 에너지가 소모되었죠. '내가 이것을 하려고 여기에 왔을까, 나의 전문성을 살릴 곳이 없을까?' 하고 많이 고민했어요." 많은 고민들과 함께 다른 기관에서 잠시 10개월 동안 방황의 시기를 보냈지만 그곳에서도 마찬가지였다고 했다.

선생님은 그 시간을 보내면서 '내가 하고 싶은 것을 하기 위해서는 내가 기관장이 되어야겠다.' 라는 다짐을 한 것이다. 현장에서 스스로의 일에 대한 한계를 느끼며 자신이 하고자 하는 것에 대해 단순히 생각만 하고 있는 것이 아니라 꿈을 이루기까지, 열정을 실행에 옮기기까지 얼마나 많은 땀을 흘렸는지는 선생님의 눈빛과 마음속 깊은 곳에서 흘러나오는 이야기들을 들으면서 느낄 수 있었다. "그 당시에는 느끼지 못했지만, 지금 사람들이 말하기를, 그때에 나는 일에 중독되어 있었다고 합니다." 중독자 자신은 느끼지 못하기 때문에 그때에 자기 자신이 그렇게 살고 있음을 느끼지 못했다고 한다. 실제로 지금도 4시간밖에 잘 수 없다는 선생님은 그 누구보다도 열정으로 가득했고, 기운차고 에너지 넘치는 모습이었다. "저는 아직도 이 센터로 만족하지 않습니다. 다른 꿈이 또 있어요." 선생님은 도대체 얼마나 많은 꿈을 가지고 계신 것일까?

선생님의 이 에너지들은 도대체 어디에서 나오는 것인지 물었다. 선생님의 대답은 한 마디, 그 힘은 가족이었다. 특히 자신을 가장 믿어 주는 아내, 그리고 부모님이라고 했다. "상투적인 것 같지만, 이렇게밖에 결론이 안 나더라구요. 더 넓게 이야기한다면 나와 연관된 사람들이에요. 저는 인복이 있어요. 무엇보다도 여기서 지치지 않고 일할 수 있는 것은 저를 지지해 주는 좋은 사람들이 있다는 것을 강조하고 싶어요. 좋은 사람들, 특히 교수님, 사회의 선배들이 힘이 되어 주었어요. 돈도 명예도 아니고, 사람인 것 같아요. 참 좋은 사람을 그때그때마다 만난 것 같아요." 세상에는 그 무엇보다도 사람과 사람의 관계를 이어주는 만남의 축복이 가장 아름다운 것이다. 선생님은 한 사람, 한 사람과의 만남의 축복을 가장 소중히 생각하며, 또한 그것은 선생님에게 큰 에너지를 가져다 주는 것이다.

정신장애인의 사회복귀시설인 이 센터의 한 회원이 사회적응 훈련을 하기 위해 나갔을 때, 자신의 증상 때문에 자살을 했던 가슴 아픈 사연을 들려 주셨다. 그 일을 해결하고 보상하느라 아파트 한 채의 비용을 쓴 적이 있다고 했다. "아파트 때문에 마음이 아픈 것이 아니라, '내가 그 환자를 좀 더 잘 보았다면 그러지 않았을 텐데…….' 하는 아쉬움이 크죠. 내가 환자를 이해하지 못한 부분들, 잘 알지 못한 부분들이 있었던 것이잖아요."

주택청약금까지 깨어서 합의금을 주었을 때, 아내는 아무 말도 하지 않고, '실패를 두려워하면 성공할 수 없다.' 라는 말로 늘 선생님의 편에 서 주셨다고 한다. 선생님의 아내는 누구보다도 선생님을 신뢰하고, 적극적으로 지지하는 사람이었다. "저는 앞으로 실패할 일이 많이 있을 거라고 생각해요. 하지만 실패를 두려워하지 않아요. 이것은 아내가 준 힘이기도 해요." 실패는 선생님에게 두려움의 대상이 결코 아니었다. 스스로의 모습을 다시 돌아보며 전문적인 사회복지사로 현장에서 더 발전하는 모습으로 서기 위해서는 실패도 스스로를 다듬어지게 하기 위한 하나의 과정이 아닐까?

사회복지 현장에 있으면서 좋은 점은 무엇인지 물었다. "우리 회원이 취업이 되었을 때, 교육프로그램으로 대학에 합격했을 때, 취업한 회원이 양말 선물을 가지고 찾아왔을 때, 얼마나 기쁜 줄 아세요?" 이것을 느껴보지 않고서는 사회복지의 매력을 말할 수 없다는 선생님의 얼굴은 너무나 행복해 보였다. 다양한 분야에서 똑같은 일을 하고 월급을 받지만, "선생님 때문에 제 인생이 바뀌었어요."라는 말을 듣는 직업은 몇이나 될까? 이것이 사회복지의 장점이라고 했다. "물론 의사라는 직업도 사람을 살리는 직업이지만, 대신 우리는 마음을 나누잖아요. 그 마음이라는 것은 무언가 말로 표현할 수 없는, 서로 간의 마음이 오고 가는 것을 말하는 것이잖아요. 그렇기 때문에 저는 사회복지가 더 좋은 것 같아요." 이것은 사회복지와 타 전문직과의 차별성이기도 하다. 형식적인 거래인 주고받기가 아니라 사람의 마음과 마음이 전달될 수 있는 이심전심이라는 것을 사회복지에서는 눈만 보아도 안다고 했다. 이것은 말로 표현할 수 없고 글로 표현할 수 없는 인간관계에서 전해지는 '진정성'인 것이다.

『천천히 또박또박 그러나 악랄하게』(노혜경, 2003, 아웃사이더)는 선생님이 좋아하시는 책 제목이다. 현재에 가장 충실하고, '최선을 다하자.'라는 생각으로 사회복지 현장에서 전진하는 모습으로 살아가는 것이 가장 행복하다는 선생님의 말씀 뒤에는 선생님이 이런 가치관을 형성하며 자랄 수 있도록 크게 영향을 미친 어머니의 힘이 있었던 것을 알 수 있었다. 시골에서 태어나 동네의 궂은일도 마다하지 않고, 언제나 어려운 사람, 고민이 있는 사람을 안타깝게 여기시며 돌보셨던 어머니의 모습이 선생님은 너무나 존경스러워 보였다고 한다. 그 모습이 멋있어 보였고, 대단하시다는 생각을 했었기에 어머니가 보여 주셨던 모습들과, 언제나 들려 주셨던 말씀들이 지금도 많이 생각난다고 했다. "필요한 사람이 되었으면 좋겠다. 직업이나 배운 게 중요한 게 아니라 사회에 꼭 필요한 사람이 되어라."라고 하시는 어머니의 가치관과 가르침 속에서 자라 왔던 것이다. 어머니께서 사람들과 함께 더불어 살아가는 모습을 보면서 자신 또한 자연스럽게 타인에게 필요한 사람이 되고, 함께 살아가는 것에 대한 가치를 두게 되었다고 했다.

요즘은 공동체의식이나 연대감이 더욱 필요한 시기이며, 개인주의를 강조하기 보다는 '더불어 사는 사회'에 대한 가치가 부각되길 바란다고 했다. 사회복지사가 가지는 직업적인 특징은 혼자 살아가는 법보다 대인관계 증진과 사회적응훈련을 시키고 개발하는 것이라고 생각하며, 같이 살아가지 못하는 사람들을 같이 살아갈 수 있도록 이끌어 주는 것이 사회복지 실천의 가치라고 했다. 마음샘에 와 선생님을 만난 경험은 사회복지사가 가지고 있는 능력이 하나 더 있음을 깨닫게 했다. 사회복지사에게는 그 누구라도 아우를 수 있는 능력이 있다. 그것이 우리가 가진 기술이다. 그렇기에 우리는 함께 더불어 살아가는 것에 대한 소중함을 가장 잘 알고 있는 것이다. 지식의 습득도 중요하지만, 그 지식은 실천 현장에서의 경험으로 이어져야 한다. 선생님도 겸임교수로 강의를 하면서 학생들에게 '실천 현장에서의 경험'이 가

다양한 분야에서 똑같은 일을 하고 월급을 받지만, "선생님 때문에 제 인생이 바뀌었어요."라는 말을 듣는 직업은 몇이나 될까? 이것이 사회복지의 장점이라고 했다. "물론 의사라는 직업도 사람을 살리는 직업이지만, 대신 우리는 마음을 나누잖아요. 그 마음이라는 것은 무언가 말로 표현할 수 없는, 서로 간의 마음이 오고 가는 것을 말하는 것이잖아요. 그렇기 때문에 저는 사회복지가 더 좋은 것 같아요."

사회복지사가 가지는 직업적인 특징은 혼자 살아가는 법보다 대인관계 증진과 사회적응훈련을 시키고 개발하는 것이라고 생각하며, 같이 살아가지 못하는 사람들을 같이 살아갈 수 있도록 이끌어 주는 것이 사회복지 실천의 가치라고 했다.

장 중요하다고 강조하신다고 했다. 하지만 이렇게 이야기를 해도 많은 학생들이 어떻게 경험을 해야 하는지를 잘 모른다며, 이런 과정의 방법들을 잘 알려주는 것이 중요하다고 했다. 학생들이 자신의 전공과목인 사회복지 분야에 많은 관심을 가지고, 사회복지 실습뿐 아니라 자원봉사 등을 통해 좀 더 값진 경험들을 하길 바란다고 당부했다.

선생님이 가르치는 학생들을 통해 현장에서의 부족한 부분을 더 많이 배우고 온다는 말씀 속에 자신과 함께 속한 이 사회복지 안에서 후배들에게 자신이 경험했던 모든 부분들을 가르쳐 주고 싶고 알려 주고 싶은 마음이 고스란히 전해진다. 어떤 이론이나 지식을 전해 주는 것보다 자신의 살아있는 경험을 전해 준다는 것은 마음을 내어 주는 것과 같은 것이다. 진정한 사회복지의 실현을 위해 종횡무진하며 후배들에게 좀 더 나은 근무 환경과 필요한 정보를 주기 위해 무던히도 애쓰고 계시는 선생님을 보면, 그 모습만으로도 사회복지사의 자부심을 느끼게 해 주었다. 후배의 눈으로 선생님과 같은 선배를 바라보는 것이 힘이 되었다.

이 현장에 오기 위한 준비를 하는 후배들에게 해 주고 싶은 말을 여쭈었다. 그러자 선생님은 진정한 용기와 자신감을 가지고 실천 현장으로 나오면 좋겠어요."라고 했다. 선생님은 항상 선배들에게 '진정한 용기, 진정한 자존감은 무엇일까?'라는 질문을 자주 한다고 했다. 용기의 반대는 만용, 진정한 자존감의 반대는 아집과 자기중심이다. 진정한 용기와 자신감은 상대방에 대한 배려부터 시작한다는 것을 매우 강조한다. 폭넓은 시야를 가졌으면 좋겠고, 그래서 외국여행 또한 많이 했으면 좋겠다고 했다.

사회복지 현장에서 가장 시급하게 해결해야 할 과제는 무엇이라고 생각하실까? 선생님은 지역 정신보건 사업에 활동하고 있는 사회복지사 중에는 물론 뜻을 두고 자신의 자리에서 많은 노력을 하고 있는 훌륭한 분들도 많지만, 국가사업이고 안정적이어서 그런지 적지 않은 사람들이 그곳에 안주하는 듯한 느낌을 받는다고 했다. "정신보건센터의 장은 대부분이 의사이고, 사회복귀시설의 장은 간호사, 임상심리사, 사회복지사예요. 그런데 많은 사회복지 후배들은 정신보건센터에 가려고 해요. 공조직이라서 안정되고 그 시간에만 일을 하면 되기 때문에 그런 생각들을 많이 하죠. 그런데 저는 자신이 하고 싶은 것을 하기 위해서는 스스로 CEO가 되어야 한다고 생각해요. 그래서 저는 좀 더 도전해 주길 바라죠. 의사와 일하는 것도 장점이 있고, 사회복지사가 자기의 시설과 기관을 가지고 일을 하는 것 또한 장점이 있거든요. 그래서 좀 더 사회복지 전문직으로 눈을 돌렸으면 좋겠어요. 그것이 기관의 장이 되어 일을 하는 게 아닐까 싶어요." 현장에서 현재의 편안한 업무에 안주 하지 않았으면 하는 간절한 소망이 느껴졌다. 병원에 안주하는 것이 아니라 좀 더 환자나 지역사회에 서비스를 줄 수 있는 위치에서 일할 수 있는 더 높은 이상을 가졌으면 좋겠다는 게 선생님의 바람이었다.

그리고 「정신보건법」이 개정되고 있는 가운데, 사회복지사의 의견보다는 의료진의 의견이 많이 반영되는 것은 안타까운 현실이라며, 많은 교수들이 정신보건 분야에 더 많은 관심과 지지를 해 주기를 부탁했다. “실천 현장에서 일하는 분들이 팀워크를 이루어서 우리 사회복지사들이 지켜야 할 것은 지킬 수 있는 그런 힘이 되었으면 좋겠어요.” 이런 부분에서도 사회복지 실천 현장에서 일하는 사회복지사들과 함께 팀워크를 이뤄 사회복지 분야의 역량이 강화되길 바라는 마음을 비추었다. 자신이 현재 지키고 있는 이 현장을 너무나 사랑하고 그곳에 필요한 것들을 너무나 잘 알기 때문에 당당한 목소리로 변화를 말씀하시는 모습에서 우리가 왜 사회복지를 공부하고 무엇을 위해 현장에 나가야 하는지를 다시 한번 깊이 있게 생각해 보는 기회였다.

사회복지사로서의 능력을 향상시키기 위해 개인적으로 하시는 일이 있는지 물었다. “저는 자기관리에 대한 것을 굉장히 강조해요. 기본적으로 자기관리를 하지 못하면 실패했다고 봐요.” 선생님이 스스로 노력하고 있고, 강조하는 부분은 다섯 가지였다. 첫 번째로 체력을 강조하였는데, 체력이 따라야 일을 할 수 있기 때문이다. 두 번째로는 사회복지의 패러다임이 바뀌면서 새로운 학문에 대한 공부와 외국어에 대한 공부를 끊임없이 한다고 했다. 세 번째로는 사람관리를 들으셨다. “저는 책 선물을 잘 해요. 그래서 저는 인연이 있는 사람에게 제가 읽고 좋은 책들을 1년에 한

사람과의 만남의 축복을 가장 소중히 생각하고,
그것이 에너지를 가져다 준다고 믿는 장명찬 원장님

권씩 보내는 것 같아요." 네 번째로 간접경험이 중요한데, 그것은 영화라고 하시며 자주 영화를 보신다고 했다. 다섯 번째로 회원들과 직접 프로그램을 기획한다고 했다. 지난 주에는 회원들과 함께 신안 앞바다에 2박 3일 동안 여행을 다녀왔다며, 그때의 추억을 회상했다. 이것은 소비자의 입장이 되어 보아야만, 소비자가 무엇을 이야기하는지 알 수 있기 때문이라고 했다.

현장에서 18년 동안의 시간을 보내며, 많은 것을 경험했겠지만, 선생님에게 사회복지란 어떻게 설명될 수 있을까? "무엇인가 간단명료하게 정의 내려질 수 없고, 내가 느끼는 감정을 어떻게 설명할 수가 없지만, 우리는 '알죠?' 하면 '네 알아요.'라고 하잖아요." 선생님의 말씀 속에 있는, '보람' 또는 '기쁨'이란 단어로도 표현할 수 없는 '그것' 때문에 많은 사람들이 현장을 떠나지 않고 그 자리를 지키고 있는 것이 아닐까? 또한 정신보건은 보이거나 드러나지 않는 무언가가 현장에 머무르게 하고 사회복지를 있게 하는 이유가 된다. 아마도 그 이유는 눈으로 보이지는 않지만 느낄 수는 있는 마음이 아닐까 짐작해 본다.

장명찬 선생님은……

강남대학교 사회사업학과 졸업 / 대구대학교 대학원 사회복지학 석사 / 용인정신병원 정신보건사회복지사 / 마음샘정신재활센터 원장(현)

사 · 회 · 복 · 지 · 사 · 들 · 의 · 희 · 망 · 이 · 야 · 기

PART. 4 상담 · 노인 · 여성

그 사람이 존재할 수 있게 희망을 전해 주는 메신저
김윤주, 솔루션센터

사람이 변한다는 것을 기쁨으로
류재룡, 대전유성구노인복지관

여성과 가족의 행복지수를 높이는 거장
박현경, 서울시여성가족재단

그 사람이 존재할 수 있게 희망을 전해 주는 메신저

김윤주 | 솔루션센터 부소장

추운 날씨였지만 이전부터 관심을 갖고 있었던 솔루션센터의 부소장님과의 만남은 나의 발걸음을 설레게 했다. 약속시간보다 조금 일찍 도착한 나는 기대감 때문인지 연구실에서 김윤주 선생님을 기다리는 시간이 더디게만 느껴졌다. 초인종이 울리고, 한손에 한과를 가득 들고 웃으며 인사하는 선생님의 모습에 얼었던 몸까지 녹아드는 것 같았다.

세상에 웃음 바이러스라는 것이 있다면 아마도 김윤주 선생님을 통해 퍼져 가지 않을까 싶다. “모두들 행복해지기 위해 살아가잖아요. 저도 좋아하는 것, 중요하게 생각하는 것, 의미 있게 생각하는 것에 즐거움을 가지고 일해요. 일을 하며 누구를 돕는다는 것보다 일을 하면서 제가 즐겁고 행복하고 기뻐요.”라고 삶의 가치를 이야기하는 선생님의 얼굴에는 함박웃음이 가득했다. 나는 ‘무엇이 그렇게 즐겁고 행복할까?’라는 궁금증과 함께 시간이 흐

를수록 선생님의 밝은 기운 속으로 점점 빠져들었다.

현재 솔루션센터에서 해결중심모델 실천을 실무자에게 교육하며 클라이언트를 만나는 일을 하는 선생님이 사회복지사로서의 삶을 시작한 것은 30대부터였다. 심리학을 전공하던 여대생 시절부터 학생운동과 사회운동 등에 참여하면서 사회를 향한 관심이 자연스럽게 사회복지로 이어지게 되었다. "처음에는 가족체계에 관심을 가졌고, 가족의 문제들을 어떻게 도울 수 있을지 고민하다가 사회복지를 하면 하고 싶은 일을 할 수 있겠다고 생각했죠." 처음에는 가족에 대한 마음으로 가족치료를 배우기도 하셨지만 선생님의 끝없는 고민은 사그라지지 않았는데, 선생님의 탐구와 열정은 해결중심 실천모델과 만나면서 활활 불타오르게 되었다고 했다. "해결중심 실천모델을 만나면서 많은 의문들이 사라졌어요. 제가 평소에 사람에 대해 가졌던 생각과 사회복지의 가치가 굉장히 부합하는 면이 많았어요. 해결중심 실천모델은 방법론적인 틀로 고정되어 있는 게 아니라, 항상 새롭게 쓸 수 있다는 것, 즉 완성이 아니라 언제나 진행형이라는 것이죠. 이런 부분이 저랑 참 잘 맞아서 앞으로도 재미있게 할 수 있을 것 같아요." 짧은 시간 동안 선생님의 이야기를 들으며 그토록 선생님을 웃게 만드는 비밀이 해결중심 실천에 있는 것이 아닐까 짐작할 수 있었다.

도대체 해결중심의 어떤 면이 기쁨에 찰 만큼 신나게 일할 수 있게 만드는 것일까? 선생님은 여전히 웃으시며 대답했다. "문제중심이 아니라 해결중심이기 때문이죠. 사람을 있는 그대로 본다는 것은 굉장히 중요해요. 그대로 본다는 것은 존재 자체가 가지는 고유한 특성과 능력이 무엇인지를 발견하게 하기 때문이죠. 해결중심은 그 사람이 처한 문제 상황과 환경이 아니라, 그 사람이 그 환경 속에서 존재하는 그대로를 인정하고, 함께하는 가운데 희망을 가지게 되죠. 계속 노력하는 거예요." 선생님의 이야기를 들으면서 지난번 서점에 들려 우연히 보았던 한 시집의 제목이 떠올랐다. '있는 그대로가 아름답습니다.' 있는 그대로, 존재 자체의 존귀함을 인정해 줄 수 있다는 것은 쉬운 일이 아닐 것이다. 하지만 만약 지금의 내가 부족하지만 나의 존재 자체를 귀중하게 여겨 주는 사람이 있다면 힘든 상황에 있더라도 다시 한번 일어설 수 있는 힘을 얻게 될 것이다. 사회복지사와 클라이언트와의 관계가 이와 같은 경우라는 생각이 들었다. 사회복지사가 클라이언트를 대할 때 어떻게 해야 하는지에 대한 질문에 대해, "사람이 살면서 존재 자체가 소중하고 존중받아야 한다는 것은 사회복지에서만 강조하는 가치는 아니죠. 클라이언트가 처한 문제에 초점을 두는 것이 아니라 클라이언트의 모습을 인정하고 존중하는 것이 무엇보다 중요한 가치라는 인식과 실천이 어렵게 느껴지지만, 이것은 사회복지사가 지속적으로 배우고 성숙해 가는 과정이 될 수 있기에 좋은 것 같아요."라고 말했다. 클라이언트에게 서비

"문제중심이 아니라 해결중심이기 때문이죠. 사람을 있는 그대로 본다는 것은 굉장히 중요해요. 그대로 본다는 것은 존재 자체가 가지는 고유한 특성과 능력이 무엇인지를 발견하게 하기 때문이죠. 해결중심은 그 사람이 처한 문제 상황과 환경이 아니라, 그 사람이 그 환경 속에서 존재하는 그대로를 인정하고, 함께하는 가운데 희망을 가지게 되죠. 계속 노력하는 거예요."

사회복지사는 사람의 존재 자체를 이해하고 바라봐야 한다고 강조하시는 김윤주 부소장님

스를 제공하는 사람으로 살아가는, 사회복지사들에게 사람의 존재 자체를 이해하고 바라봐야 한다는 것은 깊이 있게 생각해 봐야 할 문제라고 전해 주는 듯하다.

"해결중심 실천을 하는 워커들이 만나는 클라이언트들의 상황은 다른 사례에 비해 더 나은 처지가 아니에요. 해결중심 실천 모델을 가지고 일하는 사회복지사들은 클라이언트들로부터 힘을 얻고 그들과 함께 해결을 위해 나아가는 것이기 때문에 더 즐겁게 일하게 되고, 실천 과정이 많이 달라요."라고 해결중심 실천을 했을 때 좋은 점을 이야기했다. 이런 모습이야말로 우리가 꿈꾸는 사회복지사의 모습이 아닐까? 사회복지사로서 클라이언트의 힘을 믿어 주고 변화할 수 있도록 도와주며, 동역자로서 함께하는 것, 작은 관점의 차이가 큰 실천의 변화를 가져올 수 있다는 것을 느낄 수 있었다. 선생님의 이야기 속에 빠져 천천히 듣고 있다보면, 선생님 안의 특별한 무언가를 발견하게 된다. 김윤주 선생님을 인생의 모든 순간순간 속에서 배우고 성장해 가는 능력을 지닌 사람이라고 표현하고 싶다.

선생님의 자기계발 노력은 다른 데 있지 않다. 책을 읽거나 드라마를 보는 중에, 일하는 과정 중에서 접하는 경험들이 선생님의 교과서가 된다. "사회복지가 사람들의 관계 속에서 함께하는 과정을 중요하게 생각한다면, 일하면서 클라이언트를 통해 배울 수 있어요. 소설이나 드라마를 보면서도 사건이 아니라 인간관계에 초점을 둔다면 관계성에 대해 배울 수 있어요. 사람은 저마다 다른 삶을 살기 때문에 사람의 관계도 각기 색이 다르죠. 세상의 모든 것이 제게는 다 배우는 기회예요. 동물에게도 배울 것이 있어요. 처음에는 실수도 많았지만 키우다보면 의사소통하게 되고, 함께 지내는 법을 배우게 돼요." 세상의 모든 순간이 배움의 장인 선생님에게는 이 세상이 모두 즐거움으로 다가오는 듯했다.

정체된 사회복지가 아니라 움직이며 한정지을 수 없는 사회복지를 강조하시는 김윤주 부소장

힘든 사회복지 실천 현장에서 선생님이 즐겁게 일할 수 있는 원동력은 해결중심 실천은 물론이고 또한 현장에서 클라이언트와 함께하는 시간이라고 했다. 솔루션센터의 업무 특성상 주로 실무자들과 만나는 일이 더 잦지만, 가능하면 현장에서 클라이언트와 함께할 기회를 가지려고 노력한다고 했다. "클라이언트를 만날 기회가 많으면 그 속에서 새로운 것을 배울 수 있는 기회가 많아지는 것이라 좋아요. 저는 일이 재미없어지면 못하는데, 계속할 일이 있고 배울 수 있기에 즐겁게 일할 수 있었다고 생각해요."

일하면서 가장 보람 있었던 일 역시 선생님에게는 '배움과 성장'이었다. "클라이언트와 실무자가 변하는 것을 봤을 때 좋죠. 누군가를 도와주어서라기보다는 제가 클라이언트와 함께 성장하고 변화해 나가니까 좋아요. 자라나는 나무를 볼 때 좋은 것처럼요. 혼자는 재미없는데 함께 성장해 간다는 것은 참 좋아요. 참 보람된 일 아닌가요?" 선생님은 너무나 해맑은 모습으로 성장과 배움에 대해 즐겁게 이야기했다. 매일매일 순간마다 배움으로 가득하다면 선생님은 다른 어떤 사람들보다 더 많은 것을 흡수하고 성장해 가는 사람일 것이다. "인생의 반은 배우는 것이고, 그 나머지는 사랑하는 것이다."라는 글처럼 살아가는 분이 바로 선생님이라는 생각이 들었다.

긍정적이고 적극적인 선생님의 매력에 빠져갈 때쯤 우리의 대화는 자연스럽게 사회복지에 대한 더 깊은 이야기로 흘러가고 있었다. 사회복지의 전문성에 대해 이야기를 하면서 선생님은 다시 한번 '관계'의 중요성에 대해 설명했다. "사회복지는 한 사람의 내적인 한 부분에 초점을 두는 것이 아니라 환경 속의 인간, 전체를 다 보는 것이 중요해요. 결국 모두 관계 속에 있다고 생각해요. 만약 관계를 생각한다면 정체성에 대한 고민 없이 일할 수 있을 것 같아요." 앞서 이야기한 것처럼 선생님은 클라이언트와의 관계, 소설이나 드라마 속 주인공들의 관계를 통해 배울 수 있다고 했는데, 그것은 사회복지에서 무엇보다 중요한 것이 관계성이라는 것을 증명하는 것이기도 했다. "아무도 사람의 관계에 관심을 갖지 않아요. 하지만 사회복지사들은 관계성에 지속적인 관심을 가져

왔고, 변화를 위해 함께 나아가죠." 단지 사회복지가 물량 공세를 하는 것이 아니라 클라이언트가 만나는 사람과 환경이 어떤 관계에 있는지, 그 관계속에서 어떻게 살아가고 있는지, 그 관계를 통해 조금 더 변화될 수 있는 부분이 무엇인지 생각하고 함께 고민해 주는 것이 선생님이 이야기하는 관계중심의 사회복지가 아닌가 싶다.

"사회복지가 진짜 사회복지를 할 수 있었으면 좋겠어요. 그냥 세상의 유행을 좇아가는 건 아니라고 생각해요. 홍보와 자기 PR이 중요한 시대이지만, 사회복지는 홍보를 해서 사람들이 많이 올 수 있는 곳은 아니죠. 지역사회복지관이 지역주민과 아주 밀착되어 일을 할 때 그렇게 많은 홍보물이 필요할까요? 지역사회복지관이 지역주민에게 살아가는 데 얼마나 도움이 되고 필요한 곳이라고 느끼게 하는 것이 중요한데, 단지 얼마나 많은 서비스를 얼마나 많은 사람에게 주었느냐를 평가한다면 악순환이 계속 되는 것이죠. 소리를 내야 하는 것은 현장이에요. 어쩔 수 없어 계속 그 틀에 따라가다 보면 그 통제를 벗어날 수 없죠. 사실 안타까운 것은 사회복지사들이 현장에서 애쓴 만큼 보람을 느끼지 못해요. 스스로 변화를 찾아 나아가면 좋겠어요. 시작을 남 탓에서 하는 것이 아니라

"사회복지는 한 사람의 내적인 한 부분에 초점을 두는 것이 아니라 환경 속의 인간, 전체를 다 보는 것이 중요해요. 결국 모두 관계 속에 있다고 생각해요. 만약 관계를 생각한다면 정체성에 대한 고민 없이 일할 수 있을 것 같아요."

자신이 지금 무엇을 조금 다르게 함으로써 '내가 할 수 있는 것으로 최대의 효과를 낼 수 있을까?'라고 생각하며 시도하는 것이 중요해요." 선생님은 조심스러우면서도 아주 명확한 목소리로 현재 사회복지의 과제에 대해 이야기했다. 당장이라도 무엇인가 해야 할 것 같은, 그리고 할 수 있을 것 같은 열정이 내게도 옮겨졌다.

선생님은 사회복지는 변해 가고 발전해 가는 과정에 있다고 말했다. "모두가 변해야 함을 인식하고 있고 관심을 가지고 있다면 모든 것이 더 나아지고 있는 과정이죠." 선생님이 말하는 사회복지는 정체된 사회복지가 아닌 나아가고 움직이며 한정지을 수 없는 사회복지였다. 이러한 선생님의 시각이 자연스럽게 현장에 희망을 가져다 주는 듯했다.

"사람이 태어나면서 한순간도 숨을 멈추지 않는 게 살아가고 있는 거잖아요. 제가 해 나가는 게 그렇다고 생각해요. 자연스럽게 알아 가고 배워 가는 것이 좋죠. 하나하나 알아 가는 것, 살아가고 있다는 대단한 힘이죠." 똑똑한 사람은 노력하는 사람을 이길 수 없고, 노력하는 사람은 즐기는 사람을 이길 수 없다고 한다. 사회복지와 자기 주어진 일에 즐거움과 열정으로 고민하고 자연스럽게 성장해 가는 선생님을 그 누가 이길 수 있을까? 선생님과의 짧은 만남이었지만 긍정적인 힘과 희망을 느낄 수 있었던 시간이었다.

김원숙 선생님은……

연세대학교 심리학과 졸업 / 가톨릭대학교 대학원 사회복지학과 석사 / 한라종합사회복지관 상담팀장 / 솔루션센터 부소장(현)

사람이 변한다는 것을 기쁨으로

류재룡 | 대전유성구노인복지관장

대전의 중심가에서 한참이나 벗어나자 시원스럽게 펼쳐진 주위 풍경과 나무들은 '역시 서울과는 다르구나!' 하는 생각이 절로 들 만큼 정겨움이 느껴졌다. 탁 트인 시야를 통해 한눈에 대전유성구노인복지관을 알아볼 수 있었다. 현관문 앞으로 두 명의 어르신이 재미있는 이야기를 하시는지 웃으며 지나가신다. 반갑게 맞아 주는 사무실의 직원 분들과 인사를 하고, 관장님이 계신 곳으로 안내받았다. 푸근한 인상을 풍기는 류재룡 관장님의 미소는 누구를 만나더라도 덩달아 기쁨을 느끼게 하는 인상이었다. 갑자기 궁금한 점이 떠올랐다. 관장님은 사회복지를 어떻게 시작하신 걸까?

"신학대를 다니며 교육전도사를 하던 때, 막노동을 하신 분들의 헌금으로 월급을 받는 나를 보며 그분들을 위해서 할 수 있는 일이 무엇일까를 고민했습니다." 책상 아래를 바라보며 말씀하시는 류재룡 관장님의 목소리는 작고 고요하지만 강한 느낌으로 다가왔다. 고등학교를 졸업하고 처음으로 청각장애인들을 만났다는 관장님은 봉사활동을 하며 자신이 무엇을 위해 힘써야 하는지 결심하였다고 했다. "제가 사실은 목사이면서 사회복지 일을 하고 있는데, 신학교를 다니며 교육 전도사를 하던 때 청각장애인들을 만났어요. 저는 헌금을 통해서 약소한 월급을 받았는데, 우연히 청각장애인들이 헌금 내는 것을 봤어요. 그들의 삶을 보니까 거의 막노동에 가까운 생활을 하면서 헌금을 하고, 나는 그 헌금으로 월급을 받는다는 것이 용납되지 않더라고요." 그래서 관장님은 돈 벌 생각을 하였다고 했다. 청각장애인들이 어렵게 번 돈을 받는다는 것은 스스로 수용할 수 없을 만큼 답답한 일이었다. 청각장애인들을 위한 사역을 하기 위해서는 무엇보다 전문적인 지식이 필요했기에 대학 진학을 결심했고, 처음에는 특수교육과를 생각했지만 여의치 않아 사회복지를 공부하게 되었다고 했다. "사회복지는 청각장애인을 돕기 위해 시작하게 됐죠. 결국 그때 청각장애인을 돕는 방법이 뭘까 고민했던 것이 직접적인 동기가 된 거예요."

이러한 관장님의 마음속에 어떤 가치관이 담겨 있을까? "우리의 삶은 자기를 나누어 주는 것이 아닐까요? 자기라고 하는 부분은 돈, 시간, 지식 등 모든 것들이 포함되어 결국 자기를 끊임없이 남에게 나누어 주는 것, 성경적으로 말하면 섬기는 삶, 낮아지는 삶이죠." 우리 인생의 목표나 가치를 서로 나누다보면 이 사회가 밝아지지 않을까 하는 마음이 항상 마음속에 자리 잡고 있다고 했다. 추상적인 '사랑'이라는 단어는 결국 자신이 가진 물질, 가치관, 마음을 끊임없이 나누어 주는 삶을 실천하는 것이라고 했다. 사회복지사 역시 이런 나누어 주는 것에 익숙해져야 한다고 강조했다. 관장님은 그것을 영성이라고 표현하는데, 머릿속에만 머무르는 영성보다는 구체적으로 실천하는 것이 중요하다고 생각했다. "실천하지 않은 영성은 죽은 것이나 마찬가지라고 봐요. 어떤 일을 할 때 그런 모습이 너무도 자연스럽게 나타날 수 있을 만큼 훈련되어야 하죠." 나누어 주는 것이 너무도 자연스럽고 그것이 우리의 삶이 되는 것이 사회복지사가 갖춰야 할 모습이라고 했다.

지역네트워크가 다른 전문직과 비교해
매력 있음을 강조하는 류재룡 관장

진지하게 대화하던 관장님이 환한 미소를 보이시며 다음의 말을 했다. "〈마태복음〉 6장 3절에 '오른손이 하는 일을 왼손이 모르게 하라.'라는 말이 있는데, 어떤 분이 말하기를, 그걸 모를 수가 없다네요. 우리가 숨을 쉴 때, 그것을 인식하지 못하는 경우가 많죠. 우리가 숨을 쉬는지 안 쉬는지 모르잖아요. 그런데 내가 병들었을 때, 숨 쉬는 게 힘들고 어려울 때 알게 되죠." 결국 관장님의 요지는 사회복지는 우리가 하고도 모를 만큼 너무도 익숙해지는 것이라는 말이다. 지극히 자연스럽기 때문에 내가 인식하지도 못하고, 의도하지 않고도 자연스럽게 남을 돕게 되는 마음, 그것이 곧 사회복지사가 가지고 있어야 할 마음이라는 것이다. "내가 주고 있다는 걸 의식하는 것 자체가 이미 병들어 있는 것 아닌가요. 나눔의 생활이 사회복지사에게 자연스러운 것은 남이 보건 안 보건, 일을 하면서도 내가 좋은 일을 하는 건지 모를 정도의 자연스러움이 몸에 밴 생활이 되어야 하지 않을까요." 이것이 관장님의 또 다른 가치관이며 동시에 사회복지사로서의 가치관이다.

◉ 관장님이 살아오면서 터득하게 된 열 가지 인생관

첫째, 나는 현재가 가장 행복한 사람이다.

둘째, 나는 항상 긍정적으로 생각한다.

셋째, 이 시간이 가장 중요한 시간이다.

넷째, 내가 하는 일이 가장 좋은 일이다.

다섯째, 나의 미래는 현재에 달려 있다.

여섯째, 나는 항상 프레임을 바꾸는 사람이다.

일곱째, 나는 가족에게 가장 소중한 사람이다.

여덟째, 나는 돈보다 사람을 사랑하는 사람이다.

아홉째, 현재 내가 만난 사람이 가장 소중한 사람이다.

열째, 무엇인가 시도하라, 하지 않고 후회하는 것보다 낫다.

"사회복지사의 삶이 조금은 어렵고 힘들며 때로는 대접을 잘 받지 못할지라도 현재가 행복하다고 생각해야 합니다. 그걸 못 느끼는 사람은 미래에도 행복을 느끼지 못해요." 지금까지 관장님이 현장에 몸을 담으면서 직업으로서의 사회복지에 대한 첫 번째 인생관은 행복에 관한 것이었다. 어떤 사람은 하루를 똑같은 일상의 연속으로 무료하게 보냈고, 또 다른 어떤 이는 오늘을 마지막 삶으로 여기고 최선을 다했다면, 똑같은 시간을 보냈어도 전혀 다른 결과가 나타났을 것이다. 관장님은 주어진 시간을 마지막처럼 소중히 여기는 분이다. 동시에 관장님은 긍정적으로 생각하며 지금 보내는 시간이 정말 중요하다는 것을 생각하라고 했다. 미래를 어떻게 바꾸느냐 역시 지금은 어떻게 보내느냐에 따라 달라진다는 것을 유념해야 한다고 했다.

특히 물질적인 부분을 중요시하며 사람과 복지를 부수적인 것으로 생각하는 풍조에 대해 관장님은 "사람을 사랑하다보면 돈은 따라옵니다."라며 사람에 대한 애정을 가질 것을 당부했다. 사회복지사들은 이 점을 더욱 유념해야 하는데, 돈을 먼저 사랑하는 사람은 물질에 사로잡혀 마음이 멀어질 것을 우려했다. "테레사 수녀도 인도에 들어갈 때 수녀복 한 벌, 성경책 한 권이었어요. 그런데 그녀가 헌신하는 모습을 보며 그녀를 돕는 자원봉사자가 생기고 전 세계적으로 돕고자 하는 많은 기관이 생겼듯이, 결국 뜨거운 사랑이 먼저이지 돈이 먼저가 아니에요. 우리가 사회복지를 할 때도 '돈이 없어서 사회복지도 못한다.'는 것이 아니라 정말 이웃을 사랑한다면 진정 최선을 다해 일을 해야 해요."라고 하며, 자신이 만난 사람들 모두 소중하다는 생각을 가져야 한다고 했다.

또한 실패를 하더라도 끊임없이 시도하는 게 행복한 것이라며, 끊임없이 노력하는 사회복지사가 되어야 한다고 했다. "물질보다 사람을 사랑하다보면 그 클라이언트의 작은 변화로 보람과 참된 가치를 느끼는데, 이런 과정이 사회복지를 꼭 붙들게 해요. 사실

현재 경제적인 조건이나 급여 등을 생각하면 복지 현장에서 일할 수 없지만, 돈보다 소중한 것, 내가 소중한 것을 하고 있다는 것, 사람이 변한다는 것, 그리고 이런 변화들의 기쁨이 뭔지 알기 때문에 그 매력에 빠져서 여기에 계속 몸담고 있어요." 직업으로서 정체감에 대해서, 사회복지사에 대해서 많은 사람들이 공감과 우려의 양가감정을 나타내지만, 힘들고 척박하고 대접받지 못하는 일이 많음에도 끊임없이 자기 분야에서 노력하는 것이 필요하지 않을까.

사회복지가 갖는 특성에 대해 관장님은 "중풍환자는 혈관이 손상되어 피가 흐르지 못하고 막히잖아요. 신경막이 손상 입어 마비가 오면 그 마비된 기능을 회복하도록 연결해 주는 역할을 통해서 사람이 살아나잖아요. 결국 이 사회가 뭔가 병들어 있는 것을 찾아서 기관과 기관, 학문과 학문 간을 잘 연결해 줘서 사회가 잘 돌아갈 수 있도록 해 주는 역할, 이게 사회복지사만이 지니는 특수성이면서 전문성이라 생각해요." 이런 점에서 사회복지사는 네트워크를 잘 형성해야 한다고 덧붙였다. "클라이언트와의 상담만으로 그치는 것이 아니라 클라이언트와 연결되어 있는 체계들, 즉 가정, 학교, 지역사회와의 네트워크 안에서 어떻게 해결할 수 있을까를 고민해야 합니다." 이런 네트워크를 위해서 신뢰감과 전문성을 쌓아야 하고, 사회복지사에 의해 지역사회가 변화하는 것에서부터

사람이 변한다는 기쁨이 무엇인지 알고
각종 교육에 몰입하는 류재룡 관장

지역주민이 스스로 자기 문제를 발견하고, 지역주민이 스스로 조직해서 지역 문제를 해결할 수 있도록 역량을 강화시켜 주는 것, 이런 점에서 사회복지가 다른 전문직과 비교해 더욱 매력 있다고 강조했다.

관장님은 자기계발을 위해서 지속적인 노력을 하였고, 그 가운데 박사과정을 마쳤다. 지속적인 노력을 하며, 꿈을 실현시키기 위해 끊임없이 현장 속에서 일을 만들어 갔으며, 그런 노력의 일환으로 '지역 네트워크'를 만들었다.

사회복지를 공부하는 후배들에게 꼭 당부하고 싶은 것은 사회복지사는 다른 사람에게 나누어 주는 삶을 살아야 하기에 자기를 포기하는 훈련을 해야 한다는 것이다. "세상 사람들이 생각하는 성공의 기준과 반대로 가는 것이기 때문에, 돈을 벌려고 했다면 다른 것을 했어야 하고, 사회복지 자체가 나누는 일들을 전문성 있게 하는 것이기에 사회복지가 처한 환경, 현실 속에서 돈보다는 자기를 끊임없이 나누어 주려고 하는 마음가짐이 필요해요. 그리고 사회복지에 대한 전문가로서의 훈련이 잘 이루어져야 하죠. 그리고 공부하는 사람이라면 본인이 관심을 갖는 현장에 대한 경험이 필요해요."라며, 학문과 연계한 현장의 경험이 중요하며

결국 이 사회가 뭔가 병들어 있는 것을 찾아서 기관과 기관, 학문과 학문 간을 잘 연결해 줘서 사회가 잘 돌아갈 수 있도록 해 주는 역할, 이게 사회복지사만이 지니는 특수성이면서 전문성이라 생각해요." 이런 점에서 사회복지사는 네트워크를 잘 형성해야 한다고 덧붙였다.

현장에 뿌리를 둔 사회복지사가 되어야 한다고 강조했다.

현재 시급하게 해결해야 할 사회복지 현장의 과제로 세 가지를 언급했다. 첫째, '맨파워 형성'이다. 사회복지사가 국가를 변화시켜 가는 힘이 부족한 것이 상당히 아쉬운 부분이라고 하며, "바람직한 방향으로 헌신과 봉사를 계속 하면서도 정책을 변화시키거나 국가를 변화시키는 힘은 여전히 약해요. 이런 측면에서 사회복지사의 맨파워 형성이 필요하죠. 이 사회를 건강하게 만들어 갈 수 있는 힘의 주체가 되어 가는 게 가장 중요하다고 생각해요." 둘째, 사회복지사의 처우 문제다. 현 정부 들어서 사회복지 예산이 더욱 삭감되었는데, 사회복지의 현실이 좀 더 반영되었으면 하는 아쉬움이 든다고 했다. 셋째, 고령화 사회에 대한 대비다. "노인복지의 큰 관건은 고령화를 어떻게 해결할 것인가예요. 5~10년 후에 다가올 시대는 지금 현재 노인복지 기준으로서는 힘들고, 이제는 사회자체가 변화를 가져올 시기이기 때문에 그 시기에 맞는 노인복지의 패러다임을 만드는 것이 관건이지요. 노인복지는 건강보험, 노령연금을 주는 게 아니고 어르신들이 일할 수 있는 체계를 만들어 주는 것이죠. '고령화 사회에 따른 패러다임의 전환이 필요한데 이걸 어떻게 할 수 있을까?' 이런 준비들이 가장 필요하다는 생각을 하죠." 이런 점에서 사회복지의 미래는 저출산, 고령화 시대의 대비와 함께 다문화 가정, 탈북자 문제가 큰 쟁점이 될 것이라는 점에서 많은 고민을 해야 한다고 했다. 다른 한편으로 시장의 원리로 복지를 풀어 가려는 것 역시 우려가 된다고 했다.

정말 열정적으로 활동하시는 관장님을 대하면서 이분은 다시 태어나도 사회복지를 하실 것 같았다. "저는 끊임없이 나누어 주는 삶을 지향하기 때문에 그 일이 사회복지건 신학이건 타 학문이건, 끊임없이 남과 더불어 나누어 주는 정신이 바탕이 되는 일을 했을 것이기에 결국 사회복지와 더불어 나누며 살아가려고 노력할 겁니다." 이렇게 나누어 주는 삶을 강조하시는 관장님에게 가장 기억에 남는 일은 '네트워크' 라는 민간 사단법인을 만든 것이라고 한다. "지역주민 스스로 지역의 문제를 해결해야 한다는 게 제가 가진 이상이었어요. 그 이상을 가진 곳이 '네트워크'죠. 대전 지역에 이것을 만드는 데 3년이라는 시간이 걸렸어요."라며 처음 '네트워크'를 만들려고 할 때, 정치적 마음을 품은 것으로 오해도 많이 받았다고 했다. "제가 노인복지를 해서 한 기관만 또는 노인복지만 잘 되어야 한다는 게 아닙니다. 한 기관은 세포이고, 그 세포를 연결하는 시스템이 잘 구축되어야 하기에 지역은 한 시스템으로 운영되어야 합니다."라고 말하는 관장님의 모습에서 자신을 낮추고 나보다 다른 사람을 존중하는 마음이 어떤 것인지 더욱 느낄 수 있었다.

"저는 끊임없이 나누어 주는 삶을 지향하기 때문에 그 일이 사회복지건 신학이건 타 학문이건, 끊임없이 남과 더불어 나누어 주는 정신이 바탕이 되는 일을 했을 것이기에 결국 사회복지와 더불어 나누며 살아가려고 노력할 겁니다."

유재봉 선생님은……

대구대학교 사회복지학과 졸업 / 숭실대학교 대학원 사회사업학 석사 / 한남대학교 대학원 사회복지학 박사 / 대전월평종합사회복지관 부장 / 대전유성구노인복지관장(현)

여성과 가족의 행복지수를 높이는 거장

박현경 | 서울시여성가족재단 대표이사

서울시 대방동에 위치한 여성가족재단은 사회복지 현장에서 요구되는 많은 행사와 교육이 진행되는, 잘 알려진 곳이기에 찾아가는 길이 참 익숙했다. 여성과 가족을 위한 친화적 문화예술 공간인 여성플라자 건물에 들어가 이사실로 향했다. 아직 회의가 끝나지 않은 관계로 박현경 선생님을 기다리는 동안 여성플라자를 구석구석 돌아보면서 유익하게 시간을 보낼 수 있었다.

연수실과 사무실, 놀이터, 동아리실, 회의실, 스포츠센터, 국제회의장 등 많은 행사 기반 시설들이 갖추어져 있었고, 170여 명이 동시에 이용할 수 있는 숙박시설 또한 마련되어 있는 이곳에서는 여성들의 사회 · 문화 참여를 활성화하고 있었다. 연일 많은 행사와 연수가 이곳에서 열리는 중에, 오늘은 특별히 1층에서 열리고 있는 '여성작가 날개달기 프로젝트전'을 관람하며 선생님을 기다렸다.

잠시 후 연락을 받고 이사실로 올라가니, 선생님께서 미안하다는 말과 함께 반가운 마음으로 맞아 주셨다. 후덕한 인상과 부드러운 말투 때문에 대표이사를 만나러 온 것이 아니라 마치 오래전부터 알고 지낸 선생님을 뵈러 온 듯한 편안함이 느껴졌다.

우리가 다양한 매체를 통해서 이곳을 접할 수 있었지만, 정확히 여성가족재단에서 하는 일과 선생님이 하시는 일에 대해 궁금했다. "서울시여성가족재단은 서울시가 여성의 권익과 여성이 활동을 하는 모든 것에 있어서 평등하게 자기의 뜻을 펼치도록 지원하는 기관이에요. 남녀 불평등을 개선하기 위해서 우리나라에서는 「여성발전기본법」이라는 것이 만들어졌고, 그 태동으로 여성개발원이 1983년에 생겼어요. 저는 태화에 있다가 1984년부터 1990년까지 여성개발원에서 일했어요. 그래서 여러 가지 불평등한 요소들, 예를 들어 교육적인 면이 부족하다면 교육을 시켜야 하고, 호주제를 바꿀 필요가 있다면 바꿔야 하고, 여성을 인사에서 소외시키는 고용상의 불평등을 겪고 있다면 이를 해결하는 등등 여러 가지 요소들이 많잖아요. 그런 일들을 조정하고 남녀의 차별이 생기지 않도록 하는 일을 해 오고 있어요."

여성의 권익과 활동을 지원하는 과정에서 서울시가 여성정책관실이라는 것을 만들었는데, 이 기관의 지원사업으로 많은 연구와 교육을 담당하는 여성가족재단이 설립된 것이다. 이곳은 여성단체, 교육 연수실이 다양하게 있고, 40% 할인해서 이용할 수 있도록 하고 있다. 그리고 여성리더십교육을 비롯한 교육프로그램이 다양하게 마련되어 있다. 공무원이 정책을 결정하는 데 여성의 관점에서 정책이 결정될 수 있도록 의식을 바꾸는 교육도 한다. 2007년부터는 정책연구를 통해 연구보고서를 썼으며, 서울시에 있는 정책 중에 여성이나 가족을 지원해야 하는 정책의 필요성과 정책결정과 시행이 어떻게 이루어지고 있는지에 대해 연구하고 있다.

선생님은 어떻게 이곳에서 일하게 되었을까? "이곳에 오기 직전에는 강원도 보건복지여성국 국장을 했어요. 그래서 강원도 전역에 보건, 의료, 복지 각 기관들 전체를 관장하는 일을 했구요. 여성문제 관련 분야도 관장하다가 이쪽으로 왔어요. 그전에는 공무원이 아닌데 개방형으로 강원도에 가서 2년 동안 일을 하다가 여기 와서 4년째 일하고 있어요. 보통 3년쯤 심혈을 기울여 일을 하다보면 어느 단계까지 일이 성장하게 되어요. 그렇게 하다보면 그 단계에서는 어느 정도 마무리가 되고 또 다른 제안이 있으면, 그쪽 현장에 달려가서 일을 만들어 내고 그랬어요. 그래서 이번에는 거의 마지막이라 생각하고 이곳 여성가족재단에 왔어요. 돌이켜 보면 여러 직장에서 경험을 했지만, 어떤 일이든지 긍정적으로 한 단계 높이는 일에 관심을 두고 일을 해 왔어요. 하지만 모든 일은 사람, 특히 여성을 주제로 하는 것을 계속 다루어 왔던 것 같아요." 사실 이곳은 선생님에게 15번째 직장이다. 어떤 사람은 한 직장에서 끝까지 그 일만을 추구하는가 하면, 박현경 선생님 경우에는 여러 방면에서 여러 가지 경험을 해 왔다. 하지만 어떠한 일을 하든지 진심으로 정성을 다하는 것이 중요하고, 다른 사람에게 채워져야 할 부분이 보이면 그 간격을 메우면서 협력하는 것을 강조했다.

선생님의 가치관은 무엇인지 여쭈어 보니 선생님은 사람 중심의 복지가 최우선의 가치라고 했다. 사람의 장점을 최대한 살릴 수 있도록 뒷받침하는 일이 자신의 사명이라고 했다. "주로 나를 내세우기보다는, 많은 사람들이 장점을 가지고 있지만 또 보완되어야 할 점이 있잖아요. 그것을 살짝 받쳐 주면 사람은 굉장히 다른 방면으로 성장하는 것 같아요. 그러면서 현장이 조금씩 발전되는 것을 제가 느끼거든요. 그런 것을 낙으로 삼으면서 일을 하고 있어요."

인자한 선생님의 모습이지만 일하는 면에서는 추진력이 남다르다는 기사를 읽은 적이 있다. 그래서 젊은 시절부터 번개라는 애칭이 붙여졌고, 한번 시작한 일은 끝까지 하는 워커홀릭임을 감추지 않는다고 했다. 내가 직접 만난 선생님은 슈퍼우먼이었다. 아침부터 각종 회의와 산적한 업무를 다하고, 마칠 시간이 되었는데 지방을 내려가야 한다고 했다. 자신이 마땅히 해야 할 일들이라 생각하며, 모든 것을 기쁨으로 하나하나 감당해 내는 모습에서 인자한 성품 속에서 나오는 카리스마 또한 느낄 수 있었다.

다른 분야와 사회복지와의 차별성은 무엇이라고 생각하실까? 선생님은 사회복지는 에너지를 주는 것부터 남다르다고 했다. "다른 전문직 같은 경우에는 자기의 고유한 것을 중요시 하지만, 사회복지직은 다른 사람들에게 에너지를 주는 것이기에 그 어느 직종과도 비교할 수 없는 무궁한 것이 있어요. 그래서 저는 이쪽 현장 일을 하면서도 내가 교육을 받는다든지 네트워크를 갖는다던가

하면서 내 자신에 대해서도 투자를 하며 지내 왔지요."

스스로를 위해서 선생님은 어떠한 노력을 할까? 선생님이 생각하는 공부란 책을 통한 것이기보다는 인간관계를 맺어가는 것이었다. 이것은 마음공부도 되고, 관계에 대한 공부도 된다고 했다. 이것을 하기 위해서 과감히 필요한 과정에 들어가 배우기도 하면서 아낌없이 뛰어다녔다는 선생님은, 1남 2녀를 키우는 엄마이지만, 일을 위해서라면 직장이 끝나고 밤늦게까지 시간을 투자했다. 이렇게 시간을 투자하면서 때로는 아이들이 엄마가 늦도록 일을 하는 모습에 섭섭해하지 않았을까 하는 생각이 들었지만, 다른 사람을 위해 뛰어다니며 큰 사랑을 전하고 애쓰시는 어머니의 모습을 보고 자라서인지 쌍둥이 딸 중 한 명은 사회복지 공부를 하고 있다고 했다.

선생님을 사회복지 현장에 있게 하는 원동력은 무엇일까? 사회복지는 이론적인 것도 중요하지만, 현장에서 살아 움직여서 변화를 일으키고, 변화를 바로 볼 수 있는 것이 좋다고 했다. 생동감 있게 많은 변화를 이끌어 낼 수 있고 어려운 이들을 위한 정책 제안을 하며 여러 가지 방법을 통해 변화를 얻어 낼 수 있기 때문에 현장이 굉장히 중요하

"다른 전문직 같은 경우에는 자기의 고유한 것을 중요시 하지만, 사회복지직은 다른 사람들에게 에너지를 주는 것이기에 그 어느 직종과도 비교할 수 없는 무궁한 것이 있어요."

다고 했다.

20년 가까이 여성 사업에 매진해 온 선생님이 생각하시는 아쉬운 점이 무엇인지 묻자, 결혼 이후 직장을 그만두었던 여성들이 다시 직업을 구하려고 해도 쉽지 않다는 것을 지적했다. 지속적인 직업훈련을 해도 이 점만은 쉽지 않다며, 연구를 진행하면서 고민하는 부분이라고 했다. 결혼 후에 여성은 가사와 육아로 직장을 그만두는 경우가 많다. 지금은 조금 나아지긴 했지만, 예전에는 기혼여성의 취업이 거의 불가능했다. 그리고 그 여성이 다시 삶의 현장을 뛰어들기까지 많은 것들을 내려놓고 새롭게 결단하며 일을 시작하려 하지만, 그 쉽지 않은 현장 속에서 좌절하는 경우가 많다. 이를 볼 때마다 선생님도 고민하고 안타까웠다고 했다.

현장에서의 과제에 대해 선생님은 우리나라 사회복지 현장이 굉장히 열악하다고 했다. 그중에서도 사회복지사의 처우가 특히 열악한 실정이다. 제도적으로는 1급 사회복지사와 2급 사회복지사의 문제를 어떻게 풀어나가야 할지가 관건이라 했다.

우리 사회에서 여성과 관련된 이슈가 빨리 사라지는 것이 좋은 것이라고 했다. 가족과 관련해서는 새롭게 눈을 떠야 한다며, 기존의 가족에 대한 생각들이 많이 바뀔 수밖에 없는 상황으로 나

이론적인 것도 중요하지만, 현장에서 살아 움직여서 변화를 일으키고, 변화를 바로 볼 수 있는 것이 좋다고 했다. 생동감 있게 많은 변화를 이끌어 낼 수 있고 어려운 이들을 위한 정책 제안을 하며 여러 가지 방법을 통해 변화를 얻어 낼 수 있기 때문에 현장은 굉장히 중요하다고 했다.

여성과 관련된 이슈가
빨리 사라지길 바라는 박현경 이사

아가고 있다고 했다. "다문화 가정이 물밀 듯이 생기고, 가정 내에서도 혈연만이 가족이라고 볼 수 없는 문제들도 있고, 그래서 우리가 가족에 대한 눈을 열고 새로운 것을 만들어 내야 하고, 세대 간에 의사소통 또한 어떻게 풀어야 할지에 대해 많은 생각이 듭니다. 또한 출산율이 줄어들고 있는 가운데 우리도 저출산에 관한 연구를 하고 있어요. 이러한 것을 어떻게 풀어가야 할지 고민이 돼요. 여성들이 결혼하지 않고 자기 일을 하다 보니 혼사가 늦어지는데, 이것을 어떻게 풀어야 할지가 우리 재단과 사회의 과제가 아닐까 생각이 듭니다." 여성의 목소리가 높아지고, 가족의 기능이 약해지고 있으며, 다문화 가정이 많이 생겨나는 지금, 여성 그리고 가족과 관련된 풀어가야 할 과제들이 많다.

마지막으로 선생님이 후배들에게 들려 주고 싶은 말씀은 여성 또는 가족의 분야에서 더 나아가 국제사회에서 사회복지를 할 수 있는 무한한 가능성이 열렸기 때문에 국제사회에 대한 관심과 진출이 있어야 된다고 했다. "한동안 일본이 국제사회에 대한 관심을 많이 가졌는데, 이제 우리나라 젊은이들도 관심을 갖기 시작했어요. 물론 국내의 빈곤문제 등을 임상실천과 제도를 통해 풀어

가는 것도 중요하지만, 국제적으로도 많은 관심을 가졌으면 좋겠어요."

여성과 가족의 행복지수를 높이는 데 노력을 쏟는 박현경 선생님을 만나고 돌아오면서 자신의 일을 사랑하고, 자신이 필요한 곳에 어떻게 서 있어야 하는지를 분명히 알고 행하시는 선생님의 모습이 아름답게 가슴속에 새겨졌다.

박현경 선생님은……

이화여자대학교 사회사업학과 졸업 / 이화여자대학교 대학원 사회복지학 석사 / 강원도 보건복지여성국장 / 서울시여성가족재단 대표이사(현)

사 · 회 · 복 · 지 · 사 · 들 · 의 · 희 · 망 · 이 · 야 · 기

PART. 5 지역

나눔과 소통의 자연주의 사회복지사
김세진, 복지공작소 '우리동네'

정직한 사회복지사
김유심, 연세대학교 가양4종합사회복지관

복지는 투입한 대로 산출되지 않아요
표선숙, 은평종합사회복지관

나눔과 소통의 자연주의 사회복지사

김세진 | 복지공작소 '우리동네' 소장

대학로를 걷는 길이 이처럼 설레였던 적이 있었을까? 궁금함과 많은 기대감 속에 김세진 사회복지사를 만나러 갔다. 선생님의 첫 인상은 누구라도 쉽게 말을 건네고 대화하고픈 푸근한 모습이었다. 열정을 바탕으로 뜨거운 가슴을 가진 사회복지사가 되어야 한다는 선생님의 당부는 한겨울 추위를 느낄 수 없을 만큼 훈훈함을 주었다. 사회복지사라면 기본적으로 갖추어야 할 덕목이 무엇이냐는 질문에, "어떤 일을 도모하든지 진실된 마음으로 다가가 이야기하면 뜻이 통하게 되어 있어요. 누구나 뜻 맞는 사람을 찾게 되죠. 그렇게 만난 사람과 함께 일하면 못할 일이 없게 됩니다. 사회복지사는 사람을 대하는 기술이 필요한 것이 아니라 진실된 마음으로 사람을 만나고 소통하려는 자세가 필요합니다. 어려운 이웃도 사회복지사가 자신을 방법론적인 기술로 대하는지, 진심 어린 마음으로 대하는지, 즉 자신을 얼마나 존중해 주는지 금방 알게 됩니다. 우리 사회복지사들에게 가장 기본적인 이야기이면서도 쉽게 놓치는 것이기도 합니다."라고 했다. 그렇기 때문에 '진정성'이 중요하다고 말하는 선생님의 말 속에서 어려운 사람들을 향한 진정한 마음이 얼마나 중요한지 느낄 수 있었다.

철학자 하이데거의 '기술이란 모든 존재자들로 하여금 자신의 고유한 특성을 현출(顯出)하도록 돕는 것' (김기석[2007]. 길은 사람에게로 향한다. 청림출판사)이라는 말을 인용하며, 닭이 알을 잘 낳도록 좋은 환경을 만들어 주고, 땅이 소산물을 잘 낼 수 있도록 지심을 북돋아 주는 것처럼, 우리가 실천해야 하는 진정성이 어려운 이웃에게 웃음을 줄 수 있는 일종의 기술이 아닐까 하는 말을 전했다. 안타깝게도 지금 우리의 현실은 어려운 이웃을 둘러싼 많은 환경적 요소가 있음에도 불구하고, 개인의 문제점에 초점을 둔 병리적 관점으로 어려움에 처한 이웃을 사회부적응자로 인식하고 있다. 어려움에 처한 이들을 쉽게 서비스가 필요한 수급대상자로 생각하는 점과 자발적인 나눔 공동체가 되기 어렵게 하는 양적 서비스 확대라는 구조가 가져올 폐해, 즉 자연스러운 이웃 공동체의 토대를 무너뜨리는 것에 대해 사회복지사들에게 책임을 물을지도 모른다는 우려의 목소리도 곁들였다.

따라서 사회복지사가 실천하면서 중요하게 생각해야 할 점은 관점의 전환, 즉 어려운 이웃의 문제를 사회복지사가 직접 해결하는 것이 필요하기도 하지만 가능하면 한 동네에 사는 이웃이 함께할 수 있도록 고민하면서 주변 환경의 개선을 통해 어려움에 처한 이웃에게 다가갈 수 있도록 근본적 바탕을 만들고, 그 어려움을 지혜롭게 이겨 낼 수 있도록 조금 거들고 기다리는 것이 사회복지사들의 실천 '기술'이라고 말했다. 이는 어려운 이웃들이 느끼는 어려움의 본질을 '관계의 단절'에서 오는 것으로 이해하기 때문이라고 했다. 그렇기에 '관계'로 상황을 이해하고 풀어가는 것은 어려움 자체를 부정하거나 문제로 바라보는 것이 아니라 사람은 누구나 그런 상황을 겪을 수 있고 그 어려움이 오히려 삶을 조화롭게 이루는 '필요'일 수도 있다는 인식이 필요하며, 그러한 것이 바로 사람을 '대상'이 아닌 '생명'으로 보는 관점의 시작이라고 강조했다. "중요한 것은 사회구성원 모두 소중한 존재이며 사람과 사람이 어떻게 관계를 하느냐에 달려 있어요. 어느 한 쪽에서 부족한 부분이 있을지 모르나 또 다른 방면에서 그 사람이 가진 역할이 있기 때문에 사회복지사는 강점의 관점을 바탕으로 세상을 바라봐야 합니다."라며, 이것이 사회복지 실천에서 중요하게 지켜져야 할 가치라고 했다.

지금까지 선생님이 사회복지 현장에서 계속 남아 일을 할 수 있게 한 원동력은 '자연주의 사회복지'라고 했다. 바쁘게 열심히만 일하는 것이 중요한 것이 아니라, 어느 곳을 향할지 먼저 정하고 느리더라도 우직하게 그 길로 나아가는 것이 중요하다고 했다. 오히려 길을 잘못 들었다면 빨리 갈수록 되돌아와야 하는 길이 깊어지는 것과 같은 이치다. "자연주의 사회복지는 제게 씨앗과 같습니다. 해바라기 씨앗은 산 위에 심어도 해바라기가 될 것이고 나무 아래 심어도 해바라기가 될 것 아닙니까. 어떤 땅에 심어졌는지에 따라 색깔이나 키가 달라질 수는 있겠지요. 하지만 콩 심은 데 콩 나는 법입니다. 배운 대로 실천했을 뿐이니 그 열매는 제 것이 아닙니다. 오히려 저는 편하게 행한 것입니다. 그런 점에서 저의 첫 근무지인 방아골 복지관은 저에게 화분과도 같습니다." 라며, 그 길을 만들어 주고, 홀씨를 뿌려 준 사회복지 정보원, 한덕연 선생님과 좋은 토양이 되어 준 방아골 복지관에 감사하다는 겸손의 말을 전했다.

'치열한 현장에 더 가까이 있고 싶다.'며, 그것이 사회복지를 위한 뜨거운 마음을 유지할 수 있게 해 준다는 선생님의 말 속에서 사회복지 실천의 '진정성'에 대해 생각해 볼 수 있었다. "동네에서 이웃을 위해 좋은 일을 한다며 사람들이 다 모이는 곳이 사회복지기관 아닙니까. 좋은 사람들을 많이 만날 수 있는 직업이니 이처럼 감사한 일이 또 어디 있을까요. 좋은 일을 한다는 칭찬도 받으면서 월급도 받으니 감사하고 또 감사할 뿐입니다."라고 말하는 선생님은 이것이 현장에서 일하는 가장 좋은 점이며, 젊은 사회복지사일수록 더 현장에 밀착해 있어야 한다고 목소리를 높였다. "복지관이 지역에 있다고 해서 지역사회 안에 있는 것은 아닙니다. 하루의 대부분을 책상 앞에서, 동료들과만 보내는 사회복지사에게는 미래가 없습니다. 이웃이 친구일 수 없고, 지역이 현장일 수 없습니다. 저는 발바닥이 닳도록 열심히 지역사회를 누비는 사람에게서 희망을 발견합니다. 사회복지사의 정신은 발바닥에서 시작되는 것이지요."

다른 직업에 비해 사회복지가 갖는 특성으로는, "누군가는 나눔을 소통케 해야 합니다."라며, 그것이 사회복지가 갖는 고유함이라고 말했다. 이것은 “지역사회 전체를 바라보는 뜨거운 마음으로 지역사회의 공생성과 지역사회 공동체를 살려내기 위한 노력과 고민을 하며, 어려운 분들 앞에 도움을 줄 수 있는 사람이 바로 사회복지사입니다.”라고 말하는 것에서 사회복지의 필요성까지도 생각해 볼 수 있었다.

선생님은 한 가지 사례를 통해 나눔의 중요성을 설명했다. “제가 일하는 동네에는 손재주는 좋으나 술 때문에 직업을 얻지 못하고 수급자로 정부보조금을 받아 생활하시는 아저씨가 계십니다. 제 부탁으로 아저씨는 근처에 혼자 지내시는 할머니 댁의 형광등을 손봐 주셨습니다. 또 인심 좋은 사장님이 운영하시는 중화요리집도 있는데, 사장님은 아저씨의 사정을 듣고 식당에서 김치를 담글 때마다 아저씨와 근처에 혼자 지내시는 할머니께 전해드리고 있습니다. 아저씨는 감사하다며 시간이 날 때마다 중화요리집 전단지를 아저씨의 집 근처에 붙여 주시곤 하셨습니다. 할머니는 가진 재물도 기술도 없어 나눌 것이 없지만, 김치를 나눠 주시는 중화요리집 사장님과 형광등을 손봐 주셨던 아저씨를 위해 매주 시간을 정해 놓고 기도하신다고 합니다. 나눔이란 이런

발바닥이 닳도록 열심히 지역사회를 누비며
희망을 발견하는 김세진 소장

것이라 생각합니다. 거창하지는 않아도 자신의 삶터에서, 일터에서 자신이 할 수 있는 만큼 실천하는 것 말입니다. 주거니 받거니, 일방적인 나눔이 아니라 각자의 모습 그대로 서로 필요가 되는 관계로 맺어지는 것, 이런 모습이 바로 우리가 살고 싶은 동네의 모습일 것입니다."

선생님은 덧붙여서 다음과 같이 말했다. "이러한 일들이 이루어지려면 누군가는 지역사회 곳곳을 누비며 누가 어려움에 처해 있는지, 누가 이웃을 위해 나누고 싶은 마음을 가지고 있는지 살피고 기억했다가 주선하고 관계를 맺게 해야 하는데, 바로 이러한 일을 직업으로 하는 사람이 사회복지사라 생각합니다. 프랑스의 휴머니스트 피에르 신부는 어릴 적 아버지와 함께 거지와 부랑자의 이발을 도와주다 오히려 욕을 먹었던 일을 떠올리며 어려운 이웃을 보살필 자격을 갖추는 것이 얼마나 어려운지에 대해 깨달았다고 합니다. 지금 우리는 예전과 같은 마을공동체에서 생활하는 것이 아니니 타인의 선행이 정말 그에게 도움이 되는 것인지 아니면 차라리 그냥 지켜보기만 하는 것이 그를 위함인지 고민되는 것은 당연하겠지요. 그렇기에 그러한 일들을 도맡아 주선하는 사람들이 나타나게 되었고, 그들이 바로 사회복지사입니다." 선생님의 이 이야기가 바로 사회복지의 필요성과 고유성을 동시에 나타낸다고 생각했다. 사회복지사 스스로 자신의 정체성을 고민하며, 소진되는 과정을 바라보고, '위기가 우리의 정체성을 찾아가는 과정'이라며 처음의 뜻대로 나아가자는 말을 하고 싶었다고 했다.

자기계발을 위한 노력으로 선생님은, 첫째, 끊임없는 공부라고 말했다. 그 일환으로 지인들, 사회복지를 전공하는 대학생, 실무자들과 함께 도전하고 격려와 지지를 나누며 긍정적인 기운을 강화하기 위해 2004년부터 '꿈지락'이라는 학습모임을 만들어 진행하고 있다고 했다. 모임을 통해 회원 꿈쟁이들과의 우정 쌓기, 책 읽기를 통한 마음 쌓기, 스승과의 만남을 통해 소망 쌓기로 마음 가득 꿈을 품고, 그 꿈을 실현하기 위한 지혜를 얻기 위해 노력하며, 매 순간 즐거움으로 임하는 참사람이 되고자 노력하는 것을 주된 목적으로 삼고 있다고 했다. 특히, "사회복지 현장에서 마주하게 될 다양한 어려움 속에서 처음에 품었던 그 첫 마음을 잃지 않고 옳다고 생각하는 대로 꾸준히 오래도록 밀고 나가기 위해서는 뜻을 함께하는 동료들이 있어야 합니다. 함께 울고 웃을 동료들과의 사귐을 통해 지지하고 자극받고 도전받으면서 성장할 수 있습니다."라며, 뜻을 함께하는 복지휴먼네트워크가 '꿈지락'이라고 했다. 또 다른 모임으로 2006년부터 사회복지 실천 현장 중에서도 '어려운 이웃을 직접 찾아가 만나는 일, 지역사회보호사업'을 하는 팀장 정도의 경력을 가진 사회복지사들과의 모임인 '나마스테복지포럼'을 시작하

"나눔이란 이런 것이라 생각합니다. 거창하지는 않아도 자신의 삶터에서, 일터에서 자신이 할 수 있는 만큼 실천하는 것 말입니다. 주거니 받거니, 일방적인 나눔이 아니라 각자의 모습 그대로 서로 필요가 되는 관계로 맺어지는 것, 이런 모습이 바로 우리가 살고 싶은 동네의 모습일 것입니다."

여 현재까지 진행하고 있다고 했다. 이 모임은 현장에서 어떻게 감동을 줄 수 있는지 각자의 실천 사례를 공유하고 확산하기 위해 모임이 필요하다고 느껴 시작한 것이라고 했다.

둘째, 지속적인 기록을 통해 지난 일들을 정리하고 성찰하면서 새로운 힘을 얻고 그 힘으로 다시 앞을 향해 나아갈 수 있는 측면에서 기록의 중요성을 말했다. 사회복지사는 인식, 실천, 재인식의 피드백 과정을 반복해야 하고, 그렇기 때문에 하루, 한 주, 한 달, 일 년을 정리하고 기록하고 그것을 바탕으로 성찰하여 이후에 반영해야 한다고 했다.

셋째, 건강이다. "건강은 미래를 사는 사람의 첫 번째 일입니다. 몸이 상하면 열정과 투혼도 사라지기 쉽습니다. 건강한 생활은 선택이 아니라 의무이지요. 저는 아내와 함께 태권도를 수련하고 있습니다."라며, 많은 외국생활, 여행 속에서 다른 나라 사람들과 소통하기에 태권도는 좋은 구실이 되었다고 했다. "그 사람의 건강한 생활을 보면 그의 잠재력과 미래가 보인다는 어느 시인의 말처럼 일상 속의 꾸준한 건강관리는 저와 우리 가족, 나아가 어려운 이웃에게 긍정의 힘을 전해야 하는 사회복지사에게 꼭 필요한 것입니다."라며, 자기발전을 위한 노력을 실천하고 있다고 했다.

사회복지사가 되고자 하는 후배들에게 해 주고 싶은 이야기를 하기에는 아직 자신이 충고하거나 가르칠 나이가 아니며, 무엇이든 거침없이 실천해야 할 시기라며 언급을 자제했다. 그럼에도 불구하고 꼭 해 주고 싶은 이야기라면, "사회복지 현장을 넓게 봤으면 좋겠습니다."였다. 무위당 장일순 선생의 '나락 한 알 속에 우주가 있다.'는 말을 인용하며 "동그란 지구를 각각의 사람들이 파고 들어가면 결국 만나는 한 지점이 있을 것입니다. 계속 파고 들어가면 만나는 지점이 있겠죠. 어느 곳에서 땅을 파기를 시작했더라도 만나는 지점은 같을 것입니다. 이것을 통해 관점의 다양성을 말하고 싶어요. 바라보는 관점이 다르기 때문에 서로를 이해하지 못하는 것이며, 이런 점에서 사회복지를 공부하는 학생들은 복지 분야 이외에 인문학, 사회과학 분야에 대한 많은 학문적 소양이 있었으면 좋겠습니다."라고 말했다. 사회의 흐름을 이해하지 못하고 어려운 사람들을 도울 수 없으며, 이는 다양한 분야에서의 지식이 축적되었을 때 사회복지 실천에 많은 도움이 될 것이라며, 미래의 후배들에게 당부의 말을 전했다.

모든 사회복지 진실은
현장에 있음을 강조하는 김세진 소장

지역사회을 기반으로 활동하는 사회복지사로서, 현장에서 보다 나은 사회복지 실천을 위한 개선점은 '지역공동체'를 살려 내는 일에 있다고 했다. "단편적이고 시혜 차원의 나눔 활동을 넘어서 참사랑의 나눔에 대한 고민이 필요한 시점이에요. 개인이 바뀌면 그가 속한 지역사회가 바뀌고, 지역사회가 바뀌면 사회가 바뀔 수 있어요. 사회의 변화는 한 사람의 개인에서 시작되는 것입니다. 한 사람의 참된 나눔 활동이 지역사회의 공동체성, 공생성을 살려 낼 수 있죠."라며, 특히 지역사회복지관은 백화점식 서비스를 지양해야 한다고 지적했다.

그런 점에서 지역복지관은 정체성을 명확히 해야 하고 최소한으로 몸집을 줄이는 노력이 필요하다고 했다. 이는 복지관이 가진 게 없을 때 지역사회와 소통이 원활하고, 자발적 가난을 선택함으로써 어려움을 겪는 분들이 자기 이웃에게 의지하기 시작하며, 그것으로 묻혀 있었던 지역의 자원을 찾는 길이 될 수 있기 때문이라고 했다. "저는 개인적으로 기금마련을 위한 공모를 안 했으면 좋겠어요. 외부 자원에 의지하게 되면 지역사회 안에서 자원을 찾지 않게 되죠. 지역 안에 좋은 자원들이 얼마나 많습니까? 이것이 바로 지역사회 복지관이 해야 할 일입니다. 공생성을 살리는 것에 초점을 두고 지역사회를 살려야 해요."라고 하는 말 속에서 2007년 방아골종합사회복지관에서 파견 나온 형식으로 지역의 반지하에 사무실을 마련하여 지역사회를 위해 노력했던 모습을 상상해 볼 수 있었다.

"공동체가 다시 회복되면 이웃 사이의 나눔, 도움, 협력은 자연스럽게 마땅히 일어나게 되어 있어요."라며, 사회복지사로서 자부심을 갖고 평범한 지역주민이 자연스럽게 나눔 활동에 참여할 수

"사람들이 파고 들어가면 결국 만나는 한 지점이 있을 것입니다. 계속 파고 들어가면 만나는 지점이 있겠죠. 어느 곳에서 땅을 파기를 시작했더라도 만나는 지점은 같을 것입니다. 이것을 통해 관점의 다양성을 말하고 싶어요. 바라보는 관점이 다르기 때문에 서로를 이해하지 못하는 것이며, 이런 점에서 사회복지를 공부하는 학생들은 복지 분야 이외에 인문학, 사회과학 분야에 대한 많은 학문적 소양이 있었으면 좋겠습니다."

있도록 주선하고 뜻이 통하는 분들과 모임을 이루거나, 이미 잘 이루어진 모임에 찾아가 다른 이들을 위한 활동을 부탁하는 일 등을 실천하고 있는 선생님은 이것이 지역사회를 위해 해결해야 할 과제라고 생각했다.

그리고 장기적인 관점에서 사회복지가 지향해야 할 방향성과 개선점에 대해 조심스럽게 이야기했다. "사회복지 서비스의 확대만을 오직 유일한 목표로 삼고 달려 가는 것은 위험해요. 자멸할 수 있습니다. 현 사회가 이렇게 된 것에 대해 사회복지사의 책임은 없어요. 하지만 앞으로도 계속 이렇게 실천한다면 그 책임에서 자유로워질 수 없습니다." 어느새 나이 드신 분들을 서비스 대상으로만 생각되게 되었다며, 재차 병리적 관점을 최소화하고 '진정성'을 회복하라고 말했다. 병리적 관점은 어려움에 처한 이들의 강점을 잘 보이지 않게 만든다며, 사회복지의 미래는 강점관점을 가지며 '관계를 통한 공동체성'을 지향해야 한다고 강조했다.

다시 태어나도 사회복지를 할 것인가 하는 질문에 대해 "당연히 해야죠. 좋은 사람들이 모이는 곳이 사회복지이며, 좋은 곳을 향해 나아가니까요. 어려움을 겪는 사람들 100명 중에서 단 한 사람만

"저는 개인적으로 기금마련을 위한 공모를 안 했으면 좋겠어요. 외부 자원에 의지하게 되면 지역사회 안에서 자원을 찾지 않게 되죠. 지역 안에 좋은 자원들이 얼마나 많습니까? 이것이 바로 지역사회 복지관이 해야 할 일입니다. 공생성을 살리는 것에 초점을 두고 지역사회를 살려야 해요."

이라도 그 어려움을 이겨 냈을 때 사회복지사로서 느끼는 기쁨은……." 이라며 말을 흐리는 선생님의 모습에서 그의 열정이 주위를 좀 더 따뜻한 기운으로 감싸고 있음을 느꼈다.

그의 기억 속에 사회복지사로서 가장 보람 있었던 때는 '도우기'라는 모임을 진행하면서 겪었던 한 일화라고 했다. 방학동 도깨비 시장 중간에 위치한 설비 가게에서 일요일 오전이면 동네 아버님들이 모인다. 모닝커피를 마시며 서로의 일상을 나누고, 누구의 집을 고쳐줄지를 회의하고, 오늘 살필 어르신 댁의 이야기를 나누는……, 그곳에 함께할 때 느끼는 가슴 벅참! 이것이 우리가 생각하는 마을, 우리 동네의 모습이며, 그들이 가진 것으로 누군가에게 힘이 되어주는 것이었고, 이것이 가장 기쁜 일이었다고 했다.

수치화하여 공식적으로 드러낼 수 있는 서비스가 아닌, 비공식적인 이웃과의 관계회복으로 다시 활기를 띠게 된 공동체의상호부조, 우애관계의 영역이 확대될 때 지역사회복지는 '회복' 될 수 있다. 선생님은 자원이 없어서 프로그램을 진행할 수가 없다는 말은 점차 사라져야 할 것이라며, '모든 진실은 현장에 있다.'는 말로 마무리했다.

김세진 선생님은……

한남대학교 사회복지학과 졸업 / 방아골종합사회복지관 사회복지사 / 복지공작소 '우리동네' 소장(현)

정직한 사회복지사

김유심 | 연세대학교 가양4종합사회복지관장

1985년 어느 여름 밤, 비행청소년을 대상으로 하는 야학에서 땀방울을 훔쳐 내며 학생들을 지도하는 한 여대생이 있었다. 10년도 훌쩍 넘은 1997년 가을, 사회복지 지원법인의 과장으로 장학금 지원 대상자 선정을 위해 고민하는 한 여성이 있었다. 2009년 1월 강서구 가양2동 가양4종합복지관 관장실에는 어떻게 하면 직원들과 복지관의 비전과 미션을 공유하고, 직원의 전문성을 키워 줄 것인가를 고민하는 한 관리자가 있다. 대학 때 자원봉사로 시작해서, 봉천동 산동네 사회복지사로, 사회복지 지원법인의 중간관리자로, 그리고 종합사회복지관의 관장으로. 20년이 넘는 세월 동안 사회복지 실천 현장을 지켜 온 그녀는 바로 김유심 관장님이다.

관장님을 만나러 가는 길은 설렘이 있었다. 가로수의 앙상한 가지만 남은 겨울이지만, 그날의 날씨는 참 따스했다. 그녀가 가진 가치관이 궁금했고, 복지관의 관장으로서 어떤 리더십을 가지고 복지관을 운영해 나가는지 궁금했다. 관장님은 처음 만났는데도 오랜 시간 알아온 지인을 반기듯 환한 웃음으로 맞이해 주었다.

인사와 소개를 하고, 바로 인터뷰를 시작하면서 관장님이 중요하게 생각하는 가치에 대해서 묻고 그 가치가 실천현장에서 어떻게 연결이 되는지에 대해서 물었다. 관장님에게 있어서 가장 중요한 가치는 하나님 안에서 삶의 의미를 찾는 것이다. 관장님의 인생 자체가 삶의 의미를 찾아가는 과정이라고 했다. 고등학교 시절 나환자촌 자원봉사활동을 하면서 자신의 작은 몸짓 하나가 나병으로 어려움을 겪는 사람에게 큰 기쁨이 되는 특별한 경험을 가졌다. 그런 작은 봉사가 사람의 상처나 어려움을 치유할 수 있다는 확신을 갖게 되면서 사회복지를 선택하게 되었다. 머리만이 아닌 실천하는 삶을 살고자 했던 어린 날의 생각들이 구체화되면서 사회복지사로서의 인생을 살아온 것, 석사과정에 진학하면서 사회복지가 아닌 상담을 택한 것, 박사과정 때 영성에 대한 관심과 빈곤층 여성 한부모에 대한 관심을 보태서 논문을 쓰게 된 것 역시 무언가 중요한 선택을 해야 할 시기가 왔음을 느낄 때마다, 하나님 안에서 자신의 삶의 의미를 찾고 도움이 필요한 누군가에게 도움을 주고자 하는 열망을 선택했던 결과물이라고 할 수 있다.

또한 관장님 삶의 실현을 위해 노력하는 중요한 가치는 정직이다. 가양4종합사회복지관장으로 취임하면서 직원들에게 약속한 것은 다름 아닌 정직이다. 정직이라는 가치는 개인뿐 아니라 조직문화나 구조 안에서 매우 중요한 역할을 하는 가치이기 때문이다. 실제로 가양4종합사회복지관에 근무하는 한 직원으로부터 "관장님은 복지관을 정직하고 투명하게 운영하기 위해 많은 노력을 하십니다."라는 이야기를 전해 들을 수 있었다. 20여 년 동안의 실천 현장 경험은 그것을 뼈저리게 느끼게 해 주었다. "사회복지를 해 오면서 원칙적으로 중요하게 생각했던 가치가 정직입니다. 아마도 처음 사회복지를 할 때 정직에 대한 모델을 보았기 때문에 계속해서 제 인생에 영향을 주는 것이 아닌가 싶습니다."

연세대학교 강서지역자활센터 제빵사업 자활공동체 개소식 인사를 하는 김유심 관장

관장님은 삶의 의미와 정직이라는 개인적 가치와 더불어 사회복지는 인간이 지니고 있는 각각의 가치, 인간에 대한 존중이 중요하고 이것이 큰 의미가 있다고 했다. 관장님에게 있어서 인간에 대한 존중은 '자신을 특별한 존재로 보고, 사랑하는 것' 에서 출발한다. 칠남매 중 여섯째로 태어난 관장님은 성장과정에서 늘 "나는 특별한 관심을 받지 못하는, 있으나 마나 한 존재"라는 열등감에 사로잡혀 있기도 했다. 하지만 성장하면서 만난 많은 사람들을 통해 자신이 얼마나 특별한 존재인지를 알고 느끼게 되면서 열등감이라는 굴레에서 벗어날 수 있었다고 했다. 한 예로 지난 2003년 관장님이 캐나다의 '마돈나 하우스'라는 가톨릭 공동체에서 만난 영성지도 신부님은 '다른 사람과 비교해서가 아니라

김유심이라는 사람만의 독특함으로도 매우 특별한 존재이고, 있는 모습 그대로 충분히 사랑받을 고귀한 존재' 라는 귀한 깨달음을 얻는 데 도움을 주셨다고 했다. 또한 그곳의 사람들도 관장님을 있는 모습 그대로 받아들여 주고, 사랑과 용서가 무엇인지 깨닫게 해 주었다고 했다. 그때의 경험들은 관장님 스스로를 특별한 사람으로 받아들일 수 있게 해 주었고, 모든 사람은 하느님께서 보내신 선물로 생각하게 만들어 주었다고 했다. 본인 스스로를 특별하게 바라보는 만큼, 다른 사람들을 특별한 존재로 바라보는 그의 시선이 바로 20여 년간 열정적인 사회복지사로의 삶을 유지할 수 있었고, 이것이 바로 '인간존중' 이라는 사회복지의 근본 정신을 지켜 나갈 수 있게 해 주는 동인이 되었다고 했다.

관장님은 사람에 대한 관계를 중요하게 생각한다. 사회복지 현장에서 일해 온 시간을 되돌아보면 자신이 무엇을 했다는 것보다 어떤 사람을 만났다는 것이 더 중요하게 느껴지고, 사람을 만날 때 그들과 관계를 맺고 자신의 어려움을 이겨내는 모습을 보면서 감동할 수 있다는 것이 사회복지사로서 살아오는 길에 큰 힘이 되었다고 했다. 그것이 계속해서 사회복지 실천 현장을 지킬 수 있게 한 원동력이라고 했다. 또한 대학 때 비행청소년 야학을 했던 기억을 되새겨 보면, 그때 함께했던 이들은 비록 비행청소년이지만 그들의 내면에 있는 것은 사랑에 대한 갈급한 마음이었고, 그들 안에 있는 따뜻한 마음을 볼 수 있었기 때문에 쉽게 실망하지 않고 그 일을 했던 것 같다고 말했다. 그와 더불어 사회복지를 처음 시작했던 봉천동에서는 관심이 클라이언트의 경제적인 면에 있었는데, 그 다음에는 심리·사회적인 면에, 지금은 영적인 것에 대한 관심으로 변화되어 왔고, 변화를 위해서 계속해서 노력하다보니 20년이 흘러간 것 같다고 했다.

사람을 만날 때 그들과 관계를 맺고 자신의 어려움을 이겨내는 모습을 보면서 감동할 수 있다는 것이 사회복지사로서 살아오는 길에 큰 힘이 되었다고 했다. 그것이 계속해서 사회복지 실천 현장을 지킬 수 있게 한 원동력이라고 했다.

이렇게 늘 클라이언트에게 더 좋은 서비스를 주기 위해 노력해 오신 관장님에게도 사회복지사로서의 한계를 느끼게 된 경험이 있었다. 봉천동에서 일할 때, 제도권 안에서 사회복지를 실천하고 있는 상황에서 빈민가 철거에 대해서 반대의 소리를 높이거나, 사회운동에 참여하는 데 어려움이 있었다고 했다. 클라이언트의 욕구에 대해서 민감하게 반응할 수 있는 기능이나 예산이 없어서도 많은 고민을 했다고 했다. 또한 실천 현장에서 5~6년 정도 되면 사회복지사가 클라이언트를 만나기보다는 행정적인 업무에만 치중하게 되는데, 이런 고민이 1992년 한세복지재단(현 이랜드 복지재단)으로 이직하는 계기가 되었고, 그곳에서의 경험이 한 기관의 관리자로서 역량을 발휘하는 데 많은 도움이 되었다고 했다.

사회복지사라는 직업이 다른 전문직과 어떻게 다르다고 생각하는지에 대한 물음에는, 사회복지는 클라이언트에 대한 관심과 존중에서 시작한다는 점에서 다른 학문과 그 출발점이 다르다고 했다. 따라서 사회복지사는 클라이언트의 문제에 대해 전인적 차원에서 접근하기 위해 자신에 대해 더욱 성찰하고 전문가로서 도울 수 있도록 노력해야 한다고 강조했다. 관장님 자신도 과거 봉천동 산동네에서 일하면서 어느 순간에 '내가 이들을 지원하는 교육비, 의료비 외에 김유심이라는 자체로 만났을 때 이들에게 정말 도움을 줄 수 있는 사람인가? 사회복지사로서 이들에게 무엇을 줄 수 있는가? 어떤 도움을 줄 수 있는가?' 라고 고민하고 자신을 돌아보는 가운데 석사, 박사과정을 통해 공부를 하게 되었고, 이론이 아닌 현장에서 무엇을 보아야 하고 어떻게 실천해야 할 것인가에 대해 고민하고, 또 그 고민을 해결하기 위해서 노력해 왔다고 한다. 관장이 된 그녀에게 클라이언트는 직원이다. 관장이 직접 클라이언트를 만나기보다는 조직 구조, 슈퍼비전, 직원 역량 등을 통해서 만나기 때문이다.

관장으로 부임하면서 가장 중요하게 생각하고 실행했던 것이 기관의 비전과 미션에 대한 공감대 형성에 관한 것이었다. 어떤 직원이라도 '비전과 미션' 이라는 원칙 안에서 행동할 때 가장 올바른 방향을 선택했다고 확신할 수 있는 가치를 공유하기 위해 직원교육을 실시했고, 필독서를 정해 읽은 다음 나누는 시간을 갖고 있다. 필독서 교육은 관장님이 이랜드 복지재단에 재

지역 내 빈곤아동을 돕기 위한 뒤뜰카페(앞줄 왼쪽)

직할 때 배운 것으로, 매달 책 한 권을 선정하여 직원들이 모두 읽고 '북 리뷰'를 제출하고 기관에 대한 비전을 적용하고 개인의 업무 안에서 적용할 수 있는 내용을 나누는 것이다. 관장 취임 첫 해에는 관장님이 주도했고, 그 이후로는 직원교육팀이 주도해서 할 수 있도록 했다. 이렇게 비전과 미션을 나누는 과정을 통해서 자신뿐만 아니라 직원들도 많이 성장하였다고 했다.

또 한 가지 중요하게 생각하는 것은, 직원들의 전문성 향상을 위해서 실시하는 연차 교육이다. 신입직원, 2~3년차, 4~5년차 중간관리자들 모임을 만들어서 그 안에서 각자의 지식과 노하우를 서로 공유하며 전문성을 키워 보자는 취지였다. 사회복지의 구조적인 측면에서 직급에 맞는 사람을 키울 수 있어야 하는데, 전문영역에서는 이 부분이 어려운 것 같다. 의사가 인턴, 레지던트, 전문의 과정을 거치면서 자기만의 전문성을 갖게 되는 것처럼, 대리, 과장, 부장이 되면서 자기만의 전문성을 갖추어야 하는데 그게 어렵다. 기관장이 되면서 그런 부분에 대해서 많이 생각을 하게 되고 구조적으로 마련해야겠다는 생각을 가지고 있지만, 많은 업무 속에서 그렇게 하기에 어려움이 있다. '바쁘다는 것 때문에 정말 중요한 것을 놓치고 있지 않은가?' 하고 생각하면서, 복지관 안에서 직원들이 중요한 것을 찾아갈 수 있는 노력을 구조적으로 가능케 해야 할 것이라고 생각하고 있다고 했다.

관장님은 직원들에 대한 칭찬도 잊지 않았다. 관장님이 보았을 때 가양4종합사회복지관 직원들의 강점은 자발성이라고 한다. 직원들의 자발성은 자신을 꼬장꼬장한 관리자가 아닌 함께 어울릴 수 있는 사람이 되게 한다고 했다. 직원들은 자기 영역에서 언제나 최선을 다하고 있고, 그들을 통해서 자신이 초기에 가졌던 열정을 떠올리게 되고 도전받게 된다고 했다. 직원에게 서비스를 해야 한다고 생각하는 리더가 얼마나 있을까? 직원을 관리의 대상으로 생각하지 않고 함께 어울리려는 리더는 얼마나 될까? 조직의 리더라는 자리 자체가 가지는 권위에다 스스로 세우는 권위까지 덧붙여 군림하기 쉬운 자리가 리더의 자리인데, 관장님은 그 권위를 의도적으로 내려놓고 직원들과 생각을 공유하고 그들과 삶을 나누려고 한다. 단순히 조직관리의 차원이 아닌 직원 개개인의 삶과 그들의 내적 성장에까지 관심을 보이는 성향이 직원들에게 불편을 주지 않을까 하며 고민하는 모습은 다른 데서 쉽게 찾아보기 어려운 리더의 모습이었다. 그녀는 이러한 자신의 모습이 그동안 실천 현장에서 좋은 리더를 만났고 그 리더들을 통해서 배운 것들이라고 이야기했다. 지금 좋은 서비스를 받고 있는 직원들이 관리자가 되었을 때 또 누군가에게 좋은 영향력을 주게 될 것을 생각하면서 또 다른 설렘을 갖게 되었다.

사회복지의 길을 걷는 후배들을 위한 조언을 구하자, 자신이 정말 무엇을 좋아하는지, 자신에게 의미가 있고 또 자신이 잘할 수 있는 것이 무엇인지를 끊임없이 자원봉사를 통해 점검해야 한다는 것을 강조했다. 학교에 다니면서 자원봉사하는 것이 가장 순수하게 클라이언트를 접할 수 있는 장이기 때문이다. 또한 현장에서 행할 수 있는 연구방법에 대해서 배운 후 실천 현장으로 들어왔으면 좋겠다는 바람도 이야기했다. 최근에는 복지관에서 프로그램을 잘 진행하는 것뿐만 아니라 그 프로그램이 얼마나 효과적이고 변화를 가져왔느냐를 평가하는 것이 중요해졌다. 프로그램을 개발하고 실시할 때도 문제에 대한 인식, 목적과 목표 및 프로그램에 대한 평가의 전 과정을 같이 가져가야 한다. 직원들의 연구보고서 발표를 통해서 느낀 것은 많은 재료와 아이템을 가지고 있는데 그것을 하나의 레시피로 같은 요리를 계속하고 있다는 느낌을 받게 된다는 것이다. 좋은 아이디어를 그에 맞는 실천 방법과 평가 방법을 사용해서 효과성을 검증할 수 있을 때 그 결과를 가지고 정책에 반영할 수 있도록 제안도 할 수 있기 때문에, 많이 고민하고 많이 배워서 실천 현장에 나올 수 있었으면 좋겠다는 바람을 이야기했다.

관장님이 바라본 우리나라의 사회복지는 사회적 필요가 있을 때 매우 소극적인 것 같다고 했다. 또한 현장의 입장이 반영되지 않은 채 정책이 세워지는 모습을 많이 보는데, 그에 따른 어려움들이 있다고 한다. 자활을 하고 싶어도 제도 안에서 하려면 많은 어려움이 따른다. 변화를 원하기는 하지만 기초생활수급제도가 주는 안정감을 잃을까 봐 두려움이 많고, 변화를 향한 마음을 제도가 묶어 버리고 있어서 자활사업에 투여되는 물적 · 인적 자원에 비해 그 효과성이 잘 드러나지 않는다고 생각한다했다. 서비스 대상자들의 이야기를 듣고 그들이 원하는 것이 무엇인지에 대한 관심을 갖고 정책을 세우고 시행했으면 하는 생각을 이야기했다.

사회복지의 길을 걷는 후배들을 위한 조언을 구하자, 자신이 정말 무엇을 좋아하는지, 자신에게 의미가 있고 또 자신이 잘할 수 있는 것이 무엇인지를 끊임없이 자원봉사를 통해 점검해야 한다는 것을 강조했다. 학교에 다니면서 자원봉사하는 것이 가장 순수하게 클라이언트를 접할 수 있는 장이기 때문이다.

종합사회복지관과 관련해서는 종합사회복지관이라는 이름때문인지 감당해야 할 영역이 너무 많아진다고 했다. 또한 한 개인이 노인이면서 여성이면서 장애인일 수 있기 때문에 문제들이 복합적일 수 있다. 그리고 어려운 사람을 한 지역에 모아 놓는 것이 아니라 뭔가 다른 대안을 생각했으면 좋겠다는 바람을 이야기했다. 더욱이 종합사회복지관이 정부 보조금의 예산 부족으로 외부신청 프로포절에 의존할 수밖에 없는 데에 따른 구조적인 문제도 있으며, 때로 필요하긴 하지만 주객이 전도되어 사업을 신청하여 재원을 조달하는 데에만 관심을 갖고 그 사업을 통해 서비스를 받는 이들이 얼마나 만족하는지에 대한 것이 관심 밖으로 밀려나는 경우가 발생한다고 했다. 종합사회복지관은 지역적 특성에 맞게 특성화되는 것도 필요한데, 특히 다문화 가정 같은 부분도 특화하는 것에 대한 필요성을 강조했다.

인터뷰를 위해 복지관을 찾았을 때의 설렘은 인터뷰를 마치고 복지관을 나설 때 기쁨과 또 다른 설렘으로 채워졌다. 좋은 사람을 만나 이야기를 나누고, 나눔을 통해 새로운 희망을 발견하게 되는 일은 언제나 즐거운 일이다.

김위심 선생님은……

연세대학교 사회사업학과 졸업 / 서강대학교 상담심리학과 석사 / 연세대학교 사회복지학과 박사
이랜드복지재단 과장 / 연세대학교 가양4종합사회복지관장(현)

복지는 투입한 대로 산출되지 않아요

표선숙 | 은평종합사회복지관장

은평구 수색동의 고갯마루 사이에 자리 잡고 있는 은평종합사회복지관. 지하철에서 바로 도보로 가기에는 다소 거리가 있어서 버스로 환승해야 했지만, 주택가 안쪽으로 깊숙이 들어가 있는 것은 은평종합사회복지관의 위치상 장점으로 보였다. 연초 바쁜 일정으로 가득할 텐데도 시간을 비워 두시고, 포근하게 맞아 주시는 관장님의 부드러운 미소 덕분에 약속 시간에 빠듯하게 기관에 찾아오기 바빴던 나의 숨결을 편안히 고를 수 있었다.

감리회 태화복지재단 산하 은평종합사회복지관의 표선숙 관장님은 은평구 내 다양한 어려움을 갖고 있는 분들을 위해 복지관 내 모든 일의 책임을 맡고 계신다. 관장님이 평소에 가장 중요하게 생각하는 가치관은 어떤 것인지 물어보았다. 관장님은 자신이 기독교인이라서 개인적인 '신앙관'이 주요 가치관이라고 했다. "하나님께 영광을 돌리고 하나님의 뜻을 헤아려서 그 뜻을 순종

은평종합사회복지관 한가위잔치에서 어르신들과 함께

하는 삶을 살아가길 원하고 있는데, 그게 제 신앙관이면서도 가치관이라고 할 수 있을 것 같아요."

사회복지 실천을 하면서 중요하게 지켜야 할 가치에 관해 관장님이 갖고 있는 생각은 '클라이언트 존중'이었다. 사회복지사 윤리강령에서 중요하지 않은 것은 없겠지만, '클라이언트 존중'이 가장 중요하다고 생각하고, 클라이언트에게 도움이 될 것이라는 사회복지사 혼자만의 생각으로 도움을 주는 것보다는 그 사람을 존중하는 것에서 시작해야 한다고 평소 갖고 계신 생각을 이야기했다.

30여 년을 사회복지 현장에 몸담아 온 관장님이기에 사회복지 현장에서 일할 수 있게 한 원동력은 무엇인지 여쭈어 보았다. 관장님은 처음부터 20~30년의 장기계획을 한 것은 아니라고 했다. 사회복지사로 일해 온 경험을 되돌아보며, 태화복지재단 산하기관으로 오기 전에 혼혈아동을 위한 기관인 펄벅재단에서 일했던 경험을 언급했다. 1977년부터 1980년까지의 일이니 굉장히 옛날이라고 회상하며, 원조계획을 수립하고 실천하는 것이 힘들었다고 이야기했다. 혼혈아와 그 어머니들에게 후원금을 전달하고 상담을 하는 일이 주를 이루었는데, 국내에서 사회복지 서비스를 통해 해결될 것으로 보이지 않았다고 했다. 특히 혼혈아들이 한국에 남아서 고등학생이 되었을 때 느끼는 갈등이 이루 말할 수가 없이 컸고, 그들의 결혼과 취업 문제들이 암흑처럼 보였고, 궁극적인 문제를 도와줄 방법이 없다는 생각 속에서 3년을 근무하고 나니 소진되었다고 했다. 그래서 결혼하면서 잠시 휴식기를 가졌고, 그 이후에 다른 곳에서 일할 의향이 있는지 제의가 와서 다시 일하기 시작했고 지금까지 일해 오게 되었다고 한다. 소진되었던 경험에도 불구하고 다시 시작해서 지금까지 일해 올 수 있었던 원동력은 직장의 문화와 복지제도였다고 했다.

현재까지 몸담아 온 태화재단 안에는 남녀차별이 없었던 것이 계속 일할 수 있는 요인이었다고 했다. 여성이 직장생활을 할 수 있도록 배려해 주었다고 하며, 현재는 출산휴가가 3개월씩 주어지지만, 출산휴가가 잘 지켜지지 않던 시절에도 2개월이 주어졌다고 했다. 일을 계속할 수 있었던 이유를 떠올리는 관장님의 생각을 따라가며, 대상자를 위한 복지의 실현을 위해서는 직원의 복지 또한 매우 중요하다는 생각을 하게 되었다.

'클라이언트 존중'이 가장 중요하다고 생각하고, 클라이언트에게 도움이 될 것이라는 사회복지사 혼자만의 생각으로 도움을 주는 것보다는 그 사람을 존중하는 것에서 시작해야 한다.

사회복지 현장에 계시면서 가장 좋은 점이 무엇인지 여쭈었을 때, 2004년도에 중국 옌벤(연변)의 옌지(연길)에 가서 만난 분과 나누었던 대화를 꺼내 놓았다. 우리나라에서 정년퇴직을 한 분이

24년간 지역사회복지관에서의 이웃과 지역공동체를 위한 헌신과 실천을 인정받아 수상한 국무총리 표창 (제19회 사회복지의 날 기념행사 중, 오른쪽)

연변에 가서 자비량선교사처럼 사비로 일을 하며 복지병원 이사장을 하고 있는데, 그분이 '은퇴하고 한 일 중에 복지가 제일 좋더라.' 라고 한 이야기가 인상 깊었다고 했다. 사실 옌벤에 계신 분 외에도 많은 이들로부터 은퇴 후 봉사할 때의 방법론이 사회복지라는 이야기를 많이 들었다고 하며, '지금까지 계속해서 사회복지 일을 해 왔으니까 은퇴 후에는 더 많은 일을 할 수 있겠구나.' 라는 생각과 함께 '보람된 길을 걷고 있구나.' 라는 믿음이 생겼다고 했다.

관장님은 사회복지의 특성에 대해 역설적인 표현을 했다. 일반화될 수 있는 것이야말로 전문성이라고 하면서, 모든 영역에서 실천할 수 있다는 것이 도리어 전문성(고유성, 차별성)이라고 생각한다고 했다. 사회복지는 모든 사람들에게 필요한 일이기 때문에 일반적이어야 하며 그것이 곧 전문성이라는 관장님의 설명 덕분에 사회복지에 관해 좀 더 쉽게 깨닫게 되었다.

사회복지사로서 능력을 향상시키기 위해 하는 일로는 관련주제에 대한 독서를 하는 것을 꼽았다. 지금까지 사업을 확장할 때는 세미나, 학회를 모두 쫓아다니며 사업개발과 관련된 지식을 얻기 위한 노력을 하였다고 했다. 사전 지식을 최대한 얻고 난 다음에 사업의 고유성을 지역 특성에 맞게 재창출하기 위한 관장님의 지난 노력이 엿보이는 순간이었다. "가정폭력상담소, 쉼터를 준비할 때 1년 동안 가정폭력에 관련된 세미나, 특강에 모두 참여하고 관련된 전문가에 대해 알게 되었어요. 외국의 사례, 참고문헌도 알아보고요." 사업개발과 같은 업무 외에도 관리자로서의 역할을 위해 마케팅, 경영, 운영에 관련된 특강을 들으면서 경영학에 관련된 서적들을 계속해서 접한다고 했다.

사회복지사가 되기 위해 열심히 노력하는 후배들에게 해 주고 싶은 조언을 부탁드리니, 전문인으로서 기술적인 부분만 능수능란하게 한다고 해서 온전한 사회복지사가 될 것이라는 생각은 하지 말아야 한다고 말씀하셨다. "인품과 기술을 같이 갖춘 사회복지사가 유능한 사회복지사라고 보고 있어요."라는 말씀과 함께 기술적인 면은 1~2년차 때 경험을 해 보면서 늘어갈 수 있지만, 인품도 더불어 성장하지 않으면 사회복지사로서의 시각이 확장되고 깊어지기 어렵다고 했다. 그런 말씀 중에 원숙한 인품을 갖추려면 어떤 경험이 필요할지 궁금해졌다. 관장님은 인품이 하루아침에 고양되지는 않는다고 했다. 인품이란 스스로 쌓아가야 하는 부분인데, 사람마다 독서, 신앙생활, 자기수양을 통해 인격수양을 할 수 있을 것이라고 했다.

10년 넘게 사회복지관의 관장님으로 계시면서 사회복지 현장에 대한 견해가 궁금했다. 관장님은 사회복지계가 전체적으로 많은 발전을 해 왔다고 하시며, 정권이 교체되면 중점정책이 달라지는데 정권에 따라서 사회복지 정책이 크게 바뀌지 않기를 바란다고 했다.

그리고 서울시는 재정자립도가 높기 때문에 영향을 적게 받지만, 지방은 지방자치단체에서 예산을 받고 있다. 사업을 하려면 인적자원과 기본 시설이 구비되어야 하는데 보조금으로 전체 사업을 할 수 없고, 절반 이상은 다른 방법으로 채워야 하기 때문에 예산확보의 문제가 있다는 점을 언급했다. 예산만 확실하게 확보된다면 지역에서 필요로 하는 사업을 할 수 있을 것이라며, 정부에서 직접 이 부분은 해결해 주면 좋겠다는 의사를 표현했다. "서울시만 해도 서울복지재단에서 기본으로 해야 하는 가정복지나 재가복지와 같은 사업이 있어요. 사업을 하지 않을 수 있는 여지가 없고, 꽉 짜여 있는 기본사업을 하면 지역에서 필요로 하는 나머지 다른 사업을 개발하는 것은 힘들어요. 지역에 필요한 사업을 개발하는 것이 더 도움이 되지 않을까 싶은데, 기본사업만을 하기 위해서도 복지관의 모든 인력이 투입되어야 하기 때문에 새로운 사업을 개발하고 실행하는 데 어려움이 많아요."

앞으로 바라보는 사회복지 현장의 미래와 전망에 대해서는 사회복지 영역에서 일하는 복지사들의 전문성과 타 영역에 종사하는 사람들과의 경쟁구도에 관해 말씀하셨다. 관장님은 사회복지라는 영역은 더 확장이 될 것이라고 보고 있는데, 노인요양원의 간호사 출신과 건강가정지원센터의 가정관리학과 출신의 직원처럼 타 전공 영역의 사람들이 복지 분야에서 활동하려는 경향이 지금도 있고 앞으로도 더 있을 것이라고 보았다. 앞으로도 인류사회의 발전과 삶의 질 향상을 위해 사회복지 서비스가 계속 더 필요하게 될 것이다. 그러면 사회복지 서비스는 지금보다 더 세분화된 것이고 점점 더 많은 타 전문가들이 사회복지분야에서 일하게 될 것이다. 따라서 사회복지도 이러한 외부환경의 변화와 타 영역에도 관심을 가질 필요가 있다.

종합사회복지관의 특성에 관해서는, 지역사회에 대상별로 분화된 전문기관들이 점점 더 많이 생기는 경향이 있는데, 종합병원에서 여러 서비스를 한 번에 이용할 수 있는 점을 예로 들면서 한 기관에서 다양한 서비스를 이용할 수 있을 때 주민들이 편하게 생각하는 장점이 있다고 하였다. 현재로서는 대상별 기관이 많이 활성화되어 있는 것이 아니어서 종합복지관과 연합해서 회의도 가능하고 협력이 가능한데, 미래에는 서로 부딪히는 부분을 상호 보완하며 차별화시키는 전략이 필요할 것이라고 했다. 이에 덧붙여서 예산의 문제를 고려할 때 어떤 것이 더 효율적이고 효과적인가를 생각해 보아야 할 것 같다고 했다.

30여 년을 현장에서 일해 오신 관장님께 사회복지는 어떤 의미일까 궁금한 마음으로 다른 직업을 선택할 기회가 온다고 가정했을 때에도 사회복지를 하실지에 관해 질문을 드렸다. 관장님은 사회복지를 선택할 것 같다고 말씀하시며, 사회복지는 문제를 해결해 가고, 문제를 해결할 수 있는 능력을 키워 주는 일이라서 재미있다고 했다. 관장님은 사회복지가 정말 재미있다는 점을 알려 주시려는 듯 계속해서 말을 이었다. “사회복지를 예술이라고 말하는데, 투입한 대로 산출되는 것이 아니라 투입물(input)이 같아도 산출물(output)이 달라지는 것이 재미있어요. 사람을 보는 방법에서 돕는 방법이 다양해지고, 도움을 받아서 달라지는 것도 다양하

은평복지관 자원봉사자 감사잔치 중

다는 점에서 일하면서 매너리즘에 빠지거나 타성에 젖지 않는다는 것이죠." 그렇지만 관장님 스스로 사회복지가 재미있다고 자녀들에게 권유한 적은 없다고 한다. 아이들이 몇 살 되면 무엇을 해야 하는 것들을 해 본 적이 없다고 하시며, '본인이 좋다고 하면 나름대로 이유가 있겠거니' 하고 생각한다고 했다.

사회복지를 하면서 가진 보람에 관해서는 일선 사회복지사의 역할을 할 때와 관장의 역할을 할 때가 각각 다른 느낌이었다고 하며, 이전의 보람찼던 기억들을 꺼내 놓으셨다. "일선 사회복지사로서는 이용자들이 서비스를 받음으로써 삶이 달라질 때 보람을 느꼈어요. 아이가 사고 치고 소년원에 가게 된 경우에 개입을 해서 변호사 선임도 하고, 잘 해결되어서 그 아이의 상황이 뒤바뀌게 된 경우가 떠오르고요. 펄벅재단에서도 아이의 미래가 암담하다고 봤는데 후원자에게 보고하자 획기적인 지원을 해 준 적이 있었어요. 대학교 등록금을 전액 지원해 준다거나 입양이라는 방법을 통해서 미국에 데려가 공부를 하게 하는 경우가 있었지요. 그리고 아이들이 기지촌에서 생활하며 경제적으로 열악하거나 진로선택의 어려움이 있을 때 제가 발로 뛴 만큼 자원과 서비스가 지원되고 삶이 변화될 때 보람을 느꼈어요." 관장으로서는 남이해 보지 않은 새로운 사업을 창의적으로 시도해 보고 자리매김했거나 그 사업을 통해 지역이 변화했을 때 보람을 느꼈다고 했다.

그렇지만 새로운 사업을 마음대로 시도해 보지 못하는 현실적인 한계에 따른 아쉬움도 있다고 전했다. "복지정책은 현장을 바탕으로 결정되어야 하는데, 외국의 사례를 좇는 경우도 꽤 있어요. 우리나라 사람은 창의적인데, 사회복지에서는 외국을 따라가고 있다는 생각이 들어요. 외국의 사회복지 정책이나 서비스, 이론과 사례가 소개되면 많은 부분 모방하게 되지요. 외국을 모방하기보다는 실정에 맞춘 사회복지를 위해 학교나 임상에서 연구를 해야 하며, 그 지원이 이루어져야 한다고 생각해요. 새로운 일을 해 보거나 창의적인 일을 해 보려면 예산과 인적 자원의 지원이 필요해요. 외국의 것을 모방하지 않기 위해서는, 연구에 투자할 수 있는 직원이 있어야 해요." 지금은 사회복지사들이 기본사업을 하기에 바빠 여력이 없지만, 앞으로는 우리나라 사람의 따뜻한 정과 창의성을 살려 임상실천의 이론화가 앞으로 가능해졌으면 좋겠다는 바람을 전했다.

인터뷰 내내 관장님의 잔잔한 음성 중에 묻어나는 사회복지와 지역복지에 대한 깊이 있는 애정

"사회복지를 예술이라고 말하는데, 투입한대로 산출되는 것이 아니라 투입물(input)이 같아도 산출물(output)이 달라지는 것이 재미있어요. 사람을 보는 방법에서 돕는 방법이 다양해지고, 도움을 받아서 달라지는 것도 다양하다는 점에서 일하면서 매너리즘에 빠지거나 타성에 젖지 않는다는 것이죠."

을 느낄 수 있었다. 그리고 지역적 특색에 맞는 복지를 실현하기 위해서는 사회복지사들이 그 비전을 공유하고 한 마음으로 함께 해야 한다는 도전을 받았다.

홍선숙 선생님은……

연세대학교 아동학과 졸업 / 이화여자대학교 사회복지대학원 사회복지학 석사 / 태화기독교사회복지관 사회복지사 / 은평종합사회복지관장(현)

PART.6 인권

카리스마 넘치는 인권교육의 대가

류은숙 | 인권연구소 '창' 상임활동가

"필요한 일이니까 그렇죠. 넘쳐나는 것이면 제가 할 필요는 없는 거죠." 1992년 8월 '인권'이란 단어조차 낯설었던 대한민국 땅에 그녀의 목소리가 울려 퍼지기 시작했다. 대학을 갓 졸업한 25살의 어린 나이에 한 용기 있는 선택은 10여 년이 지난 지금 우리 사회에 인권교육으로 나타나고 있다.

민주화 운동이 더 익숙했던 시기, 새로운 인권운동을 모색하자는 분위기 속에 인권에 대한 지식과 강조의 필요성을 주장하는 움직임이 처음 시작되었다. 함께 모였던 조직이 1993년 '인권운동사랑방'이란 이름을 갖게 되었다. 인권의 중요성에 대해 이야기하기 위해 운동뿐 아니라 탄탄한 이론적 기반의 필요성을 깨닫고 교육과 연구를 선생님이 맡게 되었다. 우리나라의 아동 · 청소년 인권침해가 심각함에도 불구하고 입시교육 때문에 침묵하는 상황 속에서 그들의 인권문제에 관심을 갖고 활동하게 되었고, 그로 인해 유엔 인권보장체제의 주요한 인권법인 「아동권리협약」에 따라 우리나라 상황을 보여 주는 1, 2차 민간보고서를 제출하는 일을 하였다. 이 일을 통해 아동 · 청소년 관계자, 인권운동 종사자, 교사, 학부모에게 아동 · 청소년 인권문제에 대한 교육을 하게 되었다. 뿐만 아니라 영화를 통해 인권을 알려 보고자 동료들과 함께 '제1회 인권영화제'를 개최하기도 하는데, 이 경험은 선생님께 큰 보람이었다고 했다. 이러한 과정을 통해 2006년부터 인권연구소 '창'이라는 이름으로 연구 부분이 분리되어 독립된 공간을 갖게 되었고, 우리의 만남 또한 이곳에서 이루어졌다.

선생님께 삶의 가치관에 대한 질문을 하는 것으로 이야기가 시작되었다. "자기가 좋아서 하는 것인지가 중요한 것 같아요. 인권으로서 말하는 자유는 구속과 강제로부터 해방되는 소극적 의미가 아니라 내가 선택한 삶을 적극적으로 살겠다는 것을 의미해요. 제가 의미 있다고 생각하는 것을 하며 살아가는 것이 좋은 것 같아요. 또 인권운동은 항상 새로운 일에 도전을 받아야 하고 새로운 사람을 만나야 하는 것이므로 똑같은 일을 하지 않아도 되니 재미있는 것 같아요." 이것이 선생님 인생의 가치관이며, 계속 인권운동을 해 나가는 원동력이 된다고 하셨다.

사회의 변화는 짧은 시간에 이루어질 수 없고 그 성과 또한 눈으로 보여지기 어렵지만, 선생님이 인권운동을 해 오면서 보람된 것은 그래도 '변화'를 보고 있고, 지금도 그 과정 가운데 있다는 것이라 했다. "변화에서 중요한 것은 사람이 변하고 있다는 거죠. 예전에는 단지 어른들이 인권에 대해 가르쳐 주는 수준이었다면 지금은 청소년 스스로가 종교의 자유, 입시반대운동, 두발의 자유를 이야기하잖아요. 변화는 사람 속에 있는 것이기 때문에 이것이 중요하다고 봐요. 또한 우리 사회에서는 인권이란 단어조차 들어볼 수 없었는데, 이젠 인권교육 분야에서도 엄청난 성장을 보이고 있어요. 지금은 인권교육을 하는 학교도 생기고, 교사도 인권연수를 받기도 하고, 인권위원회가 생기면서 교과서에도 나오고, 교육만 전문적으로 하는 인권운동단체도 만들어지고……, 10년 동안 많은 변화가 있었던 거죠." 10여 년 동안 인권이 사회에 자리 잡기까지 얼마나 많은 외침과 행동이 있었을지 생각하게 되었다. 이렇게 사회 속에서 확산되고 있는 인권의식은 사회복지의 '인간의 존엄성'에 대한 가치와 밀접한 관계를 갖고 있다. 인권과 사회복지와의 연관성이 궁금해졌고, 더욱 발전하는 사회복지 실천이 되기 위해서는 반드시 필요한 부분이라는 생각이 들었다.

선생님은 인권에 대해 말하기 전에 우리 사회가 '인간'을 어떻게 정의하고 있는가에 대한 고민을 가져야 한다고 했다. "인권, 인간의 권리라고 했을 때 중요한 것은 사회가 인간을 누구로 설정하느냐와 관련되지요. 어떤 사람은 인간으로 보고 어떤 사람은 비인간, 하위인간, 종속적 인간으로

"인권으로서 말하는 자유는 구속과 강제로부터 해방되는 소극적 의미가 아니라 내가 선택한 삶을 적극적으로 살겠다는 것을 의미해요. 제가 의미 있다고 생각하는 것을 하며 살아가는 것이 좋은 것 같아요. 또 인권운동은 항상 새로운 일에 도전을 받아야 하고 새로운 사람을 만나야 하는 것이므로 똑같은 일을 하지 않아도 되니 재미있는 것 같아요."

보죠. 인간답게 먹고 사는 권리를 이야기할 때는 인권으로서의 사회복지인 것이고, 죽게 내버려 둘 수 없으니까 구제해야 할 대상으로 바라봤을 때는 구제나 자선인거죠. 거기서 사회복지사의 역할은 서비스를 나누어 주는 사람인거죠. 똑같이 먹을 것을 제공하는 경우에도, 어떻게 바라보느냐에 따라 어떤 것은 인간의 먹을 권리이지만 어떤 것은 그냥 던져 주는 것이 돼요. 인간의 존엄성을 추구할 때 진짜 고민해야 할 것은 우리 사회 속에서 사람을 어떻게 바라보느냐입니다." 우리가 어떤 시각으로 클라이언트를 바라보고, 정책을 만들고 서비스를 계획하느냐에 따라 우리의 실천이 단지 자선으로만 그칠 것인지, 아니면 진정한 사회복지 실천이 될 것인지 결정된다. 인간을 어떻게 정의하느냐에 대한 고민과 신중함이 우리 사회에 필요하다는 생각이 들었다.

"사회복지 현장의 과제는 우리사회 속에 '게토(ghetto)'를 만들려는 현상인 것 같아요. 다시 말해서 어떤 특정 사람들을 분류, 격리, 구분하는 것을 말해요. 자립할 수 없기 때문에 분리하여 한 곳에 모아 놓고 유지하는 것은 이미 그들은 사회구성원이 아닌 사람들로 취급하는 거라 생각해요. 이런 현상을 유지하는 사회복지사업이 지속되면, 인권의식이 성장할수록 비판받을 수밖에 없지 않을까요? 사회 속에서 사람들이 소통할 수 있고 함께 공부할 수 있고 창조적으로 도움이 될 수 있는 일을 해 준다면, 장기적으로 봤을 때 더 좋은 거 아닐까요? 사회복지 현장이 지역사회에 중심을 두고 어린이, 장애인, 실직자 등 사람들이 서로 네트워크된 서비스를 받을 수 있도록 하는 데 더욱 초점을 두고 갔으면 하는 바람이 있어요." 대학교 때 사회복지를 전공하였지만 졸업하자마자 바로 인권운동에 뛰어든 선생님은 사회복지사보다는 인권운동가라는 타이틀이 더 어울렸다. 그렇기 때문에 제3자의 입장에서 객관적인 시각으로 들려 주는 사회복지 현장의 과제에 대한 이야기는 우리가 더욱더 귀를 기울이고 고민해 봐야 할 부분인 것 같다.

인권이라는 말조차 없었던 시절에 인권이라는 개념과 그 중요성에 대해 알리고 교육하는 데 열심을 다해 왔고, 10여 년 만에 그 변화를 볼 수 있었다. 선생님은 그 변화의 시점에 있는 지금, 대한민국의 인권이 새로운 위험에 처해 있음을 우리에게 전했다. "10년 전에는 인권에 대해 너무 이야기를 하지 않아 문제였어요. 하지만 지금은 누구나 다 인권을 이야기해요. 그런데 문제는 이기적인 사익의 주장에 권리라는 단어를 남용하는 현상이 너무 심해졌어요. 오히려 사회적 강자의 이익이 권리라는 이름으로 힘을 갖게 되면 문제가 심각하거든요. 상대적으로 사회적 약자의 권리는 더욱 더 보장받기 어려워지지요. 예를 들어, 노동권이 인권이 아니라 기업주의 사용권, 기업주의 대항권이라는 이름으로 오용되고 있어요. 이는 국제인권법도 인정하지 않는데 우리나라 법원에서는

"10년 전에는 인권에 대해 너무 이야기를 하지 않아 문제였어요. 하지만 지금은 누구나 다 인권을 이야기해요. 그런데 문제는 이기적인 사익의 주장에 권리라는 단어를 남용하는 현상이 너무 심해졌어요. 오히려 사회적 강자의 이익이 권리라는 이름으로 힘을 갖게 되면 문제가 심각하거든요. 상대적으로 사회적 약자의 권리는 더욱 더 보장받기 어려워지지요."

통하고 있거든요. 사익, 강자의 이익을 권리로 포장하고, 그것을 당연하게 생각하고 있어요. 왜 권리가 오용되고 남용되는가를 알게 하는 것이 앞으로의 중요한 역할이라고 생각해요." 기득권층의 권리 주장이 늘어날수록 협소해지는 약자의 인권의 자리를 걱정하는 선생님의 마음이 전해졌다. 우리나라 인권에 대한 과제는 사회복지 분야와 절대 동떨어진 부분이 아니라는 생각이 든다. 우리의 클라이언트, 사회적 약자를 대변하기 위해 우리 역시 인권에 대한 공부와 논의를 계속해야 할 것이다.

선생님의 인권에 대한 열정은 멈추지 않았으며, 지금으로부터 10여 년이 지난 후 우리나라 사회의 인권은 또 어떠한 모습일까 기대가 된다.

류은숙 선생님은……

연세대학교 사회사업학과 졸업 / 연세대학교 대학원 사회사업학 석사 / 인권운동사랑방 간사 / 인권연구소 '창' 상임활동가(현)

권리로서의 복지를 외치는 자

송원찬 | 경기복지시민연대 정책실장

인터뷰를 마치고 돌아오는 길에 받은 문자 메시지엔 "즐거운 만남이었어요. 열공하세요. 나쁜 워커!" 나쁜 워커라는 말이 기분 좋게 들리는 발걸음이었다. "나쁘고 못된 사회복지사가 되라고 후배들에게 말하고 싶어요. 착하고 세상을 따뜻하게 보려는 선한 친구들이 많은데, 그것이 전부여서는 안 돼요. 못되고 나빠야 하는 이유는 사회적 약자를 억압하는 대상에 대해서는 강한 자기 저항, 문제제기를 해야 하기 때문이죠. 눈 감고 있는 것은 공범이에요."

집으로 가는 길에 선생님과의 대화를 천천히 떠올려 본다. 송원찬 선생님의 인생을 담기에는 너무 짧은 시간이라는 생각이 들었다. 많은 이야기를 하지 않았지만 그의 이야기 속에 수많은 경험과 연륜이 묻어남을 느낄 수 있었다. 사회가 어지러웠던 시기, 즉 군사독재에 대한 저항, 민중의 투쟁이 한창이었던 1980년대 우리 사회 속에서 학생운동은 선생님의 뜨거운 마음을 표현할 수 있는

비정규직 관련 집회에서
희망을 잃지 않기를 당부하는 송원찬 정책실장

수단이었고 그 시대의 필요였다. 학생운동 과정에서 구속되었고, 우연찮게 자신을 변론했던 인권변호사와의 인연으로 다산인권센터에서 활동하면서 새로운 길에 접어들게 됐다.

선생님은 인권활동 과정에서 자신의 실천 방향에 대해 고민하던 중에 사회복지를 만났다. 사회적 약자를 위한 일, 사회복지를 통해 처음 학생운동을 고민했을 때와 같은 느낌을 받을 수 있었고, 그렇게 선생님의 사회복지활동이 시작되었다.

단지 시혜적인 복지가 아니라 우리가 누리는 권리로서의 복지여야 한다는 것이 선생님이 추구하는 사회복지다. "인권활동의 또 다른 측면인 복지권, 사회복지에 대한 권리적 측면의 접근 방식이 우리 사회에 필요하지 않나 하는 생각이 들었고, 사회권 활동을 할 수 있는 시민운동단체가 필요하다고 생각하여 1999년 '경기복지시민연대'를 설립했어요. 시혜적 복지의 개념이 사회에 팽배하지만 이러한 시각과 역할을 변화시켜야 한다고 생각해요. 주민이 참여해서 삶의 당면한 문제를 개선시켜 가는 주체적인 역할이 필요하고, 그것을 구체적으로 실천하는 곳이 시민연대죠."

내가 찾아간 경기복지시민연대는 새로운 보금자리로 옮긴 지 얼마 되지 않아 정리하는 과정에 있었다. 곳곳에 걸려 있는 현수막에 적힌 문구들이 기억에 남는다. '마음을 같이하고 함께 참여하면 세상을 바꿀 수 있습니다.' '모든 사람들이 인간다운 삶을 누릴 수 있도록 평등하고 정의로운 참된 복지공동체를 함께 만들고자 합니다.' 사회적 약자를 대변하고 옹호하여 그들이 주체가 되어 사회를 변화시키는 것이 사회복지운동이라는 생각을 바탕으로 송원찬 선생님은 경기복지시민연대의 정책실장으로 활동하고 있다.

경기복지시민연대는 주로 경기도 복지정책 감시, 복지예산 참여운동과 같은 정책활동과 정책토론회 및 복지포럼 개최, 복지향상을 위한 사회복지대학 마련 등의 지역사회복지향상을 위한 활동, 그리고 지역복지운동단체 네트워크를 형성하는 등 복지공동체를 실현하기 위한 활동들을 하고 있다. 이곳에서는 지역사회 정책대안운동을 제안하고, 여러 가지 인권침해에 대한 문제제기를 하기도 한다. "지난 시간 동안 정책에 대해 우리가 추구하는 방향을 대변하고 대안을 내놓기도 하고, 예산에 대해 평가 분석하는 일도 해 왔죠. 지금은 경기도 예산 20% 이상을 사회복지 예산으로 쓰고 있다고 자랑하고 있지만, 사실 우리들이 끊임없이 예산확충운동을 한 성과라고 할 수 있죠."

강산도 변한다는 10년 동안 같은 자리에서 싸워 온 선생님의 원동력이자 보람은 함께하는 사

"시혜적 복지의 개념이 사회에 팽배하지만 이러한 시각과 역할을 변화시켜야 한다고 생각해요. 주민이 참여해서 삶의 당면한 문제를 개선시켜 가는 주체적인 역할이 필요하고, 그것을 구체적으로 실천하는 곳이 시민연대죠."

람과의 만남이라고 이야기했다. "사회복지에 대한 인식을 재구성하는 것이 제가 추구하는 방향인데, 함께 공감하고 같은 생각을 하는 사람들을 만났다는 것과 그들과 함께 고민하고 실천 할 수 있었던 경험이 소중한 것 같아요."

다른 사람들, 다른 사회복지사와는 조금 다른 듯한 삶을 살아가고 있는 선생님께 "이 일이 잘 맞으세요? 즐거우세요?"라고 질문하자, 선생님은 웃으며 대답했다. "오히려 기관에서 일을 했으면 더 힘들었을지 모르겠어요. 시민단체 같은 곳은 위계질서보다는 창의성과 민주성이 중요해요. 보수가 높은 일은 아니지만 창의성을 가지고 실행해 보고 시행착오도 있지만 다 해 볼 수 있다는 것이 장점인 것 같아요." 가고 싶은 길을 함께 걸어가는 사람을 만나고 때로는 넘어지고 쓰러져도 서로 일으켜 세워 주고 그렇게 한 걸음 한 걸음을 떼다 뒤를 돌아보면 참 많이 이겨내 왔다는 보람과 기쁨, 소박하지만 누구나 느낄 수 있는 행복은 아닌 것이기에 선생님의 모습에 미소가 담겨져 있었나 보다.

선생님은 이러한 열정과 기쁨에 맞는 실력이 필요하기에 전문성을 쌓아가는 과정이 중요하다고 했다. 지금 하고 있는 일은 "정확한 정책대안을 내놓아야 하기 때문에, 전체 흐름을 파악하고 인식하여 사회복지사에게 알리는 것이 필요해요. 방향을 알기 위해 현장의 선생님들을 만나고 조직화하는 과정에서 의견을 듣고 공부도 하죠." 함께 같은 마음으로 목표를 이루어 가기 때문에 독단적으로 할 수 있는 것은 없는 것 같다. 선생님에게 있어 함께하는 사람들과의 대화와 토의는 새로운 지식을 얻고, 실력을 쌓아가는 자기계발의 과정이기도 했다.

"사회복지를 선택하기 참 잘했다고 생각해요. 중요한 학문이고 진짜로 실천해 볼 만한 가치가 있는 학문이라 생각했고, 그 선택에 여전히 후회가 없어요." 선생님에게서 사회복지사로서의 깊은 자부심과 애정을 발견할 수 있었다. 그만큼 이 시대 속에 사회복지에 대해 많이 고민하고 생각하고 있음을 느낄 수 있었다.

"사회복지사가 클라이언트의 복지권, 인권보장이 정당한 것이라는 개념과 철학이 녹아든 다음에 실천을 해야 하는데, 중요한 것을 보지 못하고 방법론적 기술 측면에 너무 치중하고 있는 것 같아요. 클라이언트라는 용어 자체도 적절하지 않은 의미이고요. 사회복지는 그들 스스로가 자기 결정권을 갖고 권리를 주장할 수 있도록 해야죠. 요즘은 인권적 관점의 사회복지를 많이 이야기하고 있는데, 고무적인 일이라고 생각해요. 기본이 갖추어졌을 때 더 힘을 갖게 될 것 같아요."

앞서 이야기한 것처럼, 단지 시혜가 아닌 권리로서의 복지로 나아가야 하며, 그 가운데 우리 사회복지사들이 어떻게 클라이언트의 권리를 주장해 가야 할 것인가를 고려해야 한다.

"참 쉽지 않은 상황 속에서 나만 열심히 해서 잘될 수는 없는 것 같아요. 사회복지사들이 함께 고민을 나누고 의견을 이야기해야 해요. 지역사회정책에 대한 폭넓은 시야를 갖는 것이 필요한 것 같아요. 자기가 속한 시설, 기관에서 변화에 수동적으로 따라가는 것이 아니라 조금 더 적극적으로 네트워크를 만들고 교류하는 활동들이 필요하죠. 또 앞으로 복지 영역은 더 확대될 거예요.

복지가 우리 삶과 익숙한 것이고 많은 사람들이 복지의 필요성을 느끼고 권리를 누리기 원하기 때문에, 그 필요성 가운데 사회복지의 역할에 대해 새로운 시각과 도전이 필요하죠. 그래서 개인적으로 더 큰 비전을 갖는 사회복지사였으면 좋겠어요." 우리에게 필요한 것은 '소통'이라는 생각이 들었다. 함께 성장하고 변화를 만들기 위해서 함께하는 것이 중요하며, 그 '함께하는' 것을 이루어 가는 것이 선생님의 역할인 것 같았다.

더 나은 사회를 만들기 위한 사회복지의 발전을 위해 사회복지사의 노동환경의 보장 또한 중요한 부분이라고 이야기를 꺼냈다. 사회복지사의 입장에서, 사회복지사를 아끼는 마음에서, 그리고 클라이언트에 대한 질 높은 서비스를 위해서, 그리고 갈수록 높아지는 사회복지사의 불안정 노동을 개선하기 위해서라도 노동조합을 통한 합법적인 방식에 대한 진지한 접근이 필요하다고 말했다.

경제위기가 찾아온 지금, 복지의 위기에 대해서 함께 생각하게

2009년 경기복지시민연대 10주년 기념 회원총회.
10년 동안의 열매를 기억하며 새로운 시작을 위한 결단

된다. 복지의 시장화문제 또한 이슈로 떠오르고 있는 가운데 선생님은 새로운 희망찾기를 해야 한다고 이야기했다. "현 시대 복지에 대해 우울한 시각이 있는 것도 사실이지만, 그렇기 때문에 다시 기본적인 인권으로 돌아가서 생각해 볼 필요가 있어요. 경쟁을 통해 질 높은 서비스를 제공하는 것은 이용자의 선택권을 부각시키는 부분이 있어요. 하지만 저는 시장원리만으로 질 높은 서비스가 정말로 가능하고 이용자의 권리가 진짜 신장되는지 확인해 봐야 한다고 생각해요. 그 효율성 개념이 진짜인지 가짜인지 확인해야죠. 저는 복지국가의 제안점을 버릴 수 없다고 생각하고, 무엇이 인간답게 살 수 있는 사회를 만들 수 있는지 보여주어야 한다고 생각해요. 치열한 싸움이겠지만 그 속에 절망도 있고 희망도 있겠죠." 강한 비바람이 몰아쳐도 다 이겨낼 것이라는 선생님의 강한 의지가 비추어졌다. 상황을 바라보며 좌절하기보다는 그 속에서 '나는 무엇을 해야겠는가?'를 고민하고, 그 생각을 행동으로 실천하며 이루어가는 것이 선생님의 삶의 모습이 아닐까 생각해 본다.

공식적인 인터뷰 시간이 끝나고 따로 저녁식사까지 대접해 주시면서 우리에게 진심어린 마음과

"시장원리만으로 질 높은 서비스가 정말로 가능하고 이용자의 권리가 진짜 신장되는지 확인해 봐야 한다고 생각해요. 그 효율성 개념이 진짜인지 가짜인지 확인해야죠. 저는 복지국가의 제안점을 버릴 수 없다고 생각하고, 무엇이 인간답게 살 수 있는 사회를 만들 수 있는지 보여 주어야 한다고 생각해요."

시간을 나누어 주셨다. 인권교육을 하면서 만났던 청소년의 이야기, 시민연대에서 승리했던 사례 등 더욱 선생님의 인간미를 느낄 수 있는 시간이었다. '친구처럼, 선생님처럼 어떤 연령의 사람들을 만나도 모두 다 선생님의 팬이 되지 않을까?' 라는 생각을 갖게 하였다.

한 개인으로서의 송원찬 선생님은 참 따뜻한 사람으로 기억이 된다. 한 번의 짧은 만남이지만 선생님을 통해 어떻게 사람들을 대하며 살아야 하는지를 배웠다. 매 순간 진심으로 사람들을 만나고 이야기하는 것을 강조하셨지만, 그 어떤 말보다 선생님께서 마음을 열고 다가와 물어봐 주시고 관심을 가져 주시는 그 행동 하나하나가 큰 교훈을 가져다 주었다.

송원찬 선생님은……

수원대학교 산업공학과 졸업 / 강남대학교 사회복지대학원 사회복지학 석사 / 성공회대학교 대학원 사회복지학 박사과정 재학 / 다산인권센터 활동가 / 경기복지시민연대 정책실장(현)

사·회·복·지·사·들·의·희·망·이·야·기

PART.7 행정

마음 따뜻했던 경험들이 진정한 변화를 가져온다
김누리, 사회복지공동모금회

가슴 뛰는 현장을 사랑하는 작은 거인
김미영, 서울시 강서구 등촌3동 주민센터

일관성, 순수함, 정직이 이끄는 삶
박용오, 한국사회복지협의회

마음 따뜻했던 경험들이 진정한 변화를 가져온다

김누리 | 사회복지공동모금회 배분사업본부 차장

늦은 밤 8시가 다 되어 갈 무렵, 사회복지공동모금회 사무실에서는 여전히 곳곳에 남아 일하는 직원들을 만날 수 있었다. 선생님은 사무실을 한 바퀴 돌며 직원들에게 다정하면서도 장난기 섞인 말투로 인사를 건네셨다. 현재 선생님은 사회복지공동모금회 경영기획팀의 과장으로서 모금회가 나아갈 방향과 전략을 수립하고 이를 실현하는 데 필요한 조직구조을 기획하는 역할을 담당하고 있다. 선생님의 책상 위에 수북이 쌓인 책과 서류, 문서들을 보며 그 역할의 무게를 짐작해 볼 수 있었다. 늦은 저녁의 기관 방문을 마치고 선생님의 삶의 가치관에 대한 첫 질문으로 김누리 선생님과의 인터뷰가 시작되었다.

"저는 일을 하면서 정직하게 살아야겠다는 생각을 많이 한답니다. 모르는 것에 대해 말하거나 평가하는 것은 거짓말과 별반 다르지 않지요. 그래서 아는 만큼만 말하고 행동하면서 살려고 애쓰죠. 사실 연구자나 대학원생의 입장에서 보면 복지 현장이 답답하고 낙후된 것처럼 비칠 수도 있지만, 그런 현실 위에 발을 딛고 서서 길을 찾아야 하죠. 일을 하면서 늘 커다란 질문 몇 가지를 품고 살아가는데, 그 해답은 늘 실천현장에서 찾을 수 있었어요. 그렇게 알아 가는 만큼 자기 자신도, 사회복지도 변화하는 거라고 생각해요." 정직을 바탕으로 복지 현장에서 겸손하게 일하시는 선생님의 가슴속에 뜨거운 열정이 숨어 있다는 것을 알게 해 주는 답변이었다. 스스로를 낮춤으로써 사회복지를 변화시킨다는 것이 얼핏 모순처럼 느껴지지만, 이것이야말로 사회복지사로서의 진정한 가치관이 아닐까 하는 생각이 들었다.

사회복지사라는 직업이 매우 힘들지만 이제까지 일을 해 오신 이유에 대해 묻자, 포장하지 않은 순수한 모습으로 사회복지사로서의 역할을 돌아보고 현재의 고민을 솔직하게 나누어 주셨다. "올해로 10년째 사회복지 일을 하면서 무척 즐겁고 행복했어요. 떠날 이유가 전혀 없었죠. 사회복지가 아닌 다른 일을 한다면 그건 쉬울까요? 자기가 하고 싶은 일을 하며 먹고 살 수 있는 건 큰 행운이지요. 더구나 사회복지를 하면서 좋은 점은 사람과 인생에 대해 배운다는 것이지요. 처음 복지관에 입사해서 재가복지업무를 했는데, 그땐 정말 열심히만 했지 그분들에게 제대로 도움을 드리진 못

모금회가 나아갈 방향과 전략을 숙의 중인 김누리 과장(가운데)

한 것 같아요. 오랜 시간이 지나 문득 돌아보니 참 죄송한 거예요. 초짜 사회복지사가 저 혼자 신나서 열심히 뛰어다녔던 거죠. 업무에 필요한 능력을 충분히 갖추지 못한 채 그냥 웃고만 다녔구나 싶어요. 부족했던 모습에 대한 후회보다 그런 저를 반기고 격려해 주셨던 분들께 죄송한 마음이 더 크네요. 그렇게 많은 분들에게 빚지며 커 왔으니까 더 열심히 배우고 잘 하려고 노력해야지요."
선생님의 마음이 느껴지는 순간이었다. 변화되었던 성과를 나열하기보다는 처음 사회복지사로서의 부족했던 모습을 포장하지 않은 채로 이야기해 주셨다. 그래서였을까? 오히려 선생님의 인간다운 모습에 스며들며 함께 공감할 수 있었다.

선생님이 대학원에서 주로 행정과 정책 분야를 공부하다가 첫 직장으로 선택한 곳은 사회복지의 가장 기초적인 실천 분야라 할 수 있는 지역사회복지관의 재가복지 담당이었다. 당시 함께 공부했던 많은 동료들이 의아해했지만 선생님은 현장을 바로 알고, 클라이언트를 만나고, 최일선 현장을 배울 수 있는 좋은 기회라고 생각해서 선택하였다고 했다.

"지금 공동모금회의 경영기획팀에서 6년째 일하고 있는데, 복지 현장과 완전히 다른 일이라고

"사실 연구자나 대학원생의 입장에서 보면 복지 현장이 답답하고 낙후된 것처럼 비칠 수도 있지만, 그런 현실 위에 발을 딛고 서서 길을 찾아야 하죠. 일을 하면서 늘 커다란 질문 몇 가지를 품고 살아가는데, 그 해답은 늘 실천 현장에서 찾을 수 있었어요. 그렇게 알아 가는 만큼 자기 자신도, 사회복지도 변화하는 거라고 생각해요."

복지 현장에 인재가 모이고 인정받는 세상을 향해 뛰어다니는 김누리 과장(미국 볼티모어 공동모금회 방문, 왼쪽)

는 생각지 않아요. 경영부서이긴 하지만 사회복지에 대한 이해를 가진 사람의 역할이 있을 테니까요. 역할은 다르지만 세상을 변화시키는 데 일조하는 사회복지 실천 영역이라고 스스로 정체성을 만들고 있어요." 현장을 경험하고 클라이언트와 함께 숨을 쉬어 본 적이 없는 정치가나 경영자들이 과연 소외된 사람들을 위한 정책을 만들고 일할 수 있을까? 김누리 선생님의 마음 따뜻했던 경험들이 진정한 변화를 가져오는 힘이 될 것이다.

선생님이 사회변화를 꿈꾸며 달려오게 된 가장 큰 계기는 학부 시절 한 교수님과의 만남에서 시작되었다고 했다. 사회복지에 대한 막연한 관심으로 사회복지학과에 진학하였지만, 배울수록 자신과 맞지 않다는 생각을 하고 있던 시기에 새로 부임한 교수님의 강의는 지금의 선생님이 계신 곳까지 올 수 있게 하는 데 중요한 나침반이 되었다고 한다. "중요한 것은 실천기술이나 어떻게 자원을 끌어들이느냐가 아니라 사람을 어떻게 바라볼 것인가 또는 사람의 미래를 어떻게 지향할 것인가라고 생각해요." 문제 또는 개입 대상으로 인식되었던 사람에 대한 편견을 깨버리고 인간의 가치와 존엄성을 일깨워 준 교수님의 강의는 선생님이 사회복지를 통해 구현하고 싶은 삶의 지표를 제시해 준 것이었다.

"사람이 살아가는 세상은 평등하지 않아요. 하지만 모든 사람이 평등하게 존중받고 평등하게 살아갈 권리가 있다는 신념을 갖는 게 중요하다고 생각해요. 제가 지금 일하는 곳은 사회복지 실천현장 보다는 행정 분야에 가까운데, 그렇기 때문에 더욱더 인간의 존엄성과 평등에 대한 강한 신념이 없으면 힘들 것 같아요." 추상적인 큰 개념이지만, 사회복지사로서 진지하게 한 번쯤은 고민해 보고 실천에 적용해야 할 부분인 것 같았다. 명확한 가치와 철학을 바탕으로 한 실천이 클라이언트를 위한 실천을 가능하게 하니 말이다.

지난 시간을 돌아보며 함께 사회복지를 꿈꾸는 후배들을 향한 조언도 아끼지 않으셨다. "사회복지사가 가져야 하는 가치와 철학이 제일 중요한 것 같아요. 단지 남을 돕고 싶은 좋은 마음에서만 시작하면 좋은 열매를 맺을 수 없는 것 같아요. 본인의 가치관을 체계적으로 정립하고 실천 속에서 검증받으면서 구체적인 실력을 쌓아야죠. 단지 전공학점을 얻는 것을 넘어서 관심 분야에 대해 책을 두루 읽고 고민하는 노력이 필요해요. 열정에 맞는 기술과 실력을 길렀으면 좋겠네요." '열정에 맞는 실력'이라는 마지막 말이 오래도록 뇌리에 스쳤다. 먼저 사회복지 실천 현장을 경험한 선배에게서 우러나오는 조언이야말로 우리를 성장하게

"사람이 살아가는 세상은 평등하지 않아요. 하지만 모든 사람이 평등하게 존중받고 평등하게 살아갈 권리가 있다는 신념을 갖는 게 중요하다고 생각해요. 제가 지금 일하는 곳은 사회복지 실천현장 보다는 행정 분야에 가까운데, 그렇기 때문에 더욱더 인간의 존엄성과 평등에 대한 강한 신념이 없으면 힘들 것 같아요."

하는 밑거름이 되는 것 같다.

앞으로 사회복지 현장에서 풀어야 할 과제에 대해서는 정부와 민간의 역할이 혼재되어 가는 것 같다고 하면서 앞으로 정부와 민간의 명확한 역할 정리가 필요하다고 했다. "실제 많은 복지기관이 정부보조금을 받아 운영하고 있는데, 여기에서 민간 사회복지사의 정체성 혼동이 발생하는 것 같아요. 저는 복지관에서 일하면서 클라이언트의 만족도와 상관없이 꼬박꼬박 월급을 받는데 의문을 갖지 않았고 지역사회복지관임에도 지역사회와 소통해야만 복지관의 재원이 확보된다는 생각을 미처 못했어요. 단지 정해진 양의 서비스를 전달하면 되었고 언제나 수요는 넘쳤으니까 내가 잘하든 못하든 별다른 영향을 받지 않았던 거죠. 단지 주어진 시스템에 맞춰 열심히 일하려고만 했던 거 같아요." 오래 전 이야기를 들은 것이지만, 현재의 모습과 크게 다를 바 없는 듯했다. 선생님의 반성이 지난 옛 이야기가 아니라 지금 우리 모두 함께 반성하고 개선해 가야 할 부분이라고 생각했다.

덧붙여 말하기를, "많은 민간기관이 정부의 역할만 강조했지 정말 지역사회와 숨 쉬고, 클라이언트를 고객으로 인식하고 대하는 부분은 상당히 부족했다고 봐요. 무척 어려운 일이지만 클라이언트의 편에 서기 위해 정부보조금을 한 푼도 받지 않는 복지기관도 생기면 좋겠고, 국민의 마음과 도움을 받아서 고객에게 서비스를 제공할 수 있으면 좋겠어요. 정부는 바른 정책을 통해 사회안전망을 마련하고, 민간 영역이 제 역할을 수행할 수 있는 기반을 조성하고, 민간은 정부로부터 독립적이면서 상호보완적으로 기능해야 할 것이라고 생각해요." 정부와 민간의 역할에 대해 강조하신 선생님의 조언은 진심으로 클라이언트를 아끼는 마음에서 나온다는 것을 느꼈다.

또한 사회복지 공급이 다원화되고 많아지면서 소비자가 복지를 선택하는 개념이 등장하고 있는 요즘, 변화가 당연시되고 있지만 그 흐름에 끌려 가는 대신 우리가 앞장서서 한 걸음 나아가는 역할을 해야 하지 않을까 생각했다. "공급이 다원화되면서 기존의 교육과 관성에 익숙한 사회복지사가 살아남기 힘들 것 같아요. 하지만 다른 비슷한 휴먼서비스 직종과 비교했을 때 통합적인 관점과 생태체계적 접근으로 필요한 서비스를 제공할 수 있는 점은 사회복지사의 독특한 정체성이면서도 강점이라고 생각해요." 앞으로의 사회복지의 전망을 정확히 예측하기란 쉽지 않다. 하지만 우리가 어떤 노력을 해야 하는지에 대해서는 명확한 것 같다. 우리 고유의 정체성을 살리는 일, 진짜 사회복지를 실천하는 일, 사회복지의 전망은 우리 사회복지사의 손에 있는 것 같다.

김누리 선생님은 마지막으로 안타까운 마음으로 한 마디 덧붙였다. "기획 분야에 일하면서 느낀 점은 좋은 기획도 중요하지만, 성공을 좌우하는 것은 그 기획을 실행하고 운영하는 인재와 시스템이라는 것이에요. 사회복지의 목적은 클라이언트의 삶을 변화시키는 것과 그 삶에 영향을 미치는 제도와 환경의 변화잖아요. 교수 인력도 필요하죠. 변화시킬 사람을 육성하고 방향을 제시하는 측면에서 가치를 갖지요. 그런데 변화를 구현할 사람은 적고, 변화시킬 만큼 똑똑해지면 대학으로 가고 싶어 하는 거예요. 사회복지와 같은 실천학문인 경영학에서는 최고경영자가 교수보다 존경받는 게 일반적입니다. 사회복지 분야의 현실이 척박하지만 교수가 제일 좋은 직업으로 인식되어서는 안 된다고 생각해요. 복지 현장에 인재가 모이고 인정받아야 세상이 변할 테니까요."

아무 말도 할 수가 없었다. 현장을 변화시키려는 열정과 클라이언트를 위한 마음이 전해졌다. 선생님과의 만남은 꾸밈없는 진실함 속에 진심을 발견하는 시간이었다.

김누리 선생님은……

숭실대학교 사회사업학과 졸업 / 숭실대학교 대학원 사회사업학 석사 / 중곡종합사회복지관 과장 / 사회복지공동모금회 배분사업본부 차장(현)

가슴 뛰는 현장을 사랑하는 작은 거인

김미영 | 서울시 강서구 등촌3동 주민센터 주민생활지원팀장

3월 말이 되어서야 김미영 선생님을 만나 뵐 수 있었다. 인터뷰를 오늘은 꼭 응해 주시겠다는 선생님을 만나러 등촌동으로 향하는 길은 아직 봄이 오기 싫은지 찬바람이 기승을 부린 날씨였다.

등촌3동 주민센터 안에는 공무원들이 민원인들을 맞느라 분주하였고, 그 속에서 일을 하고 계시는 김미영 선생님을 찾을 수 있었다. 선생님은 10년 전 인터뷰 때 근무한 가양3동에서 그리 멀지 않은 등촌3동에서 역시나 사회복지 최일선의 종합행정 현장에서 뛰고 계셨다. 주민생활지원팀은 공공부조사업의 최일선 현장으로서 중앙정부에서 계획을 받고, 현장에서 직접 대상자를 관리하고 지원하며 사회복지 서비스를 연결해 주는 역할을 담당한다.

“기본적인 생계를 유지할 수 있는 부분을 보장해 주고, 사회복지사로서 직접적인 서비스를 제공하기보다는 복지관 등 전문기관에 대한 정보를 알려 주고, 어떤 서비스가 필요한지 파악하는

것, 즉 복지 코디네이터라고 보면 될 거예요." 장애인복지기관에서 3년 동안 근무하면서, 기관에서는 클라이언트에게 희망을 주고 자립의지를 길러서 사회에 나갈 수 있는 기회를 주고자 하지만, 실제 생활 현장에서 잘 도움이 되지 않는 것 같아 답답했었다고 했다. 그래서 정말 그들에게 실질적인 도움을 주는 일을 하고 싶다는 생각으로 이쪽 일을 시작하였다고 했다.

"제가 우리 아이들에게 이야기하는 걸로 대변한다면, 우리는 사회에서 필요한 사람이 되어야 하고 자기 책임을 다해야 한다고 생각해요." 선생님은 자신이 하는 일이 과연 그 사람에게 도움이 되는 것인가에 대해서 끊임없이 생각하고 있었다. 우리가 살아가면서 내리는 결정은 아무리 작은 것이라도 매우 중요하기 때문에 매번 신중하게 하려고 노력한다. 그렇다면 자신이 클라이언트에게 도움을 주는 과정에서 어떻게 결정하는가는 그 사람의 행복과 불행을 좌우할 수도 있다. 그래서 자신의 인생에서 결정이 중요한 것처럼 클라이언트에게도 그 결정이 얼마나 중요한가를 항상 생각하게 되고, 자신이 내린 결정이 그 사람에게 약을 주는 것인가, 독을 주는 것인가를 많이 생각하면서 일을 하게 된다고 했다. 현장에서 사회복지사는 종종 클라이언트를 위해 결정을 내리는 입장에 처하게 된다. 우리가 최선의 방안이라 생각하고 결정하는 것이지만, 사람인지라 실수가 생기기 마련이다. 현장에서는 끊임없이 생각하고 결정하는 고민의 연속이라는 선생님의 표현에서 사회복지사의 마음을 읽어 낼 수 있지 않을까 싶다. 선생님의 말씀은 자신의 결정이 한 사람에게 어떠한 결과를 가져다 줄지에 대한 책임감 때문에 모든 결정 하나하나가 얼마나 중요한지를 생각해 보고, 그 결정이 자신의 삶에 더 나아가 클라이언트의 삶에 어떠한 영향을 미치게 될지 신중하게 생각해야 한다는 것을 다시금 깨우치는 계기가 되었다.

10년 전 뇌출혈로 쓰러져 몇 개월 동안의 휴식기간을 갖고 다른 지역에 비해 업무가 고달프지만 또 다시 이 동네에 오신 이유가 무엇일까? 선생님은 10년이 지난 지금 여전히 자신의 대상자들을 가족처럼 돌보고 있었는데, 가난한 이웃과 쌓은 정, 사람들과 함께 부대끼며 살아온 시간들 때문이라 하였다. 10년이 지났지만, 여전히 선생님의 원동력이 되는 것은 사람이다. 사람 때문에 상처받고 배신감에 힘들 때도 있지만, 그만큼 정과 기쁨을 나눌 수 있기에 제일 큰 힘이 된다고 말했다. 사회복지사는 사람과 부대끼며 느끼는 정이 없이는 살아갈 수 없는 사람이다. 사람에게서 많은 상처를 받지만, 또 사람에 의해 마음의 치유를 받고, 그 보람으로 살아가는 존재인 듯하다. 그만큼 사람을 넓고도 깊게 사랑할 수 있고 수용할 수 있는 마음을 지닌 사람이어야 한다는 생각이 들었다.

현장의 가장 좋은 점은 무엇일까? "내가 사람들에게 실질적인 도움이 될 수 있다는 것이에요. 복합적인 문제인 경우 전부는 아니지만, 현실적인 측면에서 해결해 줄 수 있는 부분이 있잖아요. 기본적인 생계를 유지할 수 있도록 도움을 줄 수 있는 것처럼 말로만 줄 수 있는 도움이 아니라 실질적으로 생활에 도움을 줄 수 있다는 거죠." 선생님은 발로 뛰어다니며 대상자를 만나고 자원을 제공할 수 있는 것에서 큰 즐거움을 느끼고, 그들의 사는 모습과 이야기를 눈과 귀로 뿐 아니라 마음으로 보고 듣고 있었다.

타 전문직과 비교했을 때, 사회복지가 가지는 특성과 사회복지가 필요한 이유에 대해서 묻자, "우리는 사람 속에서 하는 일이라는 것, 사람과의 관계에서 보람을 느낄 수 있고 기쁨과 희망을 가질 수 있다는 것이 특성이 아닐까요."라고 대답했다. 그렇기 때문에 이 사회가 사람과의 생활 속에서 좀 더 안정적이고 희망적으로 살아가기 위해 정책이 가장 큰 그물이 되어야 한다고 했다. 사회복지정책은 사회안전망으로서의 그물이 되고 있는데, 그 그물로도 해결되지 못하는 부분과 보호받지 못하는 계층이 생긴다. 이들에게 직접 찾아가 실질적인 서비스를 제공하는 것이 사회복지사의 일이고, 그렇기에 더욱 필요하다고 했다.

선생님께서는 감동 깊었던 이야기를 전해 준다며 후원자 한 분에 대한 이야기를 했다. "우리가 필요한 부분을 말씀드리면, 적극적으로 후원을 해 주시는 분이 계세요. 그분의 말씀이, 자신이 어렵게 자랐을 때 한 사람의 관심을 받은 것이 큰 힘이 되었으며 돈의 액수가 중요하지 않다는 거예요. 누군가 자신에게 관심을 가지고 있고, 지지해 주는 사람이 있다는 것 때문에 다른 길로 빠져 나가지 않았다는 거예요. 그렇게 생각하시며 늘 주는 것을 기꺼이 하시는 거죠."

그와 같은 후원자의 행동은 곧 한 아이의 인생을 살리는 일이자 더 나아가 이 사회의 안정을 위하는 일임을 알 수 있었다. 예전에 한 사형수가 했던 말이 생각났다. 자신의 어려운 환경 속에서 한 명이라도 자신에게 관심을 가져준 사람이 있었다면, 자신은 이렇게 큰 죄를 지은 자가 되지 않았을 것이라는 말이었다. 한 사람을 위한 사회복지 실천은 더 나아가 한 사회를 위한 실천이 된다는 것을 그 후원자의 사례를 통해 다시 깨닫게 되었다. 그 한 번의 관심, 한 사람의 관심으로 또 한 인생이 바뀔 수 있다는 것을 우리는 현장에서 볼 수 있다. 이런 멋진 분들을 만날 수 있는 것도 선생님은 사회복지사의 특권이라고 전했다.

사회복지사로서 능력을 향상시키기 위해 개인적으로 추구하는 일에 대해서는, "사실 지금 우리 기관에 근무하는 사회복지사들이 근무외 시간에 공부하기에는 너무 여유가 없어요. 매일 야근해야 하고 일이 많아요. 건강을 잃고 쓰러졌을 때 제가 느낀 것은 내가 좋아하는 일을 하기 위해서 내 관리를 잘 하지 않으면 소진되어 쓰러진다는 것이에요. 그러면 오히려 대상자들에게 좋은 서비스를 줄 수 없는 것이잖아요. 내가 행복하지 않으면 좋은 것을 내줄 수 없어요. 사람이 무한한 능력을 가진 신 같은 존재는 아니잖아요." 선생님은 바로 자신이 행복해야 행복한 서비스를 제공할 수 있다고 했다. 그래서 직원들에게 자신의 건강을 잘 관리하고 문화생활, 여행도 즐기라고 자주 권한다.

사회복지정책은 사회안전망으로서의 그물이 되고 있는데, 그 그물로도 해결되지 못하는 부분과 보호받지 못하는 계층이 생긴다. 이들에게 직접 찾아가 실질적인 서비스를 제공하는 것이 사회복지사의 일이고, 그렇기에 더욱 필요하다고 했다.

"저는 우리 젊은 직원들도 일만 하지 말고 나가서 스트레스도 풀라고 내몰아요. 그래야 소진되지 않고 지속적으로 일할 수 있다고 생각해요." 선생님은 요즘 사회복지 전담 공무원을 대상으로 강의할 때, 준비하면서 스스로도 많은 공부를 하게 된다고 했다. 선생님의 가장 강력한 무기는 밑바닥의 생생한 현장 이야기를 해 줄 수 있다는 것과, 우리의 기술과 지식을 어떻게 현장에 접목해서 일할 수 있는지에 대해 이야기하는 것이다. 이론적인 이야기도 중요하지만 현장에서의 경험은 참으로 중요하다는 것을 강조했다.

사회복지사가 되길 희망하는 후배들에게 해 주고 싶은 당부에 대해 "학교를 다니면서 사회복지 실천 현장이 가장 궁금하잖아요. 그것은 본인이 직접 찾아다녀야 해요. 사례연구를 비롯한 여러 이론을 배우지만 본인이 직접 사례를 접해 봐야 자신의 실천기술이 돼요. 학생들도 기회가 되는 대로 현장으로 찾아가서 자원봉사를 하며 직접 경험하는 것이 가장 중요하죠. 그것은 나중에 자신의 일을 갖게 되었을 때도 많은 도움이 될 거예요."라고 했다. 그리고 현장에서 사회복지사의 일은 힘들어도 그것을 보상해 줄 수 있을 만큼의 보람이 되돌아온다고 했다.

지금 현장에서 시급하게 해결해야 할 과제에 대해서는 "제가 답답하게 생각하는 것은 「국민기초생활보장법」이에요. 이것의 원칙은 국민에게 최저생계를 보장해 주는 것이잖아요. 최저생계비에 자신의 소득이 도달하지 못하는 사람들에 대해서 부족 부분을 도와주는 것은 물론 좋죠. 하지만 문제점은 이렇게 지속되다보니 사람들이 일을 안 하게 되는 것이죠. 내가 돈을 벌지 않아도 더 많은 지원을 받으니까 일을 하려고 하지도 않고, 사회복지사를 속이려 하기도 해요."라고 했다. 1999년 국가의 보호를 필요로 하는 최저생계비 이하의 가구에 대하여 최저수준 이상의 생활을 제도적으로 보장하고, 스스로 자립할 수 있도록 지원하는 생산적 복지를 실현하기 위하여 「국민기초생활보장법」을 제정했다. 법을 제정하고 시행한 후에는 당연히 많은 문제점들이 발생하고 개정되어야 할 필요성이 생긴다. 「국민기초생활보장법」 역시 수급자 선정에서의 문제점과 수급자 자활을 저해하는 문제점이 제기되고 있다.

선생님은 이러한 문제점에 대해 일선 현장에서 지속적으로 부딪히면서 느끼신 부분이 많았다고 했다. "제가 느끼는 문제는 예전 생활보호법은 근로 능력이 있는 사람에게는 지원하지 않았어요. 학비, 의료급여를 지원하였고 근로 능력이 없을 때에는 취로사업 등의 지원이 있었는데, 지금은 근로 능력이 있어도 소득액을 기준으로 지원하니까 젊은 사람들까지도 의지하게 되는 거죠."

선생님은 과거에는 지금보다 대상자들과 사회복지사 간에 더 많은 신뢰가 있었다는 점을 느낀다. 서로가 솔직했고 믿음이 있어서 무엇인가 조금 더 많이 도와주고 싶은 마음이 있었다고 했다. 오래 한 곳에서 근무하다 보면 '아, 저 아주머니 지금 쌀 떨어질 때 됐는데.' '저 아저씨 돈 떨어질 때 됐는데.' 하며 말하지 않아도 저 집에 숟가락이 몇 개인지 알게 된다. 그래서 사정을 알 수 있을 정도로 서로 간에 신뢰관계가 형성되어 있었다고 한다. 하지만 지금은 서로 숨기려 하고, 사회복지사는 수급자 선정 과정에서 법률에 맞아야 하고 정확해야 하기 때문에 더 캐내려고 함으로써 배신감을 갖게 되고 신뢰관계는 깨진다고 했다. 너무나 슬프고 속상하다고 말했다. "우리도 많은 배신을 당하다보면, 제도 외에 제공해 줄 수 있는 서비스가 있음에도 불구하고 마음과 에너지가 소진되어 버려요. 예전에는 많은 보람을 느꼈기 때문에 어디서든지 후원자를 찾아서 연결했었는데, 2000년대에 들어온 사회복지사들은 신뢰관계를 쌓아 가기가 힘들기에 빨리 소진되어 가는 것 같아요. 저는 무조건 많이 주는 것보다는 어려운 환경에서 자활할 수 있도록 지원해 주는 방향으로 나아가기 위한 적절한 서비스의 조화가 필요하다고 생각해요." 삶을 좀 더 열심히 살아가려고 노력하는 자에게 더 많이 주고, 노력하지 않은 자에게 조금 덜 주는 것이어야 할 텐데, 지금의 복지는 그렇지 못함에 속상해했다. 동시에 선생님은 우리에게 제일 중요한 것은 도움이 필요한 사람에게 도움을 주는 것이기에 그것을 잊어서는 안 된다는 것을 일깨워주면서 다음과 같이 말했다. "제가 우리 직원들에게 항상 강조하는 것은 '때로는 속아 주어라.' 라는 거예요. 너무 안 속으려고 대상자를 경계하다면, 사실은 정말 도움이 필요한 사람을 놓칠수도 있거든요."

등촌3동 주민센터에는 3,000세대의 대상자가 있다고 한다. 처음에 들어왔을 때 일하고 있는 공무원 수를 보고 놀라긴 했지만, 대상자 또한 굉장했다. 사회복지사도 13명으로 전국에서 가장 많은 곳이다. 요즘은 정신장애인, 알코올중독이나 성격상 문제가 있는 사람들이 예전보다 많이 늘었으며, 빈곤 또한 같은 환경 속에서 지속적으로 대물림되는 악순환 또한 늘어났다.

선생님은 지난 4년 동안 새터민, 사할린동포, 위안부 등 다양한 대상자들을 만났는데, 이들에게는 가족이 없었다고 한다. 그렇기에 그분들이 돌아가시면 장례 절차를 밟고 마지막 가시는 길까지 함께하는 경우가 있다고 한다. “우리는 24시간 뛰어나가야 돼요. 연락이 오면 늦은 밤이나, 새벽에도 뛰어나가야 해요. 하지만 그것은 보람되기도 하고 좋아요.” 이런 것을 일이라 생각하면 결코 할 수 없는 것임에 우리는 모두 동감할 것이다. 이제는 새벽에 연락이 와서 병원으로 달려가야 하는 일이 생기면 남편 분과 자녀를 포함한 온 가족이 함께 가는 일도 종종 있다고 했다. 그러는 과정에서 병원 측과 신뢰관계가 형성되어서 간혹 장례식 절차에 필요한 물적 자원이 부족할 때면 병원관계자들이 후원하기도 하고 자원봉사자들도 연결해 준다고 한다. “신뢰관계는 우리 사회복지사들의 힘이죠. 제가 항상 직원들에게도 말하지만, 우리의 파워는 자원동원에 있다고 생각해요. 물질적인 것도 있지만 사람을 동원할 수 있는 힘, 그게 우리의 가장 큰 기술이죠.”

선생님이 하시는 일 중 가장 좋아하고 늘 하고 싶은 일은 돌아가시는 분의 임종 순간을 수발 드는 일이다. 마지막 가는 길에 아무도 없는데 선생님이 직접 지켜보면서 보내드릴 수 있다는 것이 요즘은 기쁨이 된다고 했다. 마지막 가는 날까지 도움을 드릴 수 있다는 것이 선생님의 그 어떤 일보다도 소중한 것이었다. 지금도 선생님은 보살피는 손길이 없는 어르신들의 임종을 함께하는 일을 하신다. 수술하러 들어가시기까지 손잡아 드리며 힘내서 잘 이겨내시라고 이야기하는 것을 자신이 할 수 있는 능력을 다하는 것, 그게 사회복지를 하면서 가장 보람이 된다고 했다. 반면 가장 아쉬웠던 점은, 조금 더 해 줄 수 있었는데 못해 주었던 기억이라고 했다.

10년 전 선생님께 인터뷰하러 왔을 때와 지금을 비교하면 같은 현장에서 무엇이 변화되었는지에 대해 물었다. "일이 많아졌어요. 지금은 위기상황이다보니 중앙정부에서 새로운 것을 내놓으면 실행하는 우리는 따라가느라 힘들죠." 언론이 사회복지 분야에서 일하는 공무원들이 비리로 한 달 내내 감사를 받고 있다고 전하는 바람에 민원인들이 공무원을 도둑으로 보는 것 같아 가장 속상하다고 했다. 이런 일을 겪고 나면, 사기도 떨어지고 공적 기관에 대한 민원인의 신뢰가 떨어지기에 힘들다고 하였다. 사회복지사들끼리의 신뢰, 대상자와의 신뢰관계는 가장 기본이면서 가장 중요한 것임을 강조했다.

"신뢰관계는 우리 사회복지사들의 힘이죠. 제가 항상 직원들에게도 말하지만, 우리의 파워는 자원동원에 있다고 생각해요. 물질적인 것도 있지만 사람을 동원할 수 있는 힘, 그게 우리의 가장 큰 기술이죠."

하지만 사회복지현장을 선생님이 처음 전담 공무원으로 발 디딘 23년 전과 비교할 때 많은 발전을 이룬 것만은 틀림이 없다고 했다. 선생님은 계속 변화하는 실천 현장에서 책임지고 일할 사회복지 전담공무원들이 더 많이 필요하기 때문에 이들이 양적 확대를 위해서도 적극 노력하고 있다. "우리가 보는 시각은 잘 살아가는 사람보다 부족한 사람에게 늘 관심을 갖고 우리에 의해 그들이 더 나은 삶을 영위할 수 있다는 게 정말 보람차고 기뻐요. 사회복지사가 실천 현장에 더 많이 투입되어서 이 기쁨을 함께 나누면 좋겠어요. 그리고 가끔은 우리 대상자에 비해 나는 가진 것이 참 많다는 생각을 해요. 그래서 불만 없이 감사하며 하루하루 살아갈 수 있다는 게 큰 축복이에요. 앞으로도 이런 마인드로 열심히 일할 거예요."

인터뷰를 하는 사이에 시간이 훌쩍 지나가서 다른 직원들은 모두 퇴근했지만, 묵묵히 다시 자리에 앉는 선생님의 모습은 자신의 일을 사랑하고 책임지는 사람이었다.

김미영 선생님은……

연세대학교 사회복지학과 졸업 / 서울시 강서구청 사회복지과 자활지원팀장 / 서울시 강서구 등촌3동 주민센터 주민생활지원팀장(현)

일관성, 순수함, 정직이 이끄는 삶

박용오 | 한국사회복지협의회 나눔사업본부장

사회복지사 하면 무엇이 가장 먼저 떠오를까? 희생과 봉사를 말하는 사람들이 많지 않을까? 아마도 정답은 없을 것이다. 그 해답으로 정직과 성실이라고 말하는 한 분이 있다. 지금까지 사회복지사들의 근무 환경 개선에 많은 노력을 해 오셨던 한국사회복지협의회 박용오 본부장님. 지금까지 현장에 계시면서 사회복지사로서 지녔던 가치관이라고 하면 정직함과 성실함이라고 한다. "정직이라는 것은 인간이 살아가는 데 기본이라고 생각하거든요. 서로 자기의 본 모습을 그대로 보여 주고 남과 더불어서 자기를 인정받으려면 자기 스스로 정직한 게 가장 중요하죠. 저는 정직이 힘이라고 생각합니다." 박 본부장님은 어떤 일을 해도 술수를 쓰지 않는다고 한다. 무슨 일이든 피하지 않고 그저 정공법으로 해결하려고 노력하는 박용오 본부장님. 자신의 정직성을 바탕으로 아무리 어려운 일이 있더라도 정면 돌파를 하며, 그 이면에 자신에 대한 확신을 갖고 매사에 임한다고 했다. 더불어 하나를 더 강조하였는데, "성실이라고 하는 것은 자기의 삶을 풍요롭게 가꾸어 가는 기본 밑거름과 같다고 생각해요. 그래서 늘 성실한 사람들이 사회적으로 인정받고 성공할 수 있지 않나 생각해요." 라고 했다.

정직과 성실을 바탕으로 20년이 넘는 시간 동안, 사회복지 현장에서 부딪히는 많은 어려움을 극복할 수 있었던 힘의 원동력은 무엇일까? "저는 가장 잘할 수 있는 일이 사회복지라고 생각해서 선택을 했어요. '세상에 많은 직업들이 있지만 내가 어떤 분야에서 일하면 정말 즐겁고 행복하게 할 수 있을까?' 이런 생각들을 많이 하면서 기쁨을 가지고 할 수 있는 사회복지의 길을 찾았죠." 사회복지 현장에 계시면서 처음처럼 즐겁게 일하고 있다는 말을 듣는 순간, 아마도 이 인터뷰가 많은 이들에게 무언가를 남겨 줄 것이라는 기대감이 들었다. 상당수의 사회복지사들이 큰 뜻과 소망을 안고 학교에서 공부한 후 현장으로 진출한 후에도 처음의 마음을 계속 유지해 나가기란 정말 쉬운 일이 아닐 것이다. 그리고 기쁨으로 그 일을 한다는 것도 결코 쉽지 않을 것이다. 그런 점에서 박 본부장님이 말한 '내가 기쁨으로 할 수 있는 일'은 많은 사람들에게 의미하는 바가 클 것이라고 생각했다. "기본적으로 사회공헌에, 사회발전에 기여할 수 있는 직업인가를 먼저 많이 생각했어요. 사회공익, 사회발전을 위해서 도움이 될 수 있고, 일을 통해서 기쁨을 느낄 수 있는 그런 일이 바로 사회복지라는 확신을 갖게 되었죠. 그런 결정에는 신앙이 배경이 되기도 했죠. 지금도 그런 생각들에는 변함이 없어요." 아마도 한 마디로 표현하면, 시종일관이란 말이 가장 잘 어울리지 않을까?

온화한 모습을 풍기시며 조용히 그러나 무게 있고 논리적으로 말씀하시는 모습은 강직한 기개(氣槪)를 가진 덕망 있는 선비 같다고 느껴졌다. "제가 좀 온화한 편이죠. 하지만 불의를 보면 못 참는 그런 게 있어요."라며, 진정한 사회정의가 무엇인지를 많이 생각한다고 했다. 사회복지 현장에서 실천하는 것이 곧 사회정의를 실천하고 있는 것이며, 그런 면에서 좀 더 정의롭게 살고 싶다는 말씀을 했다.

사회복지 현장에서 지내오며 박 본부장님의 기억에 남는 것은 '2001년도 서울시 사회복지관 평가제도 개선운동' 부터 '2004년도 사회복지 전문성 사수투쟁'까지 투쟁운동을 주도한 것이라고 한다. 2001년도에는 서울시 사회복지관 실무자들이 함께 모여 평가지표와 평가시스템의 변화를 이끌어 냈다고 한다. "당시 평가시스템이 평가결과를 상대평가해서 서열화하고 이에 따라 사회복지 보조금을 차등 지급했던 불합리한 부분들이 있었고, 평가지표도 조잡한 부분들이 많이 있었어요. 관의 일방적인 횡포에 억눌려 있던 실무자들이 똘똘 뭉쳐 평가지표와 평가시스템에 대한 개선운동을 시작했죠." 이런 실무자들의 적극적인 움직임은 관 주도의 사회복지 현장에서 민간 부문의 자주성 회복에도 커다란 영향을 주었으며, 2002년도 사회복지공동모금회 평가지원단의 구성과 출범, 2003년도 서울시 사회복지관의 합리적인 예산투쟁, 2004년도 사회복지 전문성 사수투쟁 등을 주도하면서 사회복지 현장에 큰 변혁을 가져왔다. 또한 박 본부장님은 2005년도에 한국사회복지사협회 사무총장으로 취임하여 3년만에 협회의 직원 수를 2.5배로 확대하고 예산 규모를 10배로 확대하였으며, 사회복지사협회의 김성이 회장님은 보건복지가족부장관으로, 변도윤 부회장님은 여성부장관으로 나란히 임명받게 하는 데 큰 기여를 했다.

노무현 대통령 국민장 참석한 박용오 본부장

사회복지 전문성 사수투쟁을 이야기하는 가운데, 사회복지가 다른 전문직과 비교해서 고유하게 갖고 있는 점은 무엇이라고 여기는지에 대해서는, "사회 공익을 위해서 일한다는 거죠. 개인의 이익보다는 사회공익을 우선으로 일한다는 특징과 함께 가장 소외받는 사람들의 사회정상화를 위해서 도울 수 있는 것이 우리 사회복지 전문직의 특징이죠."라고 했다. 여러 전문직들은 공익을 위해서 일하고 있지만 사회복지는 어려운 사람들을 위한 손과 발의 역할을 한다는 점에서 차이점을 보인다고 했다. 그렇기 때문에 사회복지는 어느 사회에서나 간과할 수 없는 필수 영역과 같다. "누구나 인간답게 살 수 있는 것, 나도 클라이언트도 사람이니까 사람으로서 인간답게 살아갈 수 있도록 지원하는 것이 필요한 거죠. 아무리 제도가 잘 되어 있다고 하더라도 소외계층의 사람들이 스스로 찾지 못하는 권리를 찾아주고 대변해 주며, 어렵게 살아가는 사람들이 사람답게 살아갈 수 있도록 지원하고 사회정의를 실천하는 것이 사회복지활동이지요." 사회복지를 공부하는 사람들은 어느 누구를 막론하고 이미 알고 있을 것이다. '인간을 인간답게 살게 하는 것' 그것이 사회복지가 지향하는 목표다.

박 본부장님은 자기계발을 위해 책을 가까이 한다고 했다. "살다보니 벌써 나이가 50이네요. 이제는 관리자로서의 역할을 해야 하기 때문에 경영, 조직관리분야의 책을 많이 읽습니다." 사실 경영과 사회복지는 다른 성격의 학문이라고 볼 수 있다. 하지만 상호 간에 부족한 부분을 보완해 준다면 좀 더 나은 사회복지 실천이 이루어질 수 있을 것이다.

사회복지를 공부하는 후배들을 위해서도 몇 가지 당부의 말을 전했다. "보통 우리가 직업을 선택할 때 세 가지의 조건을 보는데요. 첫 번째는 경제적 수입, 두 번째는 사회적 인정, 세 번째는 자아실현의 측면에서 보죠." 세 가지 조건을 완벽하게 갖출 수는 없지만 그래도 두 가지 이상만 되면 괜찮은 직장이라고 했다. 지금 당장의 현실만을 바라보지 말고 본인의 목표를 세우고 그것을 위해 끊임없이 노력하라는 말씀처럼 다가왔다. "사회복지사가 타 직종에 비해 경제적 수입이 적은 편이긴 하지만 사회적으로 인정받고 자아실현을 해 나가기에는 무엇보다도 좋은 직업이라고 생각해요. 누구나 하는 일 자체가 기쁨이 되고 사회에 도움이 될 수 있는 일을 직업으로 선택할 수 있다면 더할 나위 없이 행복하겠죠. 그런 의미에서 보면 사회복지가 자기의 기본적인 성품과 잘 맞는다면 최고의 직업이라고 생각합니다."라고 했다.

최근에 들어서 많은 변화를 겪는 사회현상에 발맞춰 나가야 하는 사회복지 현실에서 해결해야 할 과제로는 사회복지 서비스 전달체계에 대한 부분을 강조했다. "사회복지 현장에서는 서비스의 중복이나 사각지대가 생기기도 하고 서비스 자체가 파편화 · 분절화되기도 합니다." 현재의 사회복지 서비스의 중복이나 사각지대는 수요자 중심의 접근 방식보다는 공급자 중심의 접근 방식에서 비롯된다고 지적하고 우려를 표하시며, 그에 대한 대책으로 지역사회 내에서 서비스 공급 주체 간의 정보공유와 통합화 · 전문화가 필요하다는 점을 피력했다. 서비스는 공급자 입장에서 제공되는 대신 온전히 클라이언트를 위한 수요자 중심이 되어야 하기 때문이다. "아프리카 속담 중에 '한 아이를 키우기 위해 한 마을이 필요하다.'는 말처럼 정말 지역사회에 소외되어 있는 한 사람, 한 개인, 한 가정의 정상화를 위해서는 지역사회 전체가 한 뜻, 한 마음으로 서비스를 전달해야 하는데 지금 현재 우리 전달체계는 그렇지 못하거든요. 그런 부분에서 좀 개선되어야 하지 않을까 생각해요."

사회복지 전달체계 이외에도 박 본부장님이 몸담고 있는 사회복지협의회의 개선을 위한 제안은 다음과 같다. "현행 「사회복지사업법」 규정에는

"사회복지사가 타 직종에 비해 경제적 수입이 적은 편이긴 하지만 사회적으로 인정받고 자아실현을 해 나가기에는 무엇보다도 좋은 직업이라고 생각해요. 누구나 하는 일 자체가 기쁨이 되고 사회에 도움이 될 수 있는 일을 직업으로 선택할 수 있다면 더할 나위 없이 행복하겠죠."

시 · 군 · 구 지역사회복지협의회의 설치 · 운영이 임의규정으로 되어 있는데, 민간사회복지 영역을 대표할 수 있는 지역사회복지협의회의 설치 · 운영이 의무규정으로 개정되어야 합니다. 그래야 지역사회에서의 사회복지 서비스 활성화가 이루어질 수 있다고 생각합니다. 사회복지협의회가 시 · 도까지는 설치할 수 있지만, 기초자치 단체인 시 · 군 · 구까지는 의무설치가 되어 있지 않습니다. 지역사회복지협의회라는 말 그대로 지역사회에 있는 모든 사회복지기관 단체들의 협의기구가 되고 모든 민간 사회복지기관 단체들의 의견을 수렴 · 대변할 수 있는 그런 역할들을 해야 한다고 생각해요." 이렇게 지역복지를 위한 지역의 민간기관 · 단체들이 효율적으로 연결망을 구축할 수 있다면 우리의 복지 수준은 좀 더 향상될 것이라고 했다.

사회복지 현장에서 실천하는 것이 사회정의를 실현한다는 신념으로 매진해 온 박용오 본부장

사회복지에 대한 바람과 함께 향후 사회복지에 대한 전망을 한다면, 경제 규모와 비례하여 급격하게 양적인 팽창이 이루어진 이제는 질적인 발전이 우선되어야 한다고 했다. "81학번인 제가 학교 다닐 때만 해도 사회복지학과가 설치된 대학이 16개밖에 없었어요. 하지만 지금은 아주 많은 분들이 사회복지를 공부하고 현장에서 근무하고 있죠. 양적으로 엄청난 규모로

확대되었죠. 그러나 질적으로는 거의 제자리걸음에 있다고 봅니다. 그만큼 앞으로는 질적으로 다듬어져야 될 거라고 봐요." 또한 우리나라가 IT강국이기 때문에 사회복지 정보화의 확대로 효율적인 업무추진이 이루어질 것이고, 사회복지 예산이 확대되고 있어 전체적으로 사회복지 규모가 커질 것이라 전망했다. 더불어 이제는 정부가 일률적으로 보조금을 지원하는 방식에서 탈피하여 민간복지 분야도 경쟁과 효율성, 시장논리로 접근하는 변화가 곧 올 것이기 때문에 과학적인 경영과 조직 관리에 대한 학습과 준비가 필요하다고 했다.

오랫동안 사회복지를 하면서 아직 못 다한 것이 많은 것일까? 박 본부장님은 다시 태어나도 사회복지를 분명히 할 것이라고 한다. "저는 다시 태어나도 사회복지를 할 거예요. 저는 사회복지 외에 잘할 수 있는 일이 없다고 봐요. 제가 가진 성품이나 자질을 보면 사회복지보다 잘할 수 있는 일이 없어요. 다시 태어나도 사회복지를 할 겁니다." 굳게 말씀하시는 본부장님을 보며 인터뷰를 위해 처음 만났을 때 느껴졌던 강직한 기운이 전해졌다. 이렇게 말씀을 하시는 본부장님의 영향 때문인지, 가족들도 사회복지에 대한 이해와 관심이 남달랐다. "벌써 제 조카들 여러 명이 사회복지 현장에

향후 사회복지에 대한 전망을 한다면, 경제 규모와 비례하여 급격하게 양적인 팽창이 이루어진 이제는 질적인 발전이 우선되어야 한다고 했다.

"저는 다시 태어나도 사회복지를 할 거예요. 저는 사회복지 외에 잘할 수 있는 일이 없다고 봐요. 제가 가진 성품이나 자질을 보면 사회복지보다 잘할 수 있는 일이 없어요."

있거나 공부하고 있고, 고3인 아들도 사회복지학과 쪽으로 많은 관심을 갖고 있습니다." 아마도 향후에는 사회복지사 가족의 모임이 되는 건 아닐까 하는 흐뭇한 생각을 했다.

박 본부장님은 사회복지사로서 가장 보람됐던 시기는 1991년부터 1999년까지 사회복지 전문요원으로 근무하던 시기라고 했다. "화재 때문에 하지 장애를 갖게 된 25세의 아가씨가 몇 번이나 자살을 시도했으나 지속적인 상담과 권유로 결국 무료 재활수술을 받아 의족을 한 후, 결혼을 하여 아기엄마로 행복하게 살고 있는 일이나, 노동판에서 일하다가 심장병으로 쓰러져 거의 죽게 된 50대 초반의 클라이언트가 무료심장수술로 건강을 되찾아 행복하게 살고 있는 일 등이 기억에 많이 남아요. 사회복지사로 보람 있었던 일은 그런 일이었던 거 같아요. 앞길이 보이지 않아 막막하던 사람들이 당면한 어려움을 헤쳐 나갈 수 있도록 안내하고 지원해 줌으로써 많은 사람들이 열심히 행복하게 살아가는 모습이 가장 기억에 남습니다."

아마도 사회적으로 많은 어려움을 겪고 있는 사람들에게 희망을 주는 것, 그것이 본부장님이 말씀하시는 사회복지사로서 정의롭게 사는 삶, 사회정의를 추구하는 길이 아닐까.

박일규 선생님은……

연세대학교 사회사업학과 졸업 / 연세대학교 행정대학원 사회복지학 석사 / 연세대학교 가양4종합사회복지관 부관장 / 한국사회복지협의회 나눔사업본부장(현)

사 · 회 · 복 · 지 · 사 · 들 · 의 · 희 · 망 · 이 · 야 · 기

PART. 8 언론 · 정치

클라이언트의 목소리를
언론으로 변환시켜 주는 옹호자
백종환, 인터넷 장애인신문 에이블뉴스

사회복지 안전망 구축 강화자
조규영, 서울시의회

클라이언트의 목소리를 언론으로 변환시켜 주는 옹호자

백종환 | 인터넷 장애인신문 에이블뉴스 대표이사

어린 시절 고아원에서 자랐던 한 아이. 어린 나이에 상경하여 우유 배달, 빵 배달 등 궂은 일을 하며 생계를 걱정해야만 했던 아이. 호락호락하지 않은 세상을 살아가기 위해 일해야 했고, 일해야 살아갈 수 있었지만, 고아원 생활교사가 되어 이 땅의 어려운 아이들과 함께하겠다는 그 아이의 꿈은 항상 마음 깊이 자리매김하고 있었다.

당시 생활고는 에이블뉴스 대표인 백종환 선생님만의 유년시절은 아니었으리라 생각된다. 당시 우리나라 현실 자체가 먹고 살기 어려운 시절이었으니 어쩌면 서민이라면 당연히 겪을 수 있는 과거의 아련한 기억일지도 모른다. '나는 배곯고 자랐으니 우리 자식은 잘 먹이고 잘 입히고 남부럽지 않게 해 주고 잘 키워야지!' 라고 생각할 만도 하건만, 백종환 선생님의 어릴 적 꿈은 선생님 삶의 길을 제시해 주고 힘을 실어 준다.

어려운 살림으로 장학금을 받으며 공업고등학교를 다녔고, 공과대학에 진학하여 아르바이트를 하면서 대학을 다녔다. 선생님이 대학에 입학한 1980년은 대학생의 민주화 항쟁 시위로 매우 혼란한 시대였다. 이 시기에 그는 도움이 필요한 청소년들에게 배움의 기회를 주고자 구로공단에서 야학을 만들어 야간학교 교사로 활동하면서 어린 시절 가졌던 고아원 교사의 꿈을 조금은 다른 방식으로 키워 나가고 있었다.

선생님이 군대를 제대하고, 다니던 교회의 중·고등학생들과 시각장애인 생활시설에서 자원봉사를 시작하면서 장애인과의 첫 인연은 시작되었다. 처음 시설에 들어섰을 때는 어떤 마음이었을까. 그의 표현을 그대로 빌리자면, "토할 뻔했다." 마음 따뜻하고, 좋은 일을 하고, 소수 장애인을 옹호하고 대변해 주는 한 사회복지사에게 기대되는 답변은 아니었지만, 솔직한 당시 심정을 전해 주는 선생님의 꾸밈없는 모습에 신뢰가 더해졌다.

그곳은 사람의 손길이 거의 없어 시설이 열악하고 지저분하고 낙후되어 있었고, 거주하는 사람들도 거칠고 무서워 접근하기가 어려웠다고 한다. 하지만 학생들이 시각장애인들과 자연스럽게 만나 관계를 맺고 일하는 모습을 보며, 교사로서 학생들에게 뭔가를 보여 주어야겠다는 생각에 선생님이 취한 행동은 한 시각장애인의 손을 잡는 것이었다. "손을 잡는 순간, 그의 따뜻한 온기가 손을 통해 온몸으로 전해졌어요. '아. 이 사람들도 사람이구나. 이들도 우리랑 똑같은 사람이구나.' 그때 저는 하늘에서 점지해 주신 타고난 사회복지사라는 것을 알게 됐죠." 선생님에게도 이러한 계기가 있었다는 것, 이러한 일화가 있었다는 것, 장애인과 첫 만남 전에는 그 사람들은 죽은 사람처럼 온기도 없을 것이라고 생각했었다는 것, 이러한 선생의 진솔한 이야기는 사회복지사로서의 자질에 의구심을 가진 채 사회복지를 공부하는 학생들에게 힘이 되지 않을까 하는 생각을 해 본다. 이렇게 장애인과의 첫 만남을 시작으로 장애인에게 흠뻑 빠지게 된 선생님은 이들의 어렵고 고통스러운 생활을 보면서 장애인을 위한 활동을 펼쳐야겠다는 생각을 하게 되었다고 했다. 그 후 그는 대학교를 마칠 때까지 매주 토요일 장애인생활시설의 자원봉사와 아울러 녹음도서 봉사를 시작하며 장애인과의 인연을 이어 나갔다.

선생님이 대학 졸업과 동시에 입사한 곳은 어느 신문사였다. 어릴 때부터 글 쓰는 것을 좋아하고 글쓰기 대회 입상 경험이 많았던 그는 사회적으로 가장 낙후되어 있는 장애인 분야의 신문기자가 되어 전문적으로 취재를 하기 시작했다. 2년간 기자 생활을 하며 현장을 바라볼 때 기자의 시각으로만 바라보는 스스로의 모습에 부족함을 느낄 수 있었고, 그런 부족을 메우기 위해 대학원에서 사회복지를 전문적으로 공부하게 되었다. 이는 선생님의 사회복지에 대한 포부, 복지 마인드, 현장에서의 자원봉사 경험과 기자로서의 취재 경험 등에 학술적인 지식을 보태는 기회가 되었다. 이 시기는 장애인과 함께하는 선생님을 위한 성장의 시기이자 장애인의 실생활에 도움이 되는 각종 제도 개선에 관한 요구와 장애인복지 정책을 만들어 낼 수 있는 견인차 역할을 하지 않았을까.

장애인이 아닌 선생님이 지금껏 20여 년간을 장애인과 항상 함께하며 이 일을 할 수 있었다는 것이 그리 쉽지만은 않았을 것이다. "많은 장애인들 속에서 저 사람은 가식 아니냐는 오해와 손가락질도 많이 받았어요. 한 가정의 가장인데, 돈을 얼마 벌지 못하니 경제적으로도 어려웠고요." 이처럼 선생님이 개인적인 어려움을 감내하면서도 자부심을 가지고 같은 일을 할 수 있게끔 한 힘은 어디에서 나온 것일까?

"이 일이 급여가 낮긴 하지만, 제가 하는 일을 누군가에게 설명할 때 칭찬으로 답해 주는 것, 그것이 원동력 아닐까요? 우리가 낯선 누군가를 만나면 쉽게 던질 수 있는 질문이 있잖아요. '무슨 일 하세요?' 그 질문에 대한 대답으로 '장애인 신문사에서 일합니다.' 라고 이야기 할 때, 항상 되돌아오는 피드백은 '너무 좋은 일 하시네요, 정말 고생 많습니다.' 라는 말이었어요." 자신이 하는 일에 자부심을 가지고 그 일을 타인에게 설명할 때 타인으로부터 받게 되는 인정과 칭찬이 바로 그 일을 놓을 수 없게 하는 원동력이자 최고의 행복이었던 것이다.

기존에 일하던 신문사에서 계속되는 임금 연체로 기자들이 합심하여 제작 거부를 할 때가 있었다고 한다. 그 당시 선생님은 "신문 발행은 사주와의 약속이 아니라 독자와의 약속이므로 신문 휴업과 제작 거부는 있을 수 없는 일이에요."라면서 동료 기자들을 설득하였다고 한다. 비록 급여는 받지 못하지만, 많은 사람들로부터 받는 칭찬과 지지는 그 어떤 보상보다도 값진 것이었기 때문이지 않았을까.

"다시 태어나도 사회복지를 할 것 같아요. 개인적으로 신문사대표로서, 대학 겸임교수로서, 방송인으로 활동을 하기 때문에 괜찮은 생활을 할 것 같지만 우리 네 식구들이 살기에는 너무나 비좁은 전셋집에 살고 있어요. 경제적으로 어려움이 있을지라도 욕심은 별로 없습니다. 집사람과 아이들에게 풍족하지 못하게 해 주어서 미안하지만, 아이들과 집사람도 괜찮다고 하고 제가 이 일을 하는 것에 만족하고 있어요. 내 욕심만 차려 좀 그렇지만……." 하며 껄껄 웃으시는 선생님. 궁핍함은 있을 수 있지만, 자신의 일에 사명감을 가지고, 행복한 일과를 보내는 것에 감사하고, 에이블뉴스가 장애인에게 사랑받고 있다는 것에 감사하다고 한다. 다양한 정보를 제공하고 함께 나눌 수 있는 창구가 있다는 것에 감사하고 무척 풍족하다는 이야기를 전하는 그의 미소 지은 얼굴에 자신의 일에 대한 자부심과 만족감이 느껴진다.

에이블뉴스는 언론이라는 특성상, 학술적이고 정형화된 틀에서 벗어나 장애인 대중의 문제를 지적할 수 있다. 관계 기관에서 이 문제에 대하여 해명을 하고 실제적으로 정책 변화가 있을 때, 선생님이 느끼는 '희열'은 곧 행복으로 다가와 그가 현

자신이 하는 일에 자부심을 가지고 그 일을 타인에게 설명할 때 타인으로부터 받게 되는 인정과 칭찬이 바로 일을 놓을 수 없게 하는 원동력이자 최고의 행복이었던 것이다.

장에 있게 하는 또 다른 이유가 되기도 한다. 욕구가 있는 장애인 대중과 직접 만나 소통하며 그들의 목소리를 통해 다양한 문제점을 생생하게 전해 듣고, 그것을 언론으로 전달하여 개선하고자 하는 선생님의 노력은 우리 사회의 장애인 전체의 모습을 바라보고 있는 것이자 장애인 전체 속에 에이블뉴스가 한 가운데서 그들과 함께 호흡하고 있는 모습으로 다가온다.

장애인 관련 기관의 이사장, 회장 등 높은 직위를 가진 자들의 목소리가 아니라, 장애를 안고 살아가는 장애인 대중의 시각에서 그들이 경험하는 어려움과 고민, 욕구를 중심으로 언론에서 사회복지를 실천하는 에이블뉴스 대표 백종환 선생님. 그는 장애인의 눈높이에 맞추어 클라이언트 중심의 실천을 하는 실천가이자 클라이언트 입장에서 그들의 욕구를 언론이라는 수단으로 전달해 주는 옹호자이자 사회 변화를 위해 노력하는 개혁가가 아닐까.

그는 사회복지를 '오병이어'라고 이야기한다. 이는 성경 구절 중 하나로 예수께서 다섯 개의 떡과 두 마리의 물고기를 가지고 오천 명의 배고픈 군중을 먹이고도 열두 광주리가 남았다는 이야기다. 선생님은 이렇게 말한다. "사회복지사는 예수와 같은 기적을 클라이언트가 누릴 수 있도록 원조하며 그 기적을 일구어 내고 있다고 생각해요. 후원금 10만 원으로는 10명의 사람들에게 만원씩 나누어 줄 수밖에 없지만, 정보가 10개 있다면 10명 모두가 필요한 정보 10개씩을 모두 가져갈 수 있어요. 장애인 보장구 지원사업은 신청제로 운영되고 있어서 누군가 알려 주지 않으면 클라이언트들이 알지 못하여 지원을 받을 수 없어요. 시골이나 산간

마을은 더욱 모르죠. 특히 장애인은 정보가 없어 더 몰라요. 이런 사람들에게 정보를 제공해 주면 그들이 서비스를 받을 수 있죠. 이게 나눔이고 우리 같은 사회복지사가 기적을 이룰 수 있는 나눔이라고 생각해요. 나눔 사업을 실천하는 것이 중요하고요. 이것이 바로 나눔의 기쁨이고, 기적을 나누는 일이자 사회복지라고 생각해요." 선생님의 이러한 이야기는 한 명의 사회복지사로서 언론의 현장에서 클라이언트에게 다양한 정보를 전하고 그들이 권리를 찾을 수 있도록 원조하는 그의 가치와 철학이 마음으로 느껴지는 이야기가 아닐 수 없다.

선생님은 마지막으로 사회복지사가 되기를 원하는 후배들에게 이 이야기를 꼭 전하고 싶다고 했다. "사회복지에는 헌신과 봉사의 개념이 있지요. 요즘 사회복지 시장이 커져서 각 대학들이 학생 수를 채워 돈을 벌기 위해 사회복지사를 많이 양성하고 있어요. 사회복지가 돈을 벌기 위한 하나의 수단이 되는 경우가 있다는 이야기인 것이죠. 단지 하나의 학과 선택이 되어 공부하는 친구들이 있는 것 같아요. 충분히 그럴 수 있죠. 하지만 사회복지를 공부하면서 내 것보다는 나의 이웃, 클라이언트를 먼저 생각할 수 있는 의식의 전

그는 장애인의 눈높이에 맞추어 클라이언트 중심의 실천을 하는 실천가이자 클라이언트 입장에서 그들의 욕구를 언론이라는 수단으로 전달해 주는 옹호자이자 사회 변화를 위해 노력하는 개혁가가 아닐까.

환이 있었으면 해요."

부모를 버렸다는 신문 기사나 아버지가 12세 아들의 손가락을 잘라 보험금을 탔다는 보도 내용이 사실은 그들의 비정하고 비인간적인 삶을 이야기하는 것이 아니라, 그 이면에는 살아갈 방법이 없어 살 수 있는 대안을 모색한 것이라는 이야기를 덧붙였다. 이렇게 도움이 필요한 자들에게 원조를 제공하지 못했다는 것에 안타까움을 표하는 선생님의 모습에서 그의 마음 가득한 따뜻함이 전해진다. "사회적 안전망에서 누수되는 자들을 누가 보호해야겠어요. 우리 사회복지사가 보호해야 하지 않나요? 이렇게 하려면 사회복지사로서 의식이 있어야 해요." 선생님은 후배들에게 희생과 봉사가 곧 사회복지라고 이야기하고 있진 않지만, 희생과 봉사정신을 기본적으로 가지고 있어야 한다는 이야기를 강조했다. 처우 개선을 위한 목소리도 좋지만, 이것보다는 더 어려운 클라이언트가 있다는 것을 생각하며 클라이언트의 욕구를 위한 노력에 힘을 싣는 것이 더 우선시되어야 하지 않겠냐는 백종환 선생님. 그의 이야기 속에 클라이언트의 긍정적인 변화와 사회 변화에 앞장서고자 하는 그의 열정과 진실과 노력이 느껴졌다.

자신의 이득보다는 항상 클라이언트의 입장에 서서 언론을 매개로 그들의 입장을 대변하고자 하는 백종환 선생님, 그의 노력이 소수자가 소외되지 않고 더불어 잘 살 수 있는 사회, 그들에게 지금보다 편안한 사회, 아름다운 사회로 변화하는 과정에 일조하고 있다는 생각에 그에 대한 존경과 감사의 마음이 벅차오른다. 우리 사회의 바람직한 변화를 위해 매순간 최선을 다하는 모습에 후배 사회복지사로서 그의 삶 속에서 그대로 드러나는 헌신과 열정에 존경을 표하지 않을 수 없다.

백종환 선생님은……

명지대학교 전기공학과 졸업 / 가톨릭대학교 사회복지대학원 사회복지학 석사 / 월간 '새보람' 편집장 / 인터넷 장애인신문 에이블뉴스 대표이사(현)

사회복지 안전망 구축 강화자

조규영 | 서울시의회 의원

"저는 사람이 살아가는 목적 자체가 행복하게 사는 것이라 생각합니다. 저도 행복이라는 가치를 중요하게 생각합니다. 제가 살아가는 이유도 행복해지려는 것이고요. 그런데 거기에 반드시 수반되어야 하는 것은 내가 행복하기 위해서 다른 사람의 행복을 빼앗아서는 절대 안 된다는 것이죠. 더불어 행복해야 한다는 것입니다. 때로 나의 행복이 조금 손해보더라도 함께하는 행복을 추구하다보면 결국에는 나의 행복의 가치도 상승하는 경우가 됩니다. 궁극적으로 모든 사람의 총체적인 행복을 추구하는 것이 중요하다고 생각합니다. 마찬가지로 사회복지가 결국 추구하는 것이 공공의 행복 증진입니다. 저는 사회복지를 실천하면서도 내가 행복했으면 좋겠고, 가족이 행복했으면 좋겠고, 사회구성원이 행복했으면 좋겠고, 그것이 사회복지하는 이유이기도 하고, 실천하면서 지켜야 할 가치입니다."

행복한 삶을 살기 원하는 조규영 서울시의회 의원님을 만나기 위해 서울시의회를 찾았다. 직원이 의원회관 위치를 알려 주면서 "지금 좀 시끄러우실 겁니다."라고 이야기했다. 덕수궁 대한문을 끼고 오른쪽 골목길로 들어서면서 의회 직원이 말한 '시끄러움'이 무엇인지 알게 되었다. 서울시가 강남역 · 고속버스터미널 등 지하상가에 대한 경쟁 입찰 계획을 발표하자 그것을 반대하는 지하상가 상인들이 반대집회를 하고 있었다. 덕수궁 돌담길을 따라 의원회관까지 시위 행렬이 이어져 있었다.

시위 행렬을 뒤로하고 의원회관에 도착해서 신분증을 제시하고 출입증을 받아 8층에 있는 조규영 의원님의 사무실에 도착했다. 의원 사무실은 생각보다 아담하고 아늑한 분위기였다. 반가운 인사와 따뜻한 차 한 잔으로 인터뷰를 시작했다. 가장 궁금했던 것은 17년간 사회복지 실천 현장에서 일하시다가 정치 현장으로 가게 된 이유였다. 의원님은 이러한 궁금증을 자신이 사회에 첫발을 내딛었던 이야기를 통해 답변해 주었다. "저는 1980년대 중반 학번이에요. 그 당시 우리나라는 산업화되어 있었고, 기혼여성 중에 직장을 가지고 있는 이들이 매우 많았어요. 그러나 보육문제는 사회적으로 함께 해결해야 하는 문제로 인식되지 않던 시기이기도 하죠. 이런 상황에서 직장이 있는 기혼여성에게 보육은 해결하기 가장 어려운 문제였어요. 대학을 졸업할 때 이러한 상황에 문제의식을 느끼고 부모님의 만류에도 불구하고 몇몇 친구들과 안산 반월공단으로 내려갔어요. 그 당시는 안산 반월공단이 막 형성되기 시작하던 시기였는데, 그곳에서 자비부담과 후원행사를 통해 조그만 연립주택을 빌려 탁아소를 세우고 탁아교사로 활동하기 시작했죠. 그러나 너무 작은 연립이라 20명 정도밖에 보호할 수 없었고, 안산시 전체에도 서너 군데의 탁아소밖에 없어서 많아야 약 100명 정도의 아이들만을 보호할 수 있었어요." 당시 자녀를 둔 직장여성들의 보육에 대한 욕구를 충족시켜 주기에는 턱없이 부족한 형편이었고, 너무 열악한 상황이어서 월급도 받을 수 없었다고 덧붙였다.

같은 시기에 서울지역에도 탁아소가 많이 생기게 되고 도시빈민지역에서 맞벌이부부 자녀의 탁아문제를 담당한 탁아소의 연합체인 '지역사회탁아소연합회'가 생기게 되었다. 의원님도 이 연합회를 통해서 '거리마다 골목마다 탁아소를 세우자.'라는 목표를 가지고, 영유아보육문제를 사회문제로 인식시키기 위한 노력과 「영유아보육법」의 제정을 위해 사회운동을 펼쳤다. 그러한 노력의 결과로 1991년에 「영유아보육법」이 제정되었고, 2009년 현재 그들의 목표대로 거리마다 골목마다 영유아보육시설이 들어서게 된 것을 볼 수 있다.

서울시민의 다양한 복지 수요에 부응하는 복지서비스를 위해 시정질문하는 조규영 의원

이러한 경험은 의원님에게 정치가 국민의 의견을 수렴해서 법과 제도를 만들고, 그것을 바탕으

로 국가와 지자체의 예산을 집행한다는 점을 전제로 했을 때 사회복지의 영역이 정치에도 영향을 주어야 한다는 것과, 법률이 제정됨으로써 정말 많은 부분이 달라질 수 있다는 것을 직접 체험하는 기회였다. 그 이후 의원님은 이화여자대학교 종합사회복지관에서 운영하는 어린이집에서 사회복지사로 근무하게 되었고, 15년 동안 계속 복지관에 근무하게 되었다.

그러던 중 사회복지사로 활동하던 의원님에게 직접 정치 현장에서 일할 수 있는 기회가 주어졌다. 2006년 지방선거 당시, 서울시 사회복지사협회 차원에서 지방선거나 총선에 사회복지계의 입장을 밝히는 것이 사회복지사로서의 책무라는 의견이 제시되었고, 당시 서울시장 후보에게 협회 차원의 희망공약을 배포했다. 얼마 후 열린우리당의 서울시장 후보였던 강금실 후보 측 사무실에서 공약집과 관련해서 간담회를 하자는 제안을 해 왔다. 그래서 시장 후보 측 캠프와 서울시 사회복지사협회 임원들 간에 간담회를 하게 되었다. 간담회 내용은 주로 공약을 소개하는 내용이었고, 그러는 과정에서 서울시 사회복지사협회에서 만든 공약을 실천할 수 있는 정치인이 탄생했으면 좋겠다는 희망을 피력했다. 그 이후 강금실 캠프에서 비례대표의원

정치가 국민의 의견을 수렴해서 법과 제도를 만들고, 그것을 바탕으로 국가와 지자체의 예산을 집행한다는 점을 전제로 했을 때 사회복지의 영역이 정치에도 영향을 주어야 한다는 것과, 법률이 제정됨으로써 정말 많은 부분이 달라질 수 있다는 것을 직접 체험하는 기회였다.

추천을 위한 이력서를 제출하라는 연락이 왔고, 서울시 사회복지사협회에서는 회의를 통해서 의원님이 후보로 선정되어 열린우리당의 비례대표의원으로 정치에 입문하게 되었다.

지방의회에서 왕성하게 활동 중인 의원님에게 직업 정체성에 대한 질문을 하니, "제 홈페이지에 보면 '저는 사회복지사입니다.' 라고 소개되어 있습니다. 저는 사회복지 실천 현장은 다양하다고 생각합니다. 저는 정치인으로서 사회복지를 실천하는 사회복지사입니다. 다른 점이 있다면 제가 일하는 곳이 정치라는 현장이라는 것밖에 없습니다."라고 대답했다. 실제로 다음에 제시한 홈페이지의 인사말은 의원님의 사회복지사로서의 정체성을 그대로 보여 준다.

> 저는 사회복지현장에서 17년간 일해 온 사회복지사입니다. 우리 시민에게 복지사회 구현은 이제 익숙한 정책 목표입니다. 그러나 여전히 생존권을 위협받는 독거노인, 결식아동이 우리 이웃이며, 일평생 집 밖 외출 경험이 없는 장애인이 우리 이웃입니다. 저소득층 · 노인 · 장애인 · 여성이 살기 좋은 도시는 모든 시민에게 살기 좋은 도시입니다. 저는 모든 시민이 살기 좋은 도시를 만들고 싶습니다. 정부, 기업, 사회복지기관 그리고 시민이 긴밀히 협조하는 체계구축을 위해 노력하겠습니다. 사회복지 사각지대에 놓인 사회적 약자와 소외계층을 지원하는 사회복지 안전망 구축을 강화하겠습니다. 다양한 서울시민의 복지 수요에 부응하는 복지 서비스가 확대될 수 있

도록 최선을 다하겠습니다.

또한 의원님은 자신의 사회복지사로서의 정체성은 사회복지사 자격증을 가진 몇몇 의원들과도 차별된다고 이야기했다. "서울시 의회만 봐도 사회복지사 자격을 가진 의원들이 꽤 있습니다. 그런데 그것은 본인들의 정치활동 속에서 사회복지사 자격이 필요하거나 사회복지사 자격을 취득했더라도 사회복지 실천 현장이 아닌 다른 활동을 하다가 정치인이 된 사람이고, 저는 사회복지활동을 하다가 사회복지사협회 추천으로 정치인이 된 것입니다. 사회복지사 자격증을 가진 정치인이라는 형식적 측면은 같지만 심리적인 정체성은 다르다고 봅니다. 저는 사회복지 실천가로 정치 현장을 선택한 것이고, 이곳이 아니라도 사회복지를 할 것이고, 활동의 목표나 내용이 명확합니다." 그러나 이러한 사회복지사로서의 정체성 때문에 정치 현장에서 어려움을 겪는 경우가 종종 있다

사회복지사의 '쉼'과 임파워먼트 워크숍에서 토론 중인 조규영 의원(왼쪽 세 번째)

고 했다. 사회복지를 하다가 정치 현장에 들어오니 사회복지 현장과 다른 메커니즘이 있어서 어려움을 느끼는 경우가 종종 있지만, 어려움에도 불구하고 자신이 왜 정치인이 되었고 왜 정치를 하느냐에 대한 점은 더 확실하다고 이야기했다.

또한 의원님은 현재 사회복지 현장이 민관협력 체계임에도 불구하고 관에 종속되어 사회복지사의 역할인 대변자나 옹호자로서 클라이언트를 옹호하고 대변하고 관에 항의하고 정책을 이끌어 내는 통합적인 활동은 잘 하지 못하고, 관과 대립되지 않는 자선적이고 시혜적인 복지를 하게 되는 현실을 안타깝게 여겼다. 이러한 상황을 타계하기 위한 방법으로 모금시장이 확대되어야 하며, 사회복지기관과 사회복지사간의 연대가 강해져야 한다고 주장했다. 연대가 강해질수록 관과의 협력적인 관계에 한 발 더 다가설 수 있다는 것이다.

입법의 기능을 하는 국회를 이루고 있는 정치인들은 표가 있는 곳이면 당연히 고개가 돌아갈 수밖에 없는 사람들이다. 그들은 선거를 통해서 현실적인 정치권력을 갖게 되는 것이다. 선거에서 지면 정치권력을 잃는다. 정치인은 정치권력을 잃기 싫어한다. 만약 사회복지사들이 조직화되고 힘이 세면 어느 누구도 사회복지사를 무시하거나 관계를 소원하게 할 수 없다. 그녀는 '지금 정치인들이 사회복지사의 말에 귀를 기울이지 않는 것은 사회복지사와 복지기관의 연대가 약하기 때문'이라고 말했다.

정치 현장에서 사회복지의 가장 시급한 과제에 대해서 묻자, "중앙정치도 그렇지만 지방정치에 사회복지사가 많이 들어와야 하고 들어올 수 있다고 생각합니다."라고 말했다. "지역사회 안에서 지역사회에 존재하면서 지역주민의 욕구에 관심을 가지고 그 욕구를 해결하려고 노력하는 사람이 몇이나 될까요? 별로 없습니다. 그런데 사회복지사는 그게 직업인 사람입니다. 지역사회의 욕구에 자신의 모든 것을 투여하는 사람들입니다. 심리적으로나, 물리적으로 지역사회와 가장 가깝다고 생각합니다. 이런 분들이 지역주민의 욕구를 잘 옹호하고 대변하려고 한다면 현실적으로 가능성이 높다고 봅니다."

의정활동 중인 조규영 의원(왼쪽 두 번째)

의회권력은 우리가 생각하는 것보다 강하다. 국회는 법률을 만들 수 있고 지방의회에서는 조례를 만들 수 있다. 조례는 지자체의 법률이다. 법률이나 조례를 만들면 얼마든지 변화시킬 수 있다. "내가 클라이언트에게 좋은 서비스를 제공해야 하지만 우리 지역 안에서는 역할 분담이 필요합니다." 서비스를 실천하는 사람도 있어야 하지만, 양질의 서비스를 위한 아이디어를 정책으로

클라이언트를 옹호하고 대변하고 관에 항의하고 정책을 이끌어 내는 통합적인 활동은 잘 하지 못하고, 관과 대립되지 않는 자선적이고 시혜적인 복지를 하게 되는 현실을 안타깝게 여겼다. 이러한 상황을 타계하기 위한 방법으로 모금시장이 확대되어야 하며, 사회복지기관과 사회복지사간의 연대가 강해져야 한다고 주장했다.

전환해 줄 사람이 필요하다는 것이다. 의원님은 이것이 가능하기 위해서는 사회복지사협회 내부의 연대가 필요하다고 말한다. "저는 각 구 별로 지방의회에 들어갔으면 좋겠습니다. 이런 것들이 사회복지의 한 운동으로 나타나야 한다고 봅니다." 의원님은 자신의 의견을 예를 들어 설명했다. "○○구사회복지사협회에서 단일 후보를 한 명 만들어서 지방의원을 만들고 4년 후에 다시 현장으로 복귀시키는 이런 시스템을 만든다면, 그 지역주민의 복지 욕구를 가장 잘 아는 사람이 의회에 들어가는 것이기 때문에 지역사회를 발전시킬 수 있다고 봅니다. 이런 순환구조를 갖는다면 지금의 사회복지보다 훨씬 발전된 사회복지를 가져올 수 있다고 봅니다."

인터뷰 내내 의원님의 확신에 찬 열변을 들으면서, 사회복지사들의 정치적 참여 및 연대의 중요성과 필요성, 그리고 사회복지사로서의 옹호자와 대변자의 역할에 대해 생각해 보았다. 대부분의 복지사들이 필요성을 인식은 하고 있지만, 그것을 행동으로 옮기는 것은 용기가 필요하다는 생각을 했다. 의원님이 이렇게 확신에 차서 이야기할 수 있는 것은 아마도 초창기 실천가로서의 경험과 그때의 꿈이 이루어져 가는 모습을 보았기 때문일 것이다. 반듯한 자세로 또박또박 자신의 주장을 소신 있게 전달하는 모습에서 흰 갑주에 흰 옷을 입고 선두에 서서 영국군에 대항하는 잔 다르크의 모습이 연상되는 것은 과한 비유일까?

마지막으로 사회복지를 준비하는 후배들에게 해 주고 싶은 조언을 부탁하자, "세상이 참 빠르게 변해요. 약 20년 전 처음으로 사회복지라는 학문을 접했을 때는 세상이 이렇게 변할 거라곤 상상도 못했습니다. 또한 그때 전혀 상상도 못했던 사회복지 실천 현장이 생겨났습니다. 그런 장들 속에 사회복지사가 일하고 있습니다. 저는 지금 현장뿐 아니라 앞으로 사람과 사람이 모여 사는 곳에서 갈등과 조정이 필요한 곳은 사회복지 현장이 될 수 있다고 봅니다. 내가 무엇에 관심이 있는지 무엇을 잘할 수 있는지를 생각하면서 자신을 잘 계발할 수 있으면 좋겠습니다."라고 조언했다. 그리고 "이런 것을 혼자해서는 안 됩니다. 좋아하는 것을, 잘할 수 있는 것을 하되, 함께 논의해 가면서 하길 바랍니다. 가능하면 동아리를 만들어 조례연구, 법률연구, 정책연구 등을 하고 이를 통해 관련 기관에 제안을 한다면 연결고리가 생기고 그것이 인연이 되고 그것이 일하는 장이 되는 것 같습니다."라는 조언도 잊지 않았다.

행복하길 원하는 조규영 의원. 그녀는 오늘도 자신의 행복이 아니라 이웃과 공공의 행복을 추구하며 사회복지사로서 지방의회 의원으로서 분투하고 있다. 인터뷰를 마치고 나오는 길은 어느덧 시끄럽던 시위소리도 잦아들고 난 이후였다.

조규영 선생님은……

이화여자대학교 사회사업학과 졸업 / 이화여자대학교 사회복지대학원 사회사업학 석사 / 서울시립대학교 대학원 사회복지학 박사 / 서울 YWCA 가락종합사회복지관장 / 서울시의회 의원(현)

사 · 회 · 복 · 지 · 사 · 들 · 의 · 희 · 망 · 이 · 야 · 기

PART.9 기업사회공헌

꿈을 현실로 옮기는 사회복지사
방대욱, 다음세대재단

마땅히 해야 할 일을 행하는 사회복지 벤처사업가
양원석, 푸른복지사무소

꿈을 현실로 옮기는 사회복지사

방대욱 | 다음세대재단 총괄실장

“저는 사회복지를 좋아하고, 기업 사회공헌과 재단 분야의 일을 좋아해요. 사회복지가 좋은데, 그 이유를 찾아본 적은 없어요. 사회복지는 제게 있어 이유를 찾아야 할 존재가 아니라 운명 같은 것이라 생각되고, 늘 저와 함께 있으면 좋을 것 같다는 생각이에요. 사랑을 하는 사람에게 ‘그 사람 왜 사랑하니?’라고 물으면 ‘특별한 이유가 없어요. 그냥 다 좋아요’라고 대답하는 것처럼 말이죠.”

사회복지가 자신에게는 운명이라고 이야기할 수 있는 사람, 다음세대재단의 총괄실장 방대욱 선생님을 만났다. 지금은 사회복지를 좋아한다고 고백하지만, 그는 대학에 진학하여 처음 사회복지를 접했을 때만 하더라도, 사회복지는 테레사 수녀와 같이 특별하고 착한 사람들만이 할 수 있는 좋은 일 정도로 생각하며 자신과는 그리 어울리지 않는 학문이라 생각했다. 하지만 그는 제도적 개념으로서의 사회복지를 배우게 되면서 사회복지가 착한 사람들이 어려운 사람을 돕는 학문에 그치지 않고, 우리가 살아가는 환경을 변화시키며 '사람 사는 세상'으로 사회를 변화시킬 수 있다는 복지의 중요한 의미와 마주하게 되었고, 이는 그에게 사회복지에 대한 관심을 가지게 한 계기가 되었다. 방 선생님에게 있어 사회복지는 지속 가능한 사회를 위한 가장 중요한 제도이자 사회를 변화시키기 위한 하나의 수단이나 방법으로 여겨졌다.

"공동 생산, 공동 분배의 틀이 깨지고 사유재산, 잉여의 개념이 등장한 이후, 이 사회의 안녕을 유지하기 위한 틀이 반드시 필요하게 되었고, 지속 가능한 사회의 틀을 만들기 위해서도, 함께 사는 새로운 사회구조를 만들기 위해서도 사회복지는 필요할 수밖에 없어요. 다시 에덴동산으로 가기 전에는 필연적으로 있을 수밖에 없는 것이 바로 사회복지라고 생각해요." 단지 한 개인의 선한 일을 실천하는 것을 넘어, 좀 더 거시적인 관점으로 전문적이고 체계적인 접근을 토대로 함께 사는 세상, 살기 좋은 세상을 만들어 가기 위해 노력하는 것이 바로 방 선생님이 가지고 있는 사회복지의 의미였으며, 이러한 그의 생각이 그가 사회복지를 계속 좋아 할 수밖에 없게 만드는 원천이 되는 것 같다.

사실 사회복지의 필요성에 대해서는 누구나 동의하겠지만, 사회복지의 전문성에 대해 방 선생님은 이렇게 말했다. "전문직 판별 조건으로 이론, 권위, 보상, 고유문화 등이 있지만, 이러한 요소를 떠나 사회복지사를 전문직이라고 언급할 수 있는 가장 특별한 요소는 사회복지사가 가진 통합능력, 수렴능력이라고 생각해요. 사회복지의 특성상 다양한 학문을 통합적으로 보는 통찰력이 반드시 필요하며, 이러한 능력을 가지는 것이 사회복지사에게 가장 중요한 전문성이 아닐까요?"

이렇게 사회복지사로서 다양한 것들을 모을 수 있는 통합능력, 수렴능력을 강조하는 방 선생님은 사회복지대학원 재학시절 경험한 실습을 통해, 1차 현장에서는 자신이 사회복지사로서의 자질을 발휘할 수 없음을 알게 되었다. "봉천동에 있는 나눔의 집에서 실습을 하면서 1년 반가량 어머니 한글교실 자원교사를 했어요. 현장에서 직접 사람들을 만나면서 제가 사회복지 서비스를 제공할 수 있는 그릇이 아니라는 것을 알게 되었죠. 직접 서비스를 제공하려면 관계에서의 객관성을 유지해야 하는데, 저는 어려운 사연을 가진 사람을 만나면 객관성을 유지하기는커녕, 감성적이 되어 클라이언트와 동일시되고 감정적으로 변해 버리는 제 자신을 만날 수 있었어요. 마음이 너무 아파서 일을 못하겠더라고요. 그러면 클라이언트에게도 적절한 서비스를 제공할 수 없잖아요. 그리고 또 경제적인 이유도 있었어요. 지금도 사회복지 현장의 근무 조건이 열악하지만, 그 당시는 더 형편이 없었습니다. 육식을 좋아하는 저로선 사회복

선한 일을 실천하는 것을 넘어, 좀 더 거시적인 관점으로 전문적이고 체계적인 접근을 토대로 함께 사는 세상, 살기 좋은 세상을 만들어 가기 위해 노력하는 것이 바로 방 선생님이 가지고 있는 사회복지의 의미였으며, 이러한 그의 생각이 그가 사회복지를 계속 좋아 할 수밖에 없게 만드는 원천이 되는 것 같다.

지 현장에서 제공하는 월급으로는 제가 좋아하는 고기도 못 먹겠다 싶었죠. 게다가 저는 프라이버시를 매우 중요하게 생각하는데, 현장에서는 제 프라이버시를 지키는 것이 힘들었어요. 직장인으로서의 방대욱과 자연인으로서의 방대욱은 분명 다른 것이라는 생각이었거든요. 제가 삶과 일이 일치할 경지까지 갈 수 있다고 하더라도 부담스러울 것 같아요. 솔직히 갈 수 없는 경지이기도 하고요. 전 날개 없는 천사가 아니라는 걸 잘 알고 있었고, 그때 확인하게 되었죠. 직접 서비스를 제공하는 사회복지사로서 살긴 어려울 것 같다는 결론을 내릴 수 있었어요. 현재 기업 사회공헌과 재단이라는 2차 현장에서 경력을 쌓아 가는 것은 제가 발견한 제 특성 때문이라는 생각이 들어요. 저는 지금의 제 일이 제가 가장 잘할 수 있는 일이라고 생각하고, 재미있게 할 수 있는 일이라 생각해요. 잘하고 좋아하는 일을 하는 게 중요한 게 아닐까요?"라는 방 선생님의 솔직한 이야기에 한 인간으로서 공감할 수 있었고, 또 한편으로는 신뢰가 더해졌다.

방 선생님은 본인이 현재 몸담고 있는 사회복지 2차 현장 중에서도 기업 사회공헌 분야는 앞으로 점점 더 중요해질 것이라고 했다. 기업은 사회공동체의 한 구성원으로서 사회에서 얻은 이익의 일부분을 환원하여 사회의 발전을 도모하고, 취약 계층을 보호하며 사회 붕괴를 막고, 이에 따른 활발한 소비활동으로 기업의 이익을 높이고자 한다. "사회를 떠난 기업은 상상할 수 없어요. 지속 가능한 사회 속에서 기업의 성장도 가능하며 의미가 있어요. 기업은 사회와 분리하여 살아갈 수 없다고 생각해요. 이것이 바로 기업 사회공헌분야가 점점 발전해 온 이유이기도 하고요. 양적·질적으로 확대되고 있고, 확대될 것이라는 것은 거의 기정사실 같아 보여요. 기업사회공헌활동에 대한 질문이 '왜 하느냐(Why?)'에서 '어떻게 하느냐(How?)'로 바뀌고 있어요. '어떻게'에 대한 질문에 대해 가장 정확한 답을 줄 수 있는 사람이 바로 사회복지사가 아닐까 하는 생각이에요. 사회적 가치와 기업적 가치 모두를 높여 줄 프로그램과 사업 개발에는 통합적·통찰적 사고 능력을 갖춘 사회복지사가 가장 적격인 것 같아요. 기업 사회공헌 분야 자체의 향후 전망이 밝다는 것은 물론이고요. 사회복지사에게도 전문직으로서 사회복지사의 능력을 발휘할 수 있는 전망 있는 실천 현장이 될 것 같아요." 이렇게 자신의 분야에 대해 이야기하며 유쾌하고도 자신 있게 미소짓는 선생님의 모습에서 자신의 일에 대한 확신에 찬 기대와 성취감이 전해졌다.

유스보이스 컨퍼런스에서 딸과 함께

방 선생님은 사회복지를 시작하는 데 무엇보다 자기 자신에 대한 냉정한 성찰이 가장 필요하다고 강조하며, 하루에 최소 1~2시간 정도는 자기만의 시간을 가질 필요성이 있음을 전한다. "생각을 한다거나 책을 읽는다거나 인터넷 서핑을 한다거나 게임을 하면서 스트레스를 푼다거나, 무엇을 해도 좋아요. 다만 온전히 나를 위한 시간을 갖는 것이 중요해요. 무슨 일을 하기 전 '나는 누구일까?'에 대한 답을 할 수 있으면, 자기 일을 찾아 신나게 일할 가능성이 높아진다고 생각하거든요. 어찌 보면 모든 것은 자기 자신에게서 출발하는 것이니까, 자신에 대한 성찰이 무엇보다 중요한 것이고요. 사실 전 제 능력, 흥미, 관심과 관련해서 제가 누구인지 조금 일찍 알아서 이 일을 할 수 있었고, 이 일을 계속 할 수 있는 힘이 된 것 같아요." 그의 말에는 사회복지에 대한 그의 철학과 자부심 그리고 힘이 느껴진다. 그러한 느낌으로 자신에게 다가갈 수 있는 것은 오랜 성찰의 시간을 통해 자신을 뒤돌아보는 방 선생님의 노력이 매 순간 함께하기 때문이 아닐까.

최근 그는 사회적 기업과 관련하여 집중적으로 책을 읽고 있다고 한다. "책 읽기는 저에게 지치지 않는 에너지를 공급해 주어요. 특히 특정 분야에 대한 책 읽기를 넘어서 다양한 분야의 책을 읽음으로써 시야가 넓어지며, 통합능력과 수렴능력을 겸비한 사회복지사가 될 수 있어요."라고 이야기하는 모습을 비추어 볼 때, 학창 시절 다양한 분야의 책들을 읽는 방 선생님의 모습이 그려졌다. 방 선생님은 자기 성찰, 다양한 분야의 책읽기와 함께 언어능력과 정보력, 분석력, 미디어를 통한 소통 능력이 사회복지사에게 중요한 능력이라고 언급했다. "소통하려면 소통할 수 있는 언어 능력이 필요하다고 생각해요. 영어 능력을 포함해서요. 이제 전 세계가 연결되어 있기 때문에 다양한 정보 습득과 소통을 하기 위해서는 언어를 읽고 해석하고 분석할 수 있는 힘이 필요하거든요. 물론 정보를 모으고 분석하는 능력도 중요하고요. 미디어를 현명하게 활용함으로써 자신이 하는 일의 가치를 더 높일 수 있다는 생각이에요. 이 모든 것이 사회복지사에게 필요하다고 생각하며, 저도 이런 능력을 향상시키기 위해 부단히 노력하고 있어요."

"제가 현재 일하고 있는 다음세대재단은 2001년 (주)다음커뮤니케이션 임직원과 주주들의 기부로 설립된 비영리 재단이에요. 다음세대재단에는 청소년과 미디어, 문화다양성, 정보문화 등의 키워드를 바탕으로 유스보이스, 올리볼리, 아이티캐너스 등의 사업을 전개하고 있어요. 이러한 유형의 지원사업과 프로그램을 운영하기 위해서는 복지의 다각적 시각과 통합적 접근 능력이 필요해요."

사회복지는 사람에 대한 애정을 가지고 헌신하는 마음으로 클라이언트가 원하는 양질의 서비스를 종합적으로 원조하면 된다고만 생각했던 나의 단편적인 생각에 선생님의 이야기는 고개를 숙이게 한다. 그리고 대인서비스를 제공하는 사회복지사이지만 기본적으로 사회복지사로서, 사회복지 전문직의 성장과 발전을 위해 기본적으로 필요한 부분에 대해서 다소 등한시하고 있지는 않았나 하는 생각에 스스로 반성하게 된다.

다음세대재단 워크숍 중에 기업사회공헌의 중요성을 피력하는 방대욱 실장

방 선생님은 마지막으로 후배 사회복지사들에게 먼저 "우물을 깊게 파고 싶다면, 우물을 넓게 파야 한다."라는 이야기를 전하고 싶다고 했다. 그의 말 속에는 처음부터 우물을 너무 좁게 파면 나중에는 자기 스스로 좁은 우물 속에서 나오지 못하고

체인지온 행사 중에 미디어를 현명하게 활용함으로써 일의 가치를 높일 수 있다고 역설하는 방대욱 실장

만다. 우물을 넓게 파는 일은 그만큼 시간과 노력이 더 필요하다. 하지만 넓어진 만큼 활동 범위와 누리는 것들이 더 많아지는 것이 아닌가 싶다. "사회복지를 하는 사람들을 보면 복지 관련된 책이 아니면 읽지도 않는 경우를 볼 수 있었어요. 사회복지사는 다양한 영역 안에 있어야 하고, 다양한 관심이 있어야 한다고 생각해요. 한 사람의 사회적인 삶을 변화시키기 위해서는 더욱 중요한 부분이라고 봐요. 사회복지사는 클라이언트의 전체성, 특수성, 개별성 모두를 다 볼 수 있어야 하잖아요. 그러기 위해서는 사고의 폭이 넓어야 하는 것이 당연한 것이고요."라며 그 이유를 덧붙였다.

더불어 선생님은 후배 사회복지사들이 미시적인 것뿐만 아니라 거시적인 분야까지 자유롭게 넘나들 수 있어야 한다고 전했다. "어느 더운 여름날, 벽돌을 쌓고 있는 벽돌공 3명에게 지나는 행인이 '지금 무슨 일을 하고 있습니까?' 라고 물었어요. 첫 번째 벽돌공은 짜증을 내며 '벽돌 쌓고 있지. 눈이 있으면 보면 알 것 아니요.' 라고 대답했고, 두 번째 벽돌공은 '교회를 짓고 있어요.' 라는 대답을, 세 번째 벽돌공은 '하나님께 영광을 돌리고 있어요.' 라는 대답을 했어요. 세 사람 모두가 동일한 벽돌을 쌓고 있었지만, 미시적인 시

후배 사회복지사들에게 먼저 "우물을 깊게 파고 싶다면, 우물을 넓게 파야 한다."라는 이야기를 전하고 싶다고 했다. 그의 말 속에는 처음부터 우물을 너무 좁게 파면 나중에는 자기 스스로 좁은 우물 속에서 나오지 못하며, 우물을 넓게 파는 일은 그만큼 시간과 노력이 더 필요하다는 뜻이 들어 있다. 넓어진 만큼 활동 범위와 누리는 것들이 더 많아지는 것이 아닌가 싶다.

각에서 보이지 않는 것을 볼 수 있었던 세 번째 벽돌공과 같은 관점을 사회복지사는 갖추어야 하는 것이죠. 그런데 다음날 그 행인이 그 길을 다시 지나가게 되었는데 세 번째 벽돌공의 모습이 보이지 않더라는 거예요. 동료 벽돌공에게 물어보니 벽돌을 제대로 쌓지 못해서 해고를 당했다고 했어요. 이 일화는 우리에게 거시적인 부분에서 강하다고 하여 모든 것이 다 이루어지지 않는다는 교훈을 주고 있어요. 사회복지사는 거시적인 것뿐만 아니라 미시적인 것에도 강해야 해요. 후배 사회복지사들에게 매크로 실천(macro practice)와 마이크로 실천(micro practice)을 넘나들 수 있도록 노력했으면 좋겠다는 이야기를 전하고 싶어요."

작은 것과 큰 것을 동시에 관망할 줄 아는 선생님은 우리 사회의 모든 사람들이 자신의 능력을 펼치며 살 수 있는 삶을 꿈꾸는 사람이라는 생각이 문득 들었다. 그는 드러나지 않게 일하지만 그를 필요로 하는 분야에서 자신의 능력을 펼치며 언제까지나 같은 길을 갈 것이다. 자신의 일, 사회복지에 대해서 당당하고도 소박하게 이야기하는 모습이 더욱 아름다워 보였던 것은 그의 이야기 속에서 따뜻한 마음과 꿈을 볼 수 있었기 때문이 아닐까.

방대욱 선생님은……

연세대학교 사회사업학과 졸업 / 연세대학교 대학원 사회복지학 석사 / 연세대학교 사회복지전문대학원 사회복지학 박사과정 수료 / 아이들과 미래 팀장 / 다음세대재단 실장(현)

마땅히 해야 할 일을 행하는 사회복지 벤처사업가

양원석 | 푸른복지사무소 대표

몇 년 전 『사회복지 브랜드전략』(양원석, 2005, 나눔의집)이라는 책 한 권이 내게 많은 생각을 하게 했다. '사회복지가 너무 정체되어 있지 않나.' 라는 생각을 조심스럽게 해 볼 때쯤, 그 한 권의 책은 새로운 방향을 제시해 주었다. 단호하고 명확한 글로 새로운 변화를 제시하였던 그 책을 읽으면서 '사회복지를 이렇게 하면 참 재미있겠다.' 라는 생각을 가졌다. 그 당시 책을 다 읽고 나서 자연스럽게 저자를 확인하게 되었고, 벤처사업가 양원석이라는 이름이 낯설게 다가왔다. 하지만 '꼭 한 번 만나 이야기하고 배워 보고 싶다.' 라는 생각을 했었다. 꿈은 이루어진다는 말처럼, 몇 년이 흐른 지금 거짓말처럼 인터뷰할 기회가 생겼다. 어떤 분일까 상상을 하며 약속장소를 향하는 발걸음은 무척 가벼웠다. 선생님의 첫인상은 푸근한 삼촌 같은 느낌이었다. 집이 멀다며 중간 지점까지 직접 나와 주시고, 조금 늦은 나를 위해 따뜻한 캔 커피를 준비하고 기다려 주셨다. 그렇게 선생님의 배려를 받으며 두근거리는 인터뷰가 시작되었다.

임학과 전공을 했던 대학시절, 농촌봉사활동을 하며 농촌과 도시가 신뢰관계를 맺고 교류할 수 있는 일을 돕고자 했고, 사회에서 상대적 약자인 농촌을 어떻게 도울 것인가에 대해 고민하며 사회복지학문을 공부하게 되었다고 했다. 선생님은 신앙생활을 하며 하나님을 기쁘게 하기 위해서 이웃을 사랑하고 사회적 약자를 위해 더 낮아지는 것이 실천방법이라 생각했고, 현재 삶 속에서 그 마음을 실천하며 일하고 있다.

양원석 선생님은 현재 '푸른복지사무소'에서 벤처사업가로 일하고 있다. 푸른복지사무소는 복지관과 연계하며 복지의 지평을 넓혀 주는 개인복지사무소라고 말할 수 있다. 푸른복지사무소에서는 사회복지가 복지의 원래 방향대로 갈 수 있도록 기관의 브랜드를 정해서 브랜드 매니저로서의 역할을 하는 일과 복지 방향에 맞는 사업계획을 세우고 기관을 모집한 뒤 기관이 사업을 할 수 있도록 도와주는 프랜차이즈 방식으로 전국에 보급하는 일을 하고 있다. 처음에는 낯설게 느껴졌던 '사회복지 벤처사업가'라는 타이틀과 역할이었지만, 그 안에는 무엇인가 명확한 사회복지에 대한 신념이 느껴졌다.

그렇다면 '양원석 선생님이 추구하시는 복지의 방향은 무엇일까? 우리나라의 사회복지는 어떤 방향으로 가고 있는가?'에 대한 끝없는 질문들이 머리 속을 가득 채웠다. "복지란 사회성이 약화된 부분을 도와 사회성이 잘 살아날 수 있게 자립하도록 돕는 것으로 생각하면, 지역사회문제를 스스로 해결할 수 있도록 도와주는 것이기에 돕는 주체는 지역사회이어야 한다고 생각해요. 복지관은 지원과 연결의 역할을 하는 곳이 되어야지 직접 서비스를 주는 곳이 되어서는 안 된다는 것이죠." 사회복지사가 사회적 약자를 도와준다는 생각이 자연스러운 사회 속에서, 그리고 지역사회복지관이 직접 서비스를 제공하는 곳이 되어 버린 현실에서 돕는 주체는 지역사회이어야 한다는 의미는 무엇일까?

사회복지 실천의 목적에 대해 다시 한 번 생각해 볼 수 있는 이야기가 시작되었다. "사회 속에 사회적 약자가 있고, 도울 수 있는 자원과 기술도 사회 속에 있다고 생각해요. 사회복지의 목적은 서비스를 제공하는 데 있는 것이 아니라 어려운 사람들이 사회 속에서 자립하도록 도와주는 것이에요. 자립을 만들어 내는 방법은 사회 공생성을 통해서 하는 것이고요." 사회적 관계 속에서 자립된다는 것이 무엇인지 한 사례를 통해 명확하게 이해할 수 있었다. 선생님은 직접적인 실천을 하는 것은 아니지만, 현장에 있는 사회복지사들이 어떻게 해야 하는지 방법을 제시하는 역할을 하고 있다.

"임신한 새터민 여성이 복지관에 도움을 의뢰하였을 때 기존의 예산을 받아 물건을 지원해 주

"복지란 사회성이 약화된 부분을 도와 사회성이 잘 살아날 수 있게 자립하도록 돕는 것으로 생각하면, 지역사회문제를 스스로 해결할 수 있도록 도와주는 것이기에 돕는 주체는 지역사회이어야 한다고 생각해요. 복지관은 지원과 연결의 역할을 하는 곳이 되어야지 직접 서비스를 주는 곳이 되어서는 안 된다는 것이죠."

는 방법이 아니라 복지관에서 무료급식을 받으시는 할머니께 상황을 알리고 방문해 봐 주실 수 있느냐고 부탁드렸어요. 그러자 함께 다니시는 할머니들과 가셔서 아이 낳는 것도 봐 주시고 미역국도 끓여주시고 산후조리도 해 주시고 이웃끼리 함께 살아가게 된거죠. 오히려 사회복지사는 오지 않아도 된다고 말할 정도였어요. 이렇게 사회관계망을 넓혀 주었을 때, 사회성도 늘어나고 복지관의 직접적인 서비스가 필요 없게 되었죠. 목적은 얼마나 상담을 많이 했고 물건을 많이 줬느냐가 아니고, 의존이 아닌 자립인거죠." 너무나 당연한 이야기다. 사회복지의 목적은 클라이언트가 자립할 수 있게 돕는 것인데, 왜 이렇게 할 말이 없어지는지 모르겠다. 목적은 알고 있는데 그리고 열심히 하고 있는데, 그 방법이 조금은 다르게 가는 것이 아닌가 하는 생각이 들었다.

양원석 선생님은 사회복지의 전문성에 대해 말하며, 사회복지사는 '환경 속의 인간'을 이해하고 그 환경체계에 대한 전문가로서의 지식과 실천기술을 가지고 있다고 했다. "클라이언트 체계뿐 아니라 환경체계를 바라보고 개입할 수 있는 것은 분명한 우리의 전문성을 보여 주는 거죠. 하지만 실천 현장에서는 클라이언트에게 초점을 두고 개입하려고만 하잖아요. 한 예로 학생에게 개입할 때도 징계학생 선도 프로그램에 초점을 두지, 학교나 지역사회체계에 대한 개입은 안 하는 경우가 많죠. 상담기술에 중점을 두고, 우리 고유 영역인 환경은 다루지 않죠. 클라이언트를 둘러싼 체계가 중요한 영역인 거죠." '무엇을 어떻게 해야 하는 것일까?' 선생님과 마주보고 대화하며 나는 꼭 고등학교 때 과외를 받는 것 같았다. 한 마디도 놓치고 싶지 않았고 하나하나를 마음에 새기고 싶었다. 새로운 정부가 들어서고 세계 경제의 흐름이 변해가고 있는 지금, 사회복지 현장 역시 새로운 변화가 필요할 것이다. 선생님은 사랑이 담긴 따끔한 충고를 우리에게 전했다.

"지금 사회에서는 패러다임이 급격하게 변하고 있기 때문에 그에 맞는 변화된 방법이 필요해요. 단적인 예로 이제 돈으로 하는 사회복지는 끝났어요. 10여 년 동안 기관은 정부나 모금회로부터 돈을 받아 서비스를 제공하는 것에 익숙해졌죠. 단기적으로는 자립한 것처럼 보이지만 사회복지가 시스템에 의존하게 되어 버린 거죠. 선배들은 재정적 후원이 없어도 사회 관계망을 통해 사회복지를 했어요. 예를 들어, 요즘은 '이동목욕차량' 시스템이 만들어지면서 '함께 목욕하던 사람들'의 관계망이 끊어지고 '이동목욕차량'에만 의존하게 됐어요. 만약 '이동목욕차량' 지원이 중단되면 클라이언트는 결국 고통받게 되죠." 선생님은 사회복지가 타격이 입는 것보다는 클라이언트가 고통받고 피해를 받는다는 생각에 더 아파하며 이야기를 이어 갔다.

"실제로 현재는 사회복지사의 위기라고 생각해요. 예를 들어, 독거노인시스템으로 요양보호사가 노인에게 직접 연락을 드리고 있어요. 클라이언트 체계에만 개입하고 있는 거죠. 그 대신 사회복지사가 노인에게 이웃주민을 연결해서 하루에 한 번만 봐 주시고 무슨 일 있으면 복지관에 연락해 달라고 부탁을 드리는 거지요. 그러면 특별한 예산 없이 엄청난 사회적 관계망을 만들 수 있는 거예요. 하지만 사회복지사를 지금처럼 사회적 자본을 일으키는 사람으로 보는 것이 아니라 기술적 서비스를 하는 사람으로 생각해 버리면 새로운 대체인력을 찾게 될 거예요. 지금은 패러다임이 변해서 네트워크 사회 속에서 연결이 중요한 역할을 해요. 사회적 약자와 사회 속에서 나누고 싶어 하는 사람을 연결해 주는 역할이 굉장히 중요해지는 거예요. 그럼 사회복지사는 약자를 돕기도 하면서 사람들이 서로 알고 신뢰할 수 있는 연결망을 만드는 거예요. 즉, 사회적 자본을 늘리는 직업임을 보여 주어야 한다는 거죠. 그래서 저는 기관이 이 핵심 정체성에 맞게 일할 수 있도록 도와드리는 거예요. 사회적 약자와 원조자들을 연결함으로써 문제를 지역사회 내에서 스스로 해결할 수 있도록 하는 거죠." 현장의 사회복지의 모습을 돌아보면서 나는 선생님이 하는 일의 필요성을 잘 이해할 수 있었다. 변화해야 할 부분을 알고, 그 일에 도전하시는 선생님의 모습이 매우 존경스러웠다.

선생님은 이어서 다음과 같이 말했다. "해결하는 방법은 아주 간단하다고 생각해요. 그냥 원래 하던 것을 하면 돼요. 괜히 쓸데없이 바쁘게 이것저것하지 말고, 진짜 사회복지말이죠. 문제는 사회복지의 근본으로 돌아가 근본 원리를 알고 지금 변화된 사회를 읽어서 변화된 사회에 맞춰 자신이 어떤 일을 해야 하는지 생각해야 한다고 봐요. 급하기 때문에 빨리하자는 것이 아니라 지금 이런 성향이 있으니까 차분히 앉아서 원래 사회복지가 무엇이었는지에 대해 공부하는 것이 필요하다고 생각해요. 급하다고 막 뛸 수 없거든요. 사회복지가 추구하는 가치를 바탕으로 실천해 왔던 방법은 사회적 역할을 극대화시키는 거고, 이를 바탕으로 사회복지는 자연스럽게 발전하게 되는 것이죠. 그만큼 기여를 많이 하면 그만큼 발전할 수밖에 없다고 생각하거든요."

『아기돼지 삼형제』 이야기가 생각이 난다. 동화 속 아기돼지들은 자신들이 살 집을 짓는다. 빠르고 편하게 짚과 나무로 집을 짓는 형들과는 다르게, 미련해 보이지만 천천히 터를 닦고 벽돌을 세우는 막내돼지에게는 매우 다른 결과가 나타난다. 늑대가 나타나 짚과 나무로 된 집은 날려 버렸지만, 벽돌로 된 집은 무너뜨릴 수 없었다. 사회복지는 지금까지 어떤 재료로 집을 지었던 것일까? 터를 닦고 그 위에 어떤 것을 세우느냐에 따라 튼튼한 집이 되거나 부실한 집이 될 수 있다. 더 발전하며 어떤 어려움에도 흔들림 없는 사회복지의 집이 되기 위해서 우리의 터를 다시 닦는 시간이 필요할 것 같다는 생각이 들었다.

양원석 선생님은 사회복지를 배우는 학생들에게 사회복지에 집중하라고 이야기했다. "사회복지에 집중하는 것과 매몰되는 것은 다른데, 통찰적인 관점을 가지고 사회복지적 관점으로 사회를 바라보고 여러 분야를 통해 사회복지에 접목시켜 어떻게 사회복지를 이루어 갈 것인가 생각해 보는 것이 필요해요. 사회적 흐름은 하나도 모르고 단지 기술에만 매달리면 항상 사회의 흐름에 뒤처지는 거죠. 그래서 사회복지사는 공부를 많이 해야 된다고 생각해요. 왜냐하면 다른 사람의 인생에 엄청난 영향을 미치기 때문이죠. 사회적 관계망 속에서 자립하느냐 의존하느냐는 그 사람과 그 가족과 관련된 일이기도 하잖아요. 책임감을 가지고 공부하고 신중히 실천하는 사회복지사, 그리고 변화해 가는 사회의 흐름을 보는 사회복지사가 되었으면 좋겠어요."

인터뷰 시간 내내 나는 선생님이 얼마나 사회복지현장에 대한 안타까움과 열정을 가지고 일을 하고 있는지 느낄 수 있었다. 또한 선생님 같은 분이 사회복지 현장에 계시기에 '우리나라 사회복지에 희망이 있는 것이 아닐까.' 라는 생각을 하게 되었다.

"제대로 하면 정말 재밌어요. 우리 모두가 사회복지를 실천하게 되거든요. 알아서 미역국을 갖다 주시고 알아서 나눔을 하신단 말이죠." 나도 재미를 아는 사회복지사가 되고 싶다는 생각과 함께, 웃으며 전한 선생님의 마지막 한 마디와 그 미소가 한참 동안도 잊혀지지 않았다.

"사회복지사는 공부를 많이 해야 된다고 생각해요. 왜냐하면 다른 사람의 인생에 엄청난 영향을 미치기 때문이죠. 사회적 관계망 속에서 자립하느냐 의존하느냐는 그 사람과 그 가족과 관련된 일이기도 하잖아요. 책임감을 가지고 공부하고 신중히 실천하는 사회복지사, 그리고 변화해 가는 사회의 흐름을 보는 사회복지사가 되었으면 좋겠어요."

양연식 선생님은……

경희대학교 임학과 졸업 / 평택대학교 사회개발대학원 사회복지학 석사 / 춘의종합사회복지관 사회복지사 / 푸른복지사무소 대표(현)

10년을 되돌아보며

이 코너는 1998년에 발간된 『희망을 일구는 사회복지사들의 이야기』에 수록되었던 23명의 사회복지사들 중 7명의 사회복지사로부터 이 책이 갖는 개인적 의미와 에피소드, 그동안의 사회복지 현장과 개인의 가치관 변화, 당면한 사회복지계의 과제에 관한 의견을 소개한 것입니다.

권미영(부천 혜림원)

1. 10년 전 『희망을 일구는 사회복지사들의 이야기』에 사회복지계에서 존경받는 선배로서 선생님의 이야기가 실리게 되었는데, 이것이 선생님 개인에게 어떤 의미가 되었습니까?

➜ 실습생이 부탁해서 편한 마음으로 응했는데, 이렇게 훌륭한 책이 되어 전국 서점에서 판매되는 것을 보니 부족한 제 모습에 부끄러워지고, 한편 훌륭한 복지사들과 함께 나의 이야기가 실려서 영광입니다.

2. 책이 발간되던 10년 전과 비교하여 우리나라 사회복지 현장의 가장 큰 변화는 무엇이라고 생각하십니까?

➡ 대학에 사회복지학과가 많이 생겼는데 대학에서 책임감을 가지고 무늬만 복지사가 아닌, 진짜 복지사를 양성하는 기관으로서의 역할을 해 주길 바랍니다.

복지 현장에서의 큰 변화는 노인장기요양제도의 시행으로 어르신들이 이용할 수 있는 시설들이 많아졌고, 「장애인차별금지법」이 시행되어 장애우들의 권익이 강화된 부분입니다. 특히 장애인복지계에서는 시설의 소규모화, 최소 서비스 기준 등으로 탈 시설화 운동이 진행되고 있습니다. 그리고 장애인장기요양제도가 추진되고 있습니다.

3. 인터뷰 당시 선생님께서 사회복지에 대해 지니셨던 가치관이나 철학이 혹시 변화하지는 않으셨습니까? 만약 변화가 있다면 어떤 부분인지, 그 변화의 이유가 무엇인지 설명해 주시기 바랍니다.

➡ 인터뷰 때에 어떤 말을 했는지 잘 생각이 나지 않는데……. 요즈음은 사회복지의 기본을 다시 생각해 봅니다. 사회복지의 가치와 윤리, 사회복지사로서의 정체성 등등……. 앞만 보고 열심히 달려왔는데, 내가 과연 바로 가고 있는가를 자문해 보곤 합니다.

장애인복지계의 실천현장에서 20년이 넘게 일을 해 오면서 너무나 많은 변화가 일고 있는 장애인복지계를 바라보며, 사회복지의 기본 이념에 부합하는 시간이었는지 반추해 봅니다.

4. 선생님께서는 향후 우리 사회복지계가 당면한 가장 시급한 과제는

무엇이라고 생각하십니까?

➜ 준비가 안 된 사회복지사가 너무 많이 배출되고 있다는 생각이 듭니다.

5. 당시 책이 발간된 후 그 책과 관련해서 선생님이 경험했던 에피소드가 있었다면 소개해 주세요.

➜ 대학졸업 후 십여 년이 지났는데 부산에 있는 대학동기가 그 책을 보았다며 전화를 해서 반갑게 이야기를 나누었고, 몇몇 사회복지 지인들로부터 그 책에서 봤다는 이야기를 들었습니다.

길귀숙(당시 신촌세브란스 병원 호스피스, 현 인덕대학 사회복지과 교수)

1. 10년 전『희망을 일구는 사회복지사들의 이야기』에 사회복지계에서 존경받는 선배로서 선생님의 이야기가 실리게 되었는데, 이것이 선생님 개인에게 어떤 의미가 되었습니까?

➜ 책이 발간된 후 책을 읽은 사람들의 반응이 우선 따뜻했습니다.

그 당시에는 사회복지계에서 미개척 분야였던 호스피스에 대한 간접적인 홍보가 될 수 있어서 좋았습니다. 그리고 개인적으로 그동안 지내 온 제 삶에 대해 정리하는 시간이었다는 점에서 좋았습니다.

2. 책이 발간되던 10년 전과 비교하여 우리나라 사회복지 현장의 가장 큰 변화는 무엇이라고 생각하십니까?

➜ 사회복지 현장 분야가 세분화되고 다양해졌다는 것입니다. 십 년 전만 해

도 미개척 분야로 접근이 쉽지 않았던 분야에서 사회복지 현장이 많이 증가하고 있는 추세라고 생각합니다. 그러나 다양화되고 세분화된 사회복지 현장에서 전문성이 요구되는데, 이에 따른 이론적 적용의 깊이가 그만큼 따라가지는 못하는 것이 아닌가 하는 생각은 듭니다. 형식적인 것이 아니라, 실제 현장에서 적용할 수 있는 지식과 기술 습득을 위한 지속적인 교육이 필요하다고 생각합니다.

3. 인터뷰 당시 선생님께서 사회복지에 대해 지니셨던 가치관이나 철학이 혹시 변화하지는 않으셨습니까? 만약 변화가 있다면 어떤 부분인지, 그 변화의 이유가 무엇인지 설명해 주시기 바랍니다.

➡ 글쎄요. 기본적인 인간존중의 철학이나 기회 균등이나 평등, 더불어 사는 인간과 환경의 조화 및 균형 등에 관한 가치관은 변화하지는 않았지만, 시대의 흐름에 따른 클라이언트 체계의 욕구 변화와 이에 대한 복지실천 범위가 조금 변화했다는 느낌은 듭니다. 클라이언트들의 복잡성, 다양성, 독특성에 시대적인 변화의 영향이 더 첨가되면서 그에 대한 기본 가치관, 철학의 적용 범위도 변화되고 있다고 느껴집니다.

4. 선생님께서는 향후 우리 사회복지계가 당면한 가장 시급한 과제는 무엇이라고 생각하십니까?

➡ 매해 배출되는 사회복지사의 숫자에 비해 사회복지 현장에서의 일자리 창출이 부족하여 현재의 청년실업사태가 사회복지계에도 있을 것이므로 이에 대한 대책 마련이 시급하다고 생각합니다.

그리고 사회복지 비전공 교수진의 사회복지교과 수업에서 사회복지 가치와 윤리의 중요성이 강조되지 않는 경우가 많습니다. 이러한 인식 부족은 졸업생이 취업한 경우에 문제가 될 소지가 많다고 생각합니다. 되도록 사회복지 분야의 전문성이 강화된 교육이 이루어질 수 있도록 사회복지학계의 분위기 쇄신이 필요하다고 생각합니다.

5. 당시 책이 발간된 후 그 책과 관련해서 선생님이 경험했던 에피소드가 있었다면 소개해 주세요.

➔ 전에 근무하였던 복지관의 직원이 이 책을 읽고 내게 전화를 해서 감동받았다는 이야기를 했습니다. 이 책을 이미 읽은 적이 있는 기관의 직원이 호스피스 강의를 부탁하면서 이 책의 소감에 대한 이야기를 들려 준 일도 있었습니다. 사회복지개론을 가르치는 교수 몇 분이 이 책의 독후감을 과제로 내 주어서 학생들과 함께 이야기를 나누면서 서로의 감동을 공유하였습니다.

서규동(당시 사랑밭 재활원, 현 동양대학교 사회복지학과 교수)

1. 10년 전 『희망을 일구는 사회복지사들의 이야기』에 사회복지계에서 존경받는 선배로서 선생님의 이야기가 실리게 되었는데, 이것이 선생님 개인에게 어떤 의미가 되었습니까?

➔ 당시엔 대학원 수업의 일환으로 생각하고 편안하게 맞이했는데 막상 책으로 나오게 되고 많은 사람들이 읽을 거라 생각하니 '난 아직 부족한데…….' 라는 생각에 부담이 됐습니다. 하지만 존경하는 선배님들과 함께

이 책에 소개된 것 자체가 영광이었고, 후배들이 이 책을 읽고 사회복지사의 일상과 생각을 알아가는 지침서 역할을 한다고 생각하니 보람도 되고, 사회복지사로 좀 더 잘 살아가야겠다는 다짐을 했습니다.

2. 책이 발간되던 10년 전과 비교하여 우리나라 사회복지 현장의 가장 큰 변화는 무엇이라고 생각하십니까?

➡ 현장이 무척 세분화되고 넓어진 것, 사회복지사가 되는 길이 많아지고 전 국민이 사회복지사가 되어 가는 것, 이젠 사회복지사라고 소개해도 부연 설명이 필요없다는 것, 이런 부분이겠죠.

3. 인터뷰 당시 선생님께서 사회복지에 대해 지니셨던 가치관이나 철학이 혹시 변화하지는 않으셨습니까? 만약 변화가 있다면 어떤 부분인지, 그 변화의 이유가 무엇인지 설명해 주시기 바랍니다.

➡ 특별히 변한 것 없습니다. 그 당시 지녔던 초심을 잊어버리지 않을까 걱정하면서, 오히려 더 노력해야겠다는 다짐이 생깁니다.

4. 선생님께서는 향후 우리 사회복지계가 당면한 가장 시급한 과제는 무엇이라고 생각하십니까?

➡ 사람은 많아지고 영역은 넓어져 가는데, 사회복지사들이 잘 준비되어 있는지 모르겠네요.

5. 당시 책이 발간된 후 그 책과 관련해서 선생님이 경험했던 에피소드가 있었다면 소개해 주세요.

➜ 가끔 학생들이 책을 읽었다며 알아봐 줄 때가 있었습니다.

엄미선(당시 춘의종합사회복지관, 현 한국사이버대학교 사회복지학과 교수)

1. 10년 전 『희망을 일구는 사회복지사들의 이야기』에 사회복지계에서 존경받는 선배로서 선생님의 이야기가 실리게 되었는데, 이것이 선생님 개인에게 어떤 의미가 되었습니까?

➜ 사회복지사로 살아가며 힘들고 어려울 때, 이 책은 저를 더욱 정진할 수 있게 하는 하나의 원동력이었습니다. 사회복지사와 클라이언트들의 다양한 경험과 해결과정들이 좀 더 편안한 형식의 글로 담아져 출판되기를 희망합니다. 기회가 주어진다면 그동안 사회복지 현장에서 만났던 잊지 못할 클라이언트들의 이야기들을 출판하고 싶습니다. 이러한 노력들은 사회복지를 좀 더 효과적으로 사회에 알리는 방법이 될 것입니다.

2. 책이 발간되던 10년 전과 비교하여 우리나라 사회복지 현장의 가장 큰 변화는 무엇이라고 생각하십니까?

➜ 10년 전과 비교하여 긍정적인 면에서는 사회복지가 제도화, 전문화되었다고 생각합니다. 그러나 사회복지가 시장경제 체제로 내몰리면서 공공성에 대한 부분들이 매우 약화되었습니다.

3. 인터뷰 당시 선생님께서 사회복지에 대해 지니셨던 가치관이나 철학이 혹시 변화하지는 않으셨습니까? 만약 변화가 있다면 어떤 부

분인지, 그 변화의 이유가 무엇인지 설명해 주시기 바랍니다.

➜ 변화되지 않았습니다. 지금은 사회복지 현장을 떠나 학교에서 사회복지를 담당할 후배들을 양성하게 되었지만, 사회복지계에 입문할 때 가졌던 꿈과 희망 등, 사회복지사의 초심을 잃지 않고 살아가려고 노력하고 있습니다.

4. 선생님께서는 향후 우리 사회복지계가 당면한 가장 시급한 과제는 무엇이라고 생각하십니까?

➜ 첫째, 다양한 사회적 문제를 해결할 수 있는 사회복지 전문가를 양성해야 하며, 이를 위해 우선적으로 사회복지 현장과 학교가 좀 더 밀접하게 연계되어야 합니다. 그리고 사회복지 교육 내용도 이론수업뿐만 아니라 현장에서 사회복지사로서 일하는 데 필수적으로 필요한 방법론에 대한 교육들이 더욱 보강되어야 합니다.

둘째, 사회복지의 공공성이 약화되면서 사회복지사들이 정체성의 혼란을 겪고 있습니다. 이에 대한 논의가 필요한 시점입니다.

셋째, 사회복지사의 조직화, 세력화를 통한 힘의 결집이 필요합니다. 이를 통해 사회복지사들의 처우를 개선하고 사회적 역량를 강화해야 합니다.

5. 당시 책이 발간된 후 그 책과 관련해서 선생님이 경험했던 에피소드가 있었다면 소개해 주세요.

➜ 책을 통해 많은 분들과 인연을 맺게 되었습니다. 한 해 두세 분이 이메일이나 전화로 연락을 주셨고, 그분들과 서로의 생각을 교류하면서 친구가 되었습니다.

이용창(태화기독교사회복지관)

1. 10년 전 『희망을 일구는 사회복지사들의 이야기』에 사회복지계에서 존경받는 선배로서 선생님의 이야기가 실리게 되었는데, 이것이 선생님 개인에게 어떤 의미가 되었습니까?

➔ 그 내용을 계기로 나의 업무가 보다 확대되고 개인적으로도 더욱 도전하는 계기가 되었습니다. 저는 청소년 약물문제에서 2000년부터는 성인마약, 가정폭력, 음주운전자 등 다양한 성인문제를 개입하는 업무를 맡고 있습니다. 이제는 이 업무를 이어 갈 후배 양성이 앞으로 저의 주된 관심입니다.

2. 책이 발간되던 10년 전과 비교하여 우리나라 사회복지 현장의 가장 큰 변화는 무엇이라고 생각하십니까?

➔ 무엇보다 사회복지 현장의 전문성에 대한 관심이 높아졌으나 아직도 전문성이 무엇인지 정의가 안 되네요. 그리고 너무나 많은 사회복지사의 배출로 오히려 하향 평준화된 것이 아닌가 걱정됩니다.

3. 인터뷰 당시 선생님께서 사회복지에 대해 지니셨던 가치관이나 철학이 혹시 변화하지는 않으셨습니까? 만약 변화가 있다면 어떤 부분인지, 그 변화의 이유가 무엇인지 설명해 주시기 바랍니다.

➔ '사회복지사는 어떤 경우라도 클라이언트를 포기하지 않는다.'는 신념과 가치는 결코 변하지 않을 겁니다. 다만 책임자가 될수록 정열이 식어 가는 것이 마음 아픕니다. 아무래도 그때보다는 못하지만 노력은 해 봐야죠.

4. 선생님께서는 향후 우리 사회복지계가 당면한 가장 시급한 과제는 무엇이라고 생각하십니까?

➔ 진심으로 바라건대, 사회복지 전문화에 대한 기본 개념부터 재정의해야 합니다. 최근 사회복지사 보수교육 내용을 보면 무엇이 중요한지를 협회나 교수님들도 잘 모르는 것 같아요. 개인이 갖고 있다고 생각하는 전문성을 전문화라고 보기 어렵지요. 사회복지계에 공통의 언어가 되는 전문화가 필요합니다.

5. 당시 책이 발간된 후 그 책과 관련해서 선생님이 경험했던 에피소드가 있었다면 소개해 주세요.

➔ 책 발간 이후 3~4년 정도는 책을 읽어 봤다는 사람이 가끔 있었는데, 요즘은 없어요. 하긴 알아 달라고 한 것은 아니지만요. 그래도 연속으로 책이 나왔으면 좋겠네요. 예를 들어 1집에 실렸던 사람들이 지금 무엇을 하는지 추적조사 같은 거요.

임원선(당시 늘사랑어린이집, 현 제주산업정보대학 사회복지과 교수)

1. 10년 전 『희망을 일구는 사회복지사들의 이야기』에 사회복지계에서 존경받는 선배로서 선생님의 이야기가 실리게 되었는데, 이것이 선생님 개인에게 어떤 의미가 되었습니까?

➔ 우선 후배들에 의해 선정되었다는 것에 대하여 자부심을 가지게 되었습니다. 후배와 클라이언트들에게 존경받는 사회복지사가 되어야 한다는 다짐

을 하면서 이를 실천적인 삶으로 이끄는 계기가 되었습니다.

2. 책이 발간되던 10년 전과 비교하여 우리나라 사회복지 현장의 가장 큰 변화는 무엇이라고 생각하십니까?

➜ 여러 가지 변화가 있었는데, 우선 양적으로 사회복지 서비스와 그 분야에서 일하는 종사하는 사회복지사의 수가 크게 증가했습니다. 그리고 사회복지서비스 제공이라는 무게 중심에서 비영리 마케팅을 통한 서비스의 질적 향상을 모색하는 방향으로 크게 전환되었습니다. 특히 사회복지시설(기관)에 대한 평가제의 도입은 사회복지 서비스에 대한 전반적인 부분에서 질적향상을 고려해야 하는 환경을 조성하였습니다.

3. 인터뷰 당시 선생님께서 사회복지에 대해 지니셨던 가치관이나 철학이 혹시 변화하지는 않으셨습니까? 만약 변화가 있다면 어떤 부분인지, 그 변화의 이유가 무엇인지 설명해 주시기 바랍니다.

➜ 사회복지를 공부하게 된 배경이 남달랐기 때문에 사회복지에 대한 가치관이나 철학은 크게 변화된 것은 없습니다. 오히려 강화됐다고 할 수 있습니다. 단순히 장애인 가족과 빈곤을 체험한 것으로 시작된 사회복지 학문이 좀 더 체계화되면서 가족복지를 통한 복지사회 구현으로 구체화되어 학문이나 실천활동을 가족복지 예방과 치료로 체계화 하는 계기가 되었습니다.

4. 선생님께서는 향후 우리 사회복지계가 당면한 가장 시급한 과제는 무엇이라고 생각하십니까?

➜ 몇 가지로 압축할 수 있는데, 사회복지 정체성의 확립이 가장 우선시되어

야 합니다. 이 부분이 취약하기 때문에, 사회복지를 전공하지 않은 교수가 사회복지 전공과목을 교육하는 것은 사회복지사의 정체성 확립에 다소 무리가 있습니다. 이를 바탕으로 사회복지사협회, 사회복지협의회, 사회복지공동모금회 등이 정체성을 바르게 찾고 각자의 역할을 수행해 나가야 합니다. 더불어 사회복지사에 대한 처우개선과 근무조건 개선이 수반되어야 합니다.

5. 당시 책이 발간된 후 그 책과 관련해서 선생님이 경험했던 에피소드가 있었다면 소개해 주세요.

➡ 실천 현장에 있다가 대학으로 자리를 옮겨 강의를 하게 됐는데, 타 교수들이 과제물로 그 책을 읽고 독후감을 내도록 해서 학생들이 이미 나에 대하여 알고 있을 때 다소 당황스럽기도 하고 자랑스럽기도 했습니다. 좀 더 책임감 있게 역할을 수행해 나가야겠다는 생각도 들었고, 당시 인터뷰를 했던 후배들과 그 장소가 떠오르면서 사회복지사로서 자긍심을 갖게 되었어요. 또한 강단에 선 교육자의 한 사람으로서 훌륭한 사회복지사를 많이 배출하도록 노력해야겠다는 다짐을 했습니다.

정용충(당시 강동종합사회복지관, 현 인천광역시 중구장애인종합복지관 관장)

1. 10년 전 『희망을 일구는 사회복지사들의 이야기』에 사회복지계에서 존경받는 선배로서 선생님의 이야기가 실리게 되었는데, 이것이 선생님 개인에게 어떤 의미가 되었습니까?

➡ 개인적으로 사회복지 실천 현장에서 사회복지사로서 지내 온 시간을 돌이켜보고, 나 자신을 재충전하는 동기부여와 영감을 주는 계기였습니다. 나 자신에게 주어진 소중한 순간을 즐기며 감사하는 삶을 살게 되었습니다. 언제 어디서나 주위의 사람들에게 긍정적인 영향을 미치는 방법을 일러주는 소중한 밑거름이었습니다.

2. 책이 발간되던 10년 전과 비교하여 우리나라 사회복지 현장의 가장 큰 변화는 무엇이라고 생각하십니까?

➡ 장애인복지 현장에서의 가장 큰 변화는 장애인의 권리의식 증가와 정부의 제도적 개선으로 다양한 이슈가 제기되고 있습니다. 장애인복지 서비스가 제공자 측면에서가 아니라 이용자와 가족에게 접근 용이한 쪽으로 바뀌고 있습니다.

특히, 최근의 장애인복지 동향이 서비스의 자율경쟁과 자립 · 자활에 초점이 맞추어져 있는 상황에서 장애인과 그 가족이 장애인복지 서비스의 주체가 되어 적극적으로 참여하고, 활동하는 것은 매우 중요한 요소로 자리매김되어 가고 있습니다.

3. 인터뷰 당시 선생님께서 사회복지에 대해 지니셨던 가치관이나 철학이 혹시 변화하지는 않으셨습니까? 만약 변화가 있다면 어떤 부분인지, 그 변화의 이유가 무엇인지 설명해 주시기 바랍니다.

➡ 기저에 흐르는 가치관이나 철학이 바뀌지는 않았으나 자기계발과 발상의 전환 측면에 좀 더 관심을 갖고 있습니다. 아주 사소한 것이라도 주변의 세심한 관찰을 통해 새로운 사회복지 시장을 창출하고 확장해야 합니다.

또한 꾸준하고 한결 같은 메시지 전달로 고객(클라이언트, 이용자, 후원자 등)을 감동시키고 함께 관심 영역에 참여할 수 있는 환경을 만들어 가는 통찰력이 필요합니다.

4. 선생님께서는 향후 우리 사회복지계가 당면한 가장 시급한 과제는 무엇이라고 생각하십니까?

➡ 최근 사회복지 분야의 우선 당면과제는 일자리 수요의 증가와 빈곤 · 소외계층의 확대 등입니다. 사회복지 서비스 영역이 노동, 문화, 환경 등의 영역까지 확대되어 전반적으로 다양화 되고 있는 추세입니다. 이에 따른 사회복지인력의 전문능력 강화와 역할의 재정립, 이에 따른 대비가 필요합니다.

5. 당시 책이 발간된 후 그 책과 관련해서 선생님이 경험했던 에피소드가 있었다면 소개해 주세요.

➡ 대학교에서 제가 가르치는 학생이나 현장에 계신 동료들이 먼저 알아보고 얘기하는 여러 에피소드가 많지만, 무엇보다 '키다리 아저씨'라는 새로운 별명을 얻었다는 점입니다. 이제는 너무나도 익숙한 모습이 됐습니다.

최근 유명출판사에서 발간한 『10살에 꼭 만나야 할 100명의 직업인』(한선정, 2008, 조선북스)에서 사회복지사 편에 제가 소개되었는데, 베스트셀러가 됐습니다. 대학진로에 대해 학부모들과 사회복지학과에 대해 설명하는 자리에서 『희망을 일구는 사회복지사들의 이야기』를 소개할 수 있는 기회가 있었다는 점도 소중한 기억으로 남습니다.

저자 소개

노혜련

이화여자대학교 사회사업학과 졸업
미국 캘리포니아 버클리대학교 사회사업학 석사
미국 캘리포니아 버클리대학교 사회복지학 박사
숭실대학교 사회복지학과 교수(현)

임종호

대구대학교 특수교육과 졸업
성결대학교 사회복지학과 졸업
숭실대학교 대학원 사회사업학 석사
가톨릭대학교 대학원 사회복지학 박사
한라대학교 사회복지학과 교수(현)

최경일

숭실대학교 사회사업학과 졸업
숭실대학교 대학원 사회사업학 석사
숭실대학교 대학원 사회복지학 박사
한라대학교 사회복지학과 교수(현)

사회복지사의 희망 이야기

2010년 2월 5일 1판 1쇄 발행
2026년 1월 20일 1판 14쇄 발행

지은이 • 노혜련 · 임종호 · 최경일
펴낸이 • 김 진 환
펴낸곳 • (주) 학지사
04031 서울특별시 마포구 양화로 15길 20 마인드월드빌딩 5층
대표전화 • 02) 330-5114 팩스 • 02) 324-2345
등록번호 • 제313-2006-000265호
홈페이지 • http://www.hakjisa.co.kr
인스타그램 • https://www.instagram.com/hakjisabook

ISBN 978-89-6330-241-6 93330

정가 10,000원